VENDAS CENTRADAS NO CLIENTE
CustomerCentric Selling

- INTEGRAR VENDAS E MARKETING
- DESENVOLVER MENSAGENS DIRIGIDAS PARA VENDAS (SALES-READY MESSAGING)
- "CLONAR" SEUS MELHORES VENDEDORES

Tradução
Celso Roberto Paschoa

MICHAEL T. BOSWORTH
(AUTOR DO BEST-SELLER SOLUTION SELLING)

JOHN R. HOLLAND

VENDAS CENTRADAS
NO CLIENTE
CustomerCentric Selling

- INTEGRAR VENDAS E MARKETING
- DESENVOLVER MENSAGENS DIRIGIDAS PARA VENDAS (SALES-READY MESSAGING)
- "CLONAR" SEUS MELHORES VENDEDORES

QUALITYMARK

Copyright© 2007 by Michael T. Bosworth

Tradução autorizada do original inglês CustomerCentric Selling
Publicado por McGraw-Hill

Copyright© 2007 by Qualitymark Editora Ltda.

Todos os direitos desta edição reservados à Qualitymark Editora Ltda.
É proibida a duplicação ou reprodução deste volume, ou parte do mesmo,
sob qualquer meio, sem autorização expressa da Editora.

Direção Editorial SAIDUL RAHMAN MAHOMED editor@qualitymark.com.br	Produção Editorial EQUIPE QUALITYMARK
Capa WILSON COTRIM	Editoração Eletrônica MS EDITORAÇÃO

CIP-Brasil. Catalogação-na-fonte
Sindicato Nacional dos Editores de Livros, RJ

B758v

Bosworth, Michael T.

    Vendas centradas no cliente – CustomerCentric selling / Michael T. Bosworth e John R. Holland – Rio de Janeiro : Qualitymark, 2007
308p.

Tradução de: CustomerCentric Selling

Inclui bibliografia

ISBN 978-85-7303-722-7

1. Vendas. 2. Negociação. 3. Marketing. I. Holland, John. II. Título.

07-2672	CDD 658.85
	CDU 658.85

2009
IMPRESSO NO BRASIL

Qualitymark Editora Ltda. Rua Teixeira Júnior, 441 – São Cristóvão 20921-405 – Rio de Janeiro – RJ Tel.: (0XX21) 3295-9800 ou 3094-8400	Fax: (0XX21) 3295-9824 www.qualitymark.com.br E-mail: quality@qualitymark.com.br QualityPhone: 0800-0263311

DEDICATÓRIA

À minha esposa, Linda, que tolera minha paixão pelo trabalho e mantém a harmonia no lar durante minhas freqüentes viagens. A meus filhos, Lauren, Johnny e Katie, que são minha constante fonte de orgulho e alegria. E agradecimentos especiais a meus pais, John e Mary.

John R. Holland

Ao meu círculo de entes queridos – Alicia, Brendan, Brian, Steve, Sam, Dick, Dave, Susan, Rosy, Ricki, Patti e Suzanne – que sempre me apoiaram, valorizaram-me e gostaram de mim. A meu tio, Jack Lester, que é o meu exemplo de pessoa que desfruta a vida com uma atitude mental positiva.

Michael T. Bosworth

AGRADECIMENTOS

Este livro é a culminação de um relacionamento profissional de dez anos, e pessoal de 19 anos, entre os autores. Muitas das idéias contidas neste livro foram levantadas durante reuniões, almoços e conversações que se deram ao longo de vários anos. Conseguimos externar o poder de uma comunicação clara. Tivemos de valorizar a diferença entre o treinamento e o processo de vendas. Esperamos que esta obra ajude nossos leitores a compreenderem e a apreciarem a diferença. Em relação ao processo de vendas e às vendas em si, é difícil imaginar duas pessoas que estivessem mais consistentemente na mesma sintonia, sempre dispostas a discutir, abertamente e em todas suas facetas, novas abordagens.

Gostaríamos de agradecer e reconhecer os demais co-fundadores e co-autores da propriedade intelectual CustomerCentric Selling, Frank Visgatis e Gary Walker. Na qualidade de afiliados comerciais, líderes de pensamento e amigos íntimos, suas contribuições ao CustomerCentric Systems foi e continua a ser essencial ao nosso desenvolvimento e sucesso. Sentimo-nos felizes, dado o esforço envolvido no lançamento do empreendimento, que tínhamos quatro mentes pensando. Talvez, sem isso, não contaríamos com a oportunidade de estudar essa matéria.

Durante todos esses anos, apreciamos a enorme vantagem de trabalhar com muitos diferentes tipos de empresa e aprender algo de cada uma delas ao longo do caminho. O impacto mais significativo, no entanto, tem sido o ofertado por nossos pares e clientes. Gostaríamos de agradecê-los agora, sem uma ordem predefinida:

- Alicia Weeks e Margie Offereins, por suas contribuições ao crescimento de nosso empreendimento. Ambas foram capazes de comercializar e gerir implementações em larga escala do CustomerCentric Selling nos primeiros estágios de nosso desenvolvimento.
- Gerhard Gschwandtner, por seu suporte, estímulo e colaboração. Termos o CustomerCentric Selling e Mike Bosworth como artigo de capa da revista *Selling Power* foi a confirmação de que nosso lançamento tinha sido bem-sucedido. Gerhard é um maravilhoso comunicador de nossos novos conceitos e idéias.
- Tim Riesterer, por sua liderança racional referente ao papel do Marketing na criação do Sales-Ready Messaging e a necessidade de conteúdo para tornar a tecnologia valiosa.
- Larry Cleve, por ter tido a sabedoria de se comprometer logo de início ao CustomerCentric Selling e a coragem de resistir ao ser pressionado por uma falha que ninguém houvera questionado. Temos ainda um débito de gratidão para com os numerosos "termos cunhados por Larry" acrescentados aos nossos vocabulários.
- Wendy Komac, pelo empenho e pela execução de um maravilhoso trabalho de estimulação de um processo de vendas em sua organização. Sua energia infindável e o compromisso com o processo geraram resultados maravilhosos.
- Peter Fischer e George Kenney, que nos ajudaram a entender o potencial impacto que nossa metodologia pode ter na comunidade de capital de risco.
- John Hawes, pela disposição de nos permitir influenciar seu vasto conhecimento em processo, programas e treinamento em vendas. Esperamos continuar a aprofundar nosso relacionamento.
- Jeffrey Krames, nosso extraordinário editor, por sua passiva tolerância e estímulo, mesmo em noites em que atuava como professor. Foi um prazer trabalhar com ele.

PREFÁCIO

CustomerCentric Selling®
Uma Visão Global dos Desafios Comerciais

A atividade comercial constitui uma das principais funções empresariais, independentemente do setor de negócios ou do tamanho da empresa. O sucesso operacional da empresa se mede por duas variáveis que estão intimamente relacionadas: a *rentabilidade das operações* e a *penetração no mercado*.

A forma de conseguir maximizar estas variáveis no longo prazo, respondendo às necessidades dos resultados trimestrais, tem feito o sucesso – e o fracasso – de muitos executivos de vendas.

Algumas das causas destas situações podem ser identificadas na correta, ou não, identificação do público-alvo, no posicionamento no mercado, nos problemas de "branding", no desenvolvimento da proposta de valor, ou nas estratégias de crescimento, seja em produtos, seja em serviços ou mercados, dentre outras considerações relacionadas ao marketing estratégico.

Freqüentemente os diretores e executivos implicados nas áreas fim da empresa verbalizam os desperdícios de esforços e recursos entre o marketing e a área comercial, as áreas de suporte e desenvolvimento, a inadequação de condições financeiras de apoio à comercialização, dificuldades de fechamento de contratos, dentre outras "disfunções" que impedem um *processo* adequado e "oportuno" de venda de seus produtos e/ou serviços.

Entendemos por *processo* a aderência das atividades de venda da empresa às necessidades de compra dos mercados-alvo, em uma forma distintiva que identifique a empresa e por *oportunidade*, a adequação dos "momentos" de resposta para atingir um objetivo, satisfazer uma necessidade ou resolver um problema do cliente com soluções específicas e adequadas a eles.

O sucesso de um processo adequado e oportuno cria e consolida uma Identidade Comercial Empresarial e converte a empresa que assim é reconhecida, e em conseqüência identificada, não mais como um possível fornecedor de projetos ou soluções, mas como um parceiro na cadeia de valor do cliente.

Um dos elementos essenciais para conseguir esta Identidade Comercial Empresarial é, sem dúvida, a unidade de visão e atuação no mercado, não somente das áreas comerciais, mas da empresa como um todo orientada aos seus clientes.

E foi daí que surgiu o nome CustomerCentric Selling®, que dá título a este livro e que procura de uma forma clara e didática apresentar como implantar um processo de vendas que realmente venha produzir impactos significativos nos resultados das organizações.

Boa leitura!

Equipe TDC
Alberto Augusto Perazzo
André Paulo Hermann

SUMÁRIO

Capítulo 1	**O que é o Customer-Centric Selling?**	1
	O que é o Comportamento Centrado no Cliente?	2
	Até os Vendedores "Natos" podem Melhorar	9
Capítulo 2	**Opiniões – O Estímulo que Impele Corporações**	11
	Quem é Responsável pelo Quê?	12
	Contratação e Treinamento: Onde as Vendas Começam	15
	Posicionamento: O Próximo Desafio	17
	Por quê *Não* Lidar com Características?	19
	Opiniões: Certas e Erradas	21
	Transformando Opiniões em Previsão	24
	Visando as Melhores Práticas	28
Capítulo 3	**Sucesso sem o Sales-Ready Messaging**	31
	Entendendo o Mercado Pioneiro	31
	Entendendo os Compradores do Mercado Convencional	36
	Cruzando o Abismo	38
	Vendedores do Pós-Abismo	40
	Improvisações	41
	E os Vendedores Natos?	42
	Punidos pelo Sucesso	44
	Um Contexto de Mudanças	46
	A Zona dos 72%	47

Capítulo 4	**Fundamentos do CustomerCentric Selling**	53
	Você É Delegado a Pessoas Com as Mesmas Afinidades	55
	Aja com Calma Efetuando um Diagnóstico antes de Oferecer uma Prescrição	56
	As Pessoas Compram de Quem É Sincero e Competente, e Quem lhes Confere Poder	57
	Não Ceda sem Receber	58
	Não se Pode Vender a Quem Não Quer Comprar	59
	Más Notícias Antecipadas São Boas Notícias	60
	A Ausência de Metas Significa Ausência de *Prospects*	61
	As Pessoas se Convencem Mais Facilmente Quando Descobrem as Coisas por Elas Mesmas	62
	No Processo de Vendas, Seu *Expertise* Pode Tornar-se Seu Inimigo	62
	A Única Pessoa que Pode Denominar Algo como Solução É o Cliente	63
	Torne-se um Igual, Em Seguida Torne-se Diferente – ou Você Será Somente Diferente	64
	Decisões Emocionais São Justificadas pelo Valor e pela Lógica	65
	Não Feche a Negociação antes de o Cliente Estar Preparado para a Compra	66
Capítulo 5	**Definindo o Processo de Vendas**	69
	Definindo o Processo de Vendas	71
	O Problema com as Informações	73
	Apagar Incêndios e Descontos Desesperados	75
	Modelando sua Percepção no Mercado	78
	Quais São as Partes Componentes?	78
	Mais do Que um Processo	84
	Conversações Dirigidas	84
	O *Wired* versus o *Não-Wired*	86
	Outras Oportunidades de Segmentação	87
	A Folha de Papel em Branco	89
	Processo É Estrutura	89

Capítulo 6	**Integrando os Processos de Vendas e Marketing**	91
	Uma Integração Natural	94
	Aprendendo da Web	96
	Partindo para uma Arquitetura de Vendas	97
Capítulo 7	**Características *versus* Utilização do Cliente**	99
	O Efeito Pinóquio	100
	Características e Benefícios	101
	Informação ou Irritação?	101
	O Poder dos Cenários de Uso	104
	A Missão Compartilhada	109
Capítulo 8	**Criando o Sales-Ready Messaging**	111
	Um Aviso	112
	Cargos mais Metas igual a Conversas Orientadas	113
	Próxima Etapa: Modelos de Desenvolvimento de Solução (*Solution Development Prompters*)	116
	Retorno ao Cenário de Uso	119
	Os Modelos	121
	Observações Finais	126
Capítulo 9	**Papel do Marketing na Criação de Demanda**	129
	Leads e *Prospects*	129
	O Resultado Final nos Orçamentos	131
	Iniciando como Coluna B	134
	Marketing e *Leads*	139
	Folhetos e Materiais Promocionais	140
	Feiras e Exposições	143
	Seminários	145
	Publicidade/Propaganda	147
	Websites	147
	Cartas, Fax e E-Mails	148
	Redefinindo o Papel do Marketing na Criação de Demanda	149

Capítulo 10 Desenvolvimento de Negócios: A Parte Mais Difícil do Trabalho de um Vendedor 151
A Psicologia da Prospecção 152
Telemarketing e Estereótipos 154
Algumas Técnicas Básicas 156
Gerar Interesse Incremental 157
Alguns Cenários Comuns 160
O Poder das Referências 163
Cartas/Faxes/E-Mails 164
Prospecção mais Qualificação igual a *Pipeline* 166

Capítulo 11 Desenvolvendo a Visão do Comprador com o Sales-Ready Messaging 169
Paciência e Inteligência 170
Perguntas Apropriadas na Seqüência Correta 172
Uma Boa Conversa 173
Competindo pela Medalha de Prata? 178
Criação de Visão em Torno de uma *Commodity* 180

Capítulo 12 Qualificando Compradores 185
Qualificando um Defensor Interno (Campeão) 189
Acompanhamento da Carta ao Campeão 193
Qualificando Pessoas-Chave 195
Qualificando RFPs 198

Capítulo 13 Negociando e Gerenciando uma Seqüência de Eventos 201
Conseguindo o Comprometimento 203
Mantendo Comitês de Compra sob Controle 205
Ganhando Visibilidade e Controle dos Ciclos de Vendas 208
Por que uma das Partes Desistiria? 208
Remodelando o Conceito de Vender 210
Compradores do Mercado Convencional 210

Capítulo 14 Negociação: O Obstáculo Final 213
Compradores e Vendedores Tradicionais 214

As Seis Palavras Mais Caras 215
O Poder da Postura 219
Negociando 222
A "Concessão" Condicional e o Fechamento 224
Maçãs e Laranjas 225
Resumo 226

Capítulo 15 Gerenciamento Proativo dos Pipelines e Funis de Vendas 227

Milestones: Obtendo Diretamente os Prazos 229

Capítulo 16 Avaliando e Desenvolvendo Vendedores 239

Praticar Golfe é Mais Fácil 241
Avaliação: O que Não Funciona 244
Desempenho Nem Sempre Significa Domínio de Habilidades 246
Sete Habilidades de Vendas 247
Alavancando a Experiência do Gerente 252
Amanhã é o Primeiro Dia do Restante de Sua Carreira de Vendas 257

Capítulo 17 Impulsionando Faturamento via Canais 259

Conseguindo uma Cobertura Apropriada 259
Quem é o Responsável? 262
Aplicando Princípios do Customer-Centric aos Canais 263
Consertando Canais Quebrados 266

Capítulo 18 Da Sala de Aula à Reunião de Diretoria 271

Chave para a Implementação 272
Abordagem Sugerida 273
Fazendo de Seu Processo de Vendas uma Vantagem Competitiva 276

Índice Remissivo 279

CAPÍTULO 1

O Que É CustomerCentric Selling?

Q UAL É O TEMA TRATADO NESTE LIVRO e como você pode utilizá-lo para o seu benefício?

O principal foco deste livro está em ajudar indivíduos e organizações envolvidos em vendas a migrar de um tipo de venda para outro. Especificamente, procuramos auxiliar as pessoas a mudarem das técnicas tradicionais ao comportamento de vendas "centrado no cliente". Acreditamos que nossa metodologia – CustomerCentric Selling – pode auxiliar você a se tornar mais focado no cliente e, portanto, mais bem-sucedido.

Estamos na área de processos de venda, comunicação e treinamento. As idéias neste livro são o resultado de vários anos de testes no campo – primeiro atuando como vendedores, depois nos diversos níveis de gerência de vendas e, subseqüentemente, como diretores em uma empresa que ensina nossa metodologia aos nossos clientes.

Na qualidade de instrutores, trabalhamos em todos os níveis dentro das organizações que são nossos clientes. Ensinamos CEOs a deterem e a modelarem a experiência de seus clientes; executivos de vendas a definirem e a gerirem seus mecanismos de faturamento; e executivos de marketing a deterem e a gerirem os conteúdos de seus materiais e Mensagens Dirigidas para Vendas (Sales-Ready Messaging). Ensinamos gerentes de vendas de primeira linha a avaliarem e a desenvolverem o talento de seus vendedores, a gerirem um processo de vendas e a construirem um *pipeline* de qualidade. Finalmente – mas, decerto, não a menos importante – ensinamos o comportamento centrado no cliente para profissionais de vendas. Assim agindo, focamos no modo como influenciar os termos usados pelos vendedores quando do desenvolvimento das necessidades dos clientes em função de suas ofertas.

MICHAEL T. BOSWORTH • JOHN R. HOLLAND

O que É o Comportamento Centrado no Cliente?

O que é o comportamento centrado no cliente? Ele tem sete princípios básicos. Os princípios são resumidos na Figura 1.1 e explicados a seguir na seqüência deste primeiro capítulo. Ao ler essas descrições, convidamos você para que imagine um espectro do comportamento de vendas, que vai desde o convencional, em uma extremidade, até o centrado no cliente, em outra, e a se localizar nesse espectro. Você está onde deseja e é tão bem-sucedido quanto poderia ser? Se a resposta for negativa, o que precisa ser mudado?

1. Manter Conversas de acordo com a Situação *versus* Fazer Apresentações

Os vendedores convencionais baseiam-se em fazer apresentações, de modo geral utilizando aplicativos como o PowerPoint. Por quê? Porque acreditam que essa abordagem lhes propicia a oportunidade de aumentar o estímulo, utilizando gráficos altamente refinados, animações, e assim por diante. Essa técnica lhes confere a oportunidade de reduzir as luzes e expandir o efeito dramático de suas apresentações.

Em vendas, constatamos que as conversas são, de longe, muito mais expressivas que as apresentações. E sim, é possível dialogar com platéias utilizando PowerPoint – em vez de fazer apresentações para elas –, mas esse processo é muito mais difícil.

Convencional	Centrado no Cliente
Faz apresentações	Conversa de acordo com a situação
Dá opiniões	Faz perguntas relevantes
Foca no relacionamento	Foca na solução
Gravita em torno dos usuários	Busca os executivos
Confia nos produtos	Refere-se à utilização dos produtos
Necessita de ser gerenciado	Gerencia seus gerentes
Tentativa de venda por:	Capacita os clientes a:
• Convencimento/persuasão	• Atingir objetivos
• Lidar com objeções	• Resolver problemas
• Superação de resistências	• Satisfazer necessidades

Figura 1.1 Comportamento de Venda

Você já teve uma conversa com um amigo ou colega baseada em um show de slides predeterminado? Certamente que não.

Assim, não deveria soar como uma surpresa que, quando executivos seniores vêem vendedores adentrarem seus escritórios com um laptop sob seus braços, muitos deles viram os olhos e dão uma espiada em seus relógios.

Aqui reside a questão: *para ser efetivo, um vendedor deve ser capaz de discorrer sobre sua oferta ao cliente de modo que este poderá visualizar sua utilização para atingir uma meta, resolver um problema ou satisfazer uma necessidade.* Isso, por sua vez, exige um diálogo. Por uma variedade de razões, no entanto, somente uma pequena porcentagem de vendedores consegue conversar efetivamente com os tomadores de decisão. E o software de apresentação – naturalmente persuasivo e vistoso – pode enfraquecer até mesmo os poucos vendedores talentosos.

O CustomerCentric Selling tem como escopo ajudá-lo a envolver-se em conversas específicas e relevantes da situação com os tomadores de decisão, sem ter de depender de apresentações "enlatadas" de slides. Em resumo, podemos ajudá-lo a ser mais eficiente.

2. Fazer Perguntas Relevantes *versus* Dar Opiniões

Os vendedores convencionais tendem a dar opiniões a seus clientes, ao passo que os vendedores centrados no cliente têm a tendência de fazer perguntas relevantes.

Qual é a questão básica neste ponto? A maioria dos vendedores chega a visualizar uma solução para o problema de seus compradores antes mesmo de seus *prospects*. Quando um vendedor tradicional vê a solução, ele tende a projetar essa visão no cliente. E se expressam como, "para lidar com aquele problema, será necessária a utilização de nossa incomparável solução de software integrada".

Mas, no entanto, o que está ocorrendo no outro lado da mesa de negociação? Muito freqüentemente, o *prospect* está pensando algo em torno de "oh, sim? Devemos utilizá-lo agora? Diga quem?".

Essa atitude é simplesmente o reflexo da natureza humana operando. A maioria das pessoas nem mesmo gosta que seus entes queridos lhe digam do que precisam, muito menos um vendedor. A maioria das pessoas, no papel de compradores, ressente-se de ter um profissional de vendas objetivando o controle ou a fim de pressioná-los.

As pessoas adoram comprar, mas detestam se sentir vendidas. Constatamos que os vendedores de alto desempenho usam seu *expertise* para estruturar perguntas interessantes e proveitosas em vez de emitir opiniões. Fazer perguntas revela respeito pelo cliente. Quando clientes lidam com uma série de perguntas inteligentes – perguntas essas adequadas, que podem ser respondidas e cujas respostas definem uma solução útil – eles não têm a percepção de que estão sendo objetos da venda.

3. Focados na Solução *versus* Focados no Relacionamento

Os profissionais de vendas convencionais são focados no relacionamento, e os vendedores centrados no cliente são focados na solução.

Se o vendedor não entende como o cliente utilizará sua oferta para atingir um objetivo, solucionar um problema ou satisfazer uma necessidade, ele realmente não tem escolha a não ser recorrer aos relacionamentos. Por que acontece isso? Em muitos casos, a resposta reside no treinamento recebido pelo profissional de vendas. A maioria das organizações de vendas delega ao departamento de Marketing do Produto o treinamento dos vendedores sobre os seus produtos.

Não é surpresa que o resultado é uma equipe de vendas que consegue informar você sobre as propriedades esotéricas de seus produtos, mas é incapaz de lhe dizer a utilização dos mesmos. E os raros negociantes de produtos, que efetivamente entendem suas utilizações, tendem a ter esse conhecimento no nível do usuário do dia-a-dia, e não no nível do tomador de decisão.

Vendedores que não são treinados para conversar com os tomadores de decisão sobre o uso dos produtos tendem a focar nos relacionamentos com seus clientes. Muitos profissionais de vendas tradicionais se convenceram, com o passar dos anos, de que o vendedor com o relacionamento mais forte será o mais bem-sucedido. E, em situações em que o vendedor está comercializando uma *commodity* (mercadoria) a um cliente cativo – onde não há outros diferenciadores a não ser os relacionamentos – nós concordamos. Mas, nas situações em que o cliente está tentando atingir um objetivo, solucionar um problema ou satisfazer uma necessidade, discordamos. Sob essas circunstâncias, o vendedor bem-sucedido tem de atuar dotado de muito mais recursos que simplesmente cultivar relacionamentos. Dada a opção de termos um cliente que goste de nós, ou um que nos respeite, preferimos a última hipótese. Certamente, as duas opções não são mutuamente excludentes, e, após você ganhar o respeito de um cliente, há uma alta probabilidade de ser estabelecido um forte relacionamento.

4. Buscar os Executivos *versus* Gravitar em torno dos Usuários

Os vendedores convencionais gravitam em torno dos usuários de seus produtos, ao passo que os profissionais de vendas centrados nos clientes vêem os tomadores de decisões comerciais como alvo.

O poder do vendedor convencional reside em discorrer sobre suas ofertas, e os usuários são o grupo mais provável de estar interessado ou tolerar essa abordagem. Observe que falar aos usuários não é o mesmo que falar com um tomador de decisão, visto que isso possibilitará a esse indivíduo a visualização do uso do produto para que ele atinja um objetivo, resolva um problema ou satisfaça uma necessidade. Para que o vendedor tenha a confiança de engajar-se em um diálogo com executivos, ele deve estar preparado para entabular conversas de negócios. Uma tratativa sobre negócios deve ser orientada à utilização e a resultados, e não às propriedades do produto. Ela foca na razão da necessidade do produto; de que forma ele pode ser utilizado para atingir um objetivo, resolver um problema ou satisfazer uma necessidade; e qual é a relação entre o custo de utilização *versus* os benefícios apresentados.

A maioria das organizações de vendas oferece treinamentos "não-orientados" a produtos aos seus vendedores; ou seja, uma grande parcela dos cursos trata das propriedades do produto, mas há muito pouco material sobre como ele é utilizado em aplicações do dia-a-dia. Não surpreendentemente, quando essas organizações contratam profissionais de vendas, eles tendem a gravitar em torno das pessoas capazes de entender o produto naquele nível – isto é, como usuários treinados – e, assim, reforçam essa perspectiva. Em outras palavras, forma-se um círculo vicioso: uma estrutura de vendas não ideal que se perpetua.

Este ciclo pode ser rompido. Como será visto neste livro, o Customer-Centric Selling mapeia como os departamentos de Marketing podem fazer a transição do treinamento do produto ao treinamento do uso do produto ao criar o Sales-Ready Messaging para diálogos dirigidos. Esse treinamento possibilita e capacita os vendedores tradicionais a dirigirem-se aos executivos e a terem envolvimento em tratativas focadas no cliente.

5. Referir-se ao Uso dos Produtos *versus* Confiar nos Produtos

Os diálogos centrados nos clientes se dão quando os vendedores são capazes de, nas suas conversações, referir-se sobre o uso dos produtos. Profissionais de vendas convencionais – que trabalham para organizações tradicionais e utilizam métodos de marketing de produtos também tradicionais – não têm outra opção a não ser confiar em seus produtos para despertar interesse. Eles educam seus clientes sobre o produto, assumindo que estes podem descobrir em seus próprios termos como utilizar o produto.

Em algumas circunstâncias especiais, essa estratégia funciona – mas somente por um determinado tempo. Eis aqui um cenário que você pode reconhecer: uma empresa de tecnologia lança um novo e sensacional produto. Ela encontra um guru para endossar a tecnologia, redige um "manual informativo" enaltecendo as características do produto, contrata uma boa empresa de relações públicas e faz um grande sucesso em feiras de tecnologia. As vendas decolam.

Mas quanto de venda efetiva se deu nesse cenário? Os vendedores estavam ajudando os *prospects* na visualização de como eles poderiam atingir um objetivo, solucionar um problema ou satisfazer uma necessidade pela utilização da nova tecnologia? Ou esse era um caso em que os primeiros compradores do mercado eram suficientemente perspicazes e inovadores para descobrir a própria utilização do produto, através (ou mesmo apesar) de uma apresentação tradicional do mesmo?

Dessa maneira, as vendas disparam, e os funcionários da empresa de tecnologia chegam a acreditar que são vendedores e "marqueteiros" superiores. Então, misteriosamente, há uma queda substancial nas vendas. O que está ocorrendo nesse caso? O livro altamente intuitivo *Crossing the Chasm*, de Geoffrey Moore, lançado em 2002, realçava a dificuldade que as empresas de tecnologia têm que enfrentar quando há uma escassez de Inovadores e Primeiros Adotantes. Os clientes auto-suficientes – aqueles que não necessitam de uma venda efetiva – apareceram e sumiram, e não há ninguém na fila atrás deles.

Freqüentemente somos contratados por companhias que caem nesse abismo. Elas exauriram o suprimento de Inovadores e Primeiros Adotantes e agora precisam descobrir como encontrar um novo tipo de *prospect* – ou seja, clientes-alvo que desconhecem que necessitam do produto e nem têm uma visão de como o utilizariam.

Esse é o ponto em que os vendedores focados no cliente obtêm êxito. Este livro o ajudará e ajudará sua organização a ficar centrada no cliente. Ele lhe proverá uma estrutura para a criação do Sales-Ready Messaging (ou seja, mensagens sobre a utilização do produto) que habilitará seus vendedores convencionais a evoluírem até o modelo CustomerCentric Selling.

6. Gerenciar seus Gerentes *versus* Necessidade de ser Gerenciado

Acreditamos que os profissionais de vendas mais convencionais necessitam ser gerenciados essencialmente porque trabalham para gerentes de vendas tradicionais. O que queremos dizer com isso? Os gerentes de vendas tradicionais monitoram mais a atividade que o progresso. A maioria deles não tem o *progresso* definido em seus processos de vendas. A maioria não dispõe de um método para avaliar e classificar oportunidades que tratem de várias pessoas e empresas – em outras palavras, comparar maçãs com maçãs; a maioria não tem nem mesmo um processo definido de vendas.

Por que ocorre isso? A maioria dos gerentes de vendas é promovida a essa posição não devido à sua habilidade ou ao seu potencial superior de gerenciamento, mas porque foram campeões de vendas. E, estatisticamente falando, há boas chances de eles terem sido campeões de vendas porque são vendedores intuitivos e naturalmente talentosos. Se eles efetivamente tivessem um processo de vendas, o mais provável é que seriam incapazes de articulá-lo.

Quando eles se deparam em sua nova posição de administradores, fazem tentativas de gerenciar as únicas coisas que acreditam poder controlar. Eles controlam a atividade. Rastreiam e avaliam itens, como o volume de pedidos de *prospects*, cartas, demonstrações e propostas. Monitoram a quantidade de atividade, que lhes proporciona uma habilidade limitada para influenciar a qualidade de atividade; monitoram o nível de energia e não o progresso.

À época em que gerentes recém-promovidos eram vendedores, a sua mensuração de qualidade era intuitiva. A capacidade de perceber quando um cliente começava a sentir-se pressionado, estabelecer confiança e competência, ajudá-lo a visualizar a solução de seu problema, afastar-se de situações em que achavam que sairiam perdendo – todos esses aspectos eram intuitivos. E, na condição de um novo gerente de vendas, como as pessoas transferem suas habilidades intuitivas de venda à sua equipe de menor talento? Com grande dificuldade. Portanto, os novos gerentes de vendas tendem a gerenciar os únicos itens que acreditam poder controlar – a atividade.

Há um caminho melhor. Os profissionais de vendas centrados no cliente são capazes de dialogar de acordo com a situação e fazer perguntas relevantes a fim de capacitar os tomadores de decisão a entenderem como eles podem atingir seus objetivos, resolver seus problemas e satisfazer suas necessidades. Seus gerentes unicamente precisam monitorar seu progresso e assisti-los na trajetória do sucesso. Profissionais de vendas focados no cliente tendem a pedir ajudar aos seus gerentes quando necessitam de recursos da empresa para ajudá-los a fechar uma venda. Por exemplo, eles podem necessitar da convocação de um executivo de vendas, de uma visita à sede da companhia, um consultor técnico de pré-venda ou um suporte administrativo extra. E, em nossa experiência, esses profissionais obtêm o suporte demandado quando necessário, porque são capazes de demonstrar a seus gerentes que conquistaram o direito de gerir recursos finitos da empresa. Antes de solicitar recursos, eles podem documentar a meta de um tomador de decisão, a situação atual e a visão de utilizar sua oferta para atingir um objetivo, resolver um problema ou satisfazer uma necessidade.

7. Dar Poderes aos Clientes *versus* Tentar Vendê-los

Em nossos *workshops* para vendedores, freqüentemente conduzimos um exercício interessante. Solicitamos aos participantes que peguem uma folha de papel em branco e finjam que sejam os autores de seus próprios dicionários. Em seguida, pedimos para que eles definam o termo "vender".

Ficamos sempre estarrecidos com as percepções que os profissionais de vendas têm de sua própria profissão. Eles definem "vender" como, por exemplo, convencer, persuadir, fazer com que outra pessoa faça o que desejam, lidar com ou superar objeções, levar pelo menos cinco "negativas" antes de desistir, negociar até chegar no que querem, e – certamente – a maior de todas: fechar o negócio. ABC – sempre fechando negócios. Fechar prematuramente! Fechar com freqüência!

Analisando essa lista e pensando sobre a atitude mental que repousa atrás dela, há alguma surpresa pelo fato de que a maioria das pessoas – mesmo os vendedores – não gosta de ser abordada por seus pares?

Nós também trabalhamos com compradores. Quando solicitados para descrever vendedores, a maioria deles utiliza termos como agressivos, falsos, ousados, manipuladores, cheios de liberdades, propensos a exageros, maus ouvintes, e assim por diante. Quando solicitados para resumir esses pontos negativos em uma única palavra, a resposta mais freqüente que obtemos dos clientes é *pressão*. Aos lidar com vendedores, os clientes sentem-se forçados, manipulados, pressionados no sentido de fazerem coisas que não desejariam ter feito.

Essas pré-concepções são armadilhas. Se os vendedores escaparem delas, terão de aprender a vender diferentemente. O conceito que eles têm de "vender" precisará ser reformulado de modo a serem focados no cliente (novamente, dar poderes aos clientes para atingir seus objetivos, resolver seus problemas ou satisfazer suas necessidades). Isso não é tão difícil de ser conseguido. Por que fazemos essa afirmação? Pelo fato de instruirmos milhares de "não-vendedores" autodeclarados a vender. Por "não-vendedores", queremos dizer pessoas que não querem pensar de si próprias como profissionais de vendas no sentido tradicional – engenheiros, contadores, advogados, consultores, cientistas – pessoas essas cujo pior pesadelo é ligar para suas casas e contar a suas mães que decidiram tornar-se vendedores!

Pense, por exemplo, no caso de um engenheiro nessa situação. Engenheiros adoram ajudar as pessoas a solucionar seus problemas. De modo geral, engenheiros não querem comportar-se como profissionais de vendas tradicionais, mas, quando o conceito de "vender" é reformulado, eles ficam muito satisfeitos de servir como profissionais de vendas focados no cliente. É impossível que todos os engenheiros sejam treinados para vendas, mas há muitos deles que têm uma atitude mental positiva, algumas idéias preconcebidas e são abertos a desafios.

Acreditamos que o objetivo de um profissional de vendas, inserido em um novo relacionamento com um cliente, seria o de ajudá-lo a atingir uma meta, solucionar um problema ou satisfazer uma necessidade – e, depois, estar preparado para desistir se não acreditar que o *prospect* possa ser habilitado a cumprir uma dessas metas. Essa abordagem pode soar como unicamente um pequeno desvio de uma abordagem tradicional de vendas, mas, na realidade, ela é fundamentalmente diferente. Imagine-se na posição de um cliente. Você não preferiria ter uma reunião com alguém que tivesse essa atitude em lugar de uma idéia fixa de um profissional tradicional de vendas?

Até os Vendedores "Natos" podem Melhorar

Durante nossas carreiras, conhecemos uma variedade de vendedores "natos" realmente talentosos. Eles fazem as coisas parecer fáceis. Em uma base consistente, atingem 200% a mais de cotas, apesar do fato de que a maioria deles não consegue definir o que os torna bem-sucedidos.

Nós podemos. Se você reexaminar as sete comparações que acabamos de fazer, esses vendedores natos são consistentemente focados no cliente quando consideradas as primeiras seis medições. Isso é o que explica seus sucessos.

Mas, em nossa experiência, mesmo esses vendedores "natos" comportam melhorias na sétima e última medição. A maioria deles acredita (como seus pares menos dotados) que vender é convencer, persuadir, e assim por diante. Portanto, cremos que mesmo os vendedores mais talentosos podem obter um maior foco no cliente. Cremos que a chave para um vendedor "nato" ser bem-sucedido como gerente de vendas é primeiro tornar-se conscientemente focado no cliente. O CustomerCentric Selling, conforme explicado neste livro, tem como escopo ajudar todos os vendedores a avaliarem em que ponto se encontram, e provê-los de uma metodologia específica no sentido de auxiliá-los a obter mais êxito em suas carreiras.

CAPÍTULO 2

Opiniões – O Estímulo que Impele Corporações

ESTE CAPÍTULO TRATA DE OPINIÕEs: como elas são formadas, e como poderiam ser formadas.

As opiniões desempenham um papel muito importante em nossa vida pessoal e profissional. Quando pensamos sobre isso, raramente efetuamos um movimento significativo sem solicitar as opiniões de outras pessoas. Ao mesmo tempo, quando queremos ajuda na tomada de decisões importantes, a maioria de nós é bastante seletiva sobre as pessoas que iremos ouvir.

A maioria das organizações ao precisar tomar decisões importantes contrata especialistas para se familiarizarem com suas situações e fazerem recomendações. Pode-se exemplificar o caso de CEOs que recebem altíssimos pacotes de remuneração devido à habilidade de avaliar situações e formular opiniões – convidados informados que, em última análise, modelam a direção estratégica de suas empresas.

É certo, nem todas as opiniões são valorizadas igualmente. À medida que descemos pela estrutura organizacional, o poder das opiniões individuais para definir diretrizes de empresas cai abruptamente. Na verdade, a maioria das organizações conta com estruturas configuradas para assegurar que serão tomadas decisões baseadas *unicamente* em opiniões provenientes de (ou, no mínimo, suportadas por) pessoas dos níveis mais altos. Em uma indústria, por exemplo, os operários do chão da fábrica executam procedimentos – atuam sobre opiniões – que foram desenvolvidas por outras pessoas. Poucas decisões sobre políticas, se houver, são tomadas no chão da fábrica.

No entanto, há uma exceção importante dessa regra: a função de vendas. Sim, na maioria dos casos um plano de negócios é finalizado, e programas específicos de marketing são implementados para executá-lo. E, sim, para a maioria das empresas com uma organização de vendas, o plano de receitas é decomposto em objetivos de faturamento (cotas) para cada território. E, ainda, embora os vendedores possam receber a atribuição para atingir metas muito específicas, também lhes é conferido um enorme espaço para darem suas opiniões, e tomarem decisões, que não somente afetam o desempenho da organização, mas também, finalmente, modelam a experiência do cliente. Em quantas organizações os profissionais de vendas têm essa oportunidade para decidir.

1. Como posicionar suas ofertas aos compradores?
2. A que contas e cargos procurar?
3. Que contas incluir em seus *pipelines*?
4. Que contas fechar e quando?
5. Como interpretar as oportunidades perdidas?
6. Que alterações nas ofertas são necessárias para a melhoria do posicionamento competitivo?

Sem o necessário entendimento do que estão fazendo, as empresas confiam nas opiniões de profissionais de vendas tradicionais para criar um *pipeline*, dar uma previsão e prover faturamentos. Dependendo das circunstâncias específicas, esse procedimento pode ser exatamente o que deve ser feito – ou pode constituir-se em um desastre sem fim. A razão mais comum para o fracasso das novas empresas é que o departamento de Vendas não atua de acordo com o plano (embora, certamente, as razões para o fracasso possam ser complexas). Assim, vamos "descascar o pepino" e efetuar uma análise mais profunda de como os vendedores formam opiniões e como essas opiniões podem resultar no êxito ou fracasso de uma companhia.

Quem é Responsável pelo Quê?

Quando fazemos a CEOs uma pergunta crítica – "Quem posiciona as ofertas de sua companhia?" – quase sempre escutamos a mesma resposta: "Marketing". Isso acontece quer eles estejam usando uma organização de vendas direta, quer estejam usando uma organização de vendas indireta. Em nossa experiência, no entanto, há uma simplificação exagerada e grosseira – até o ponto de não chegar a se constituir propriamente numa resposta. Dessa maneira, o que tendemos a fazer em seguida é pedir a um CEO para considerar o seguinte cenário:

> Sua empresa anuncia o lançamento de um novo e expressivo produto ou serviço e treina toda a organização de vendas sobre a oferta em reuniões regionais durante dois dias. Na semana seguinte, seus profissionais de vendas começam a entrar em contato com compradores e clientes. Suponhamos que as visitas são feitas por três diferentes vendedores na tentativa de comercializar a nova oferta para o mesmo setor e na mesma verticalidade, e vamos supor que foram gravadas cenas dessas visitas. Na revisão dessas gravações, poderia determinar-se se:
> 1. Está sendo comercializada a mesma oferta?
> 2. Os vendedores trabalhavam para a mesma empresa?

Nesse ponto, a maioria dos executivos – especialmente aqueles que se deparam com os *rankings* de vendas – enfrentam uma realidade sóbria na qual não gostam de se alongar: a carga do posicionamento de ofertas cai, por padrão, sobre os ombros dos individuais vendedores. Isso ocorre independentemente do número de horas que o departamento de Recursos Humanos (RH) tenha devotado para, cuidadosamente, criar descrições de funções e detalhar responsabilidades por todo o aparato do Marketing. Numa análise final, vários CEOs simplesmente abdicam da responsabilidade pela experiência de seus clientes – bem como do alcance de metas de faturamento – aos seus profissionais de vendas.

Um CEO pode seguramente assumir que o Marketing Tático tem responsabilidade e exerce controle sobre os *releases* impressos, folhetos, anúncios, conteúdos do site na Web, feiras e exposições, palestras, e assim por diante. No entanto, o suporte de marketing e o controle do processo de vendas são muito mais tênues. No final do dia, o posicionamento das ofertas resume-se a palavras e frases utilizadas pelos profissionais de vendas na comunicação com potenciais compradores. Portanto, qual o grau de consistência da mensagem que está sendo transmitida? A maioria dos CEOs, quando respondem verdadeiramente, dizem: "Pouco consistente".

A quem culpar? Agora ouvimos clamores de muitos executivos seniores de vendas que o Marketing tem-se tornado irrelevante em termos de dar suporte a seus esforços de vendas. De acordo com os Customer Message Management Forums, da American Marketing Association, conduzidos em

2002, entre 50% e 90% do material criado pelo Marketing para suporte às vendas jamais é utilizado pelos profissionais de vendas. É certo, porém, que o Marketing não deveria carregar toda a culpa por essa situação. Parte do problema resulta do fato de que, em vários casos, não foi definida qualquer interface entre o Marketing e as Vendas. Além disso, é virtualmente impossível prover um suporte efetivo se não for estabelecido um processo real de vendas.

Discutimos anteriormente como a maioria das apresentações de PowerPoint e folhetos de alta qualidade ajuda muito pouco os vendedores na estruturação dos diálogos com os clientes, ou no fechamento de negócios. Uma grande parcela do material de apoio de marketing simplesmente não é desenhada para ser utilizada por vendedores em seus contatos comerciais.

Da mesma forma, a maioria dos treinamentos oferecidos aos vendedores também não atinge o alvo. Ele é, na maior parte das vezes, centrado no produto, não centrado no cliente. Já vimos como vendedores convencionais tendem a lançar-se quase que imediatamente na exposição de um produto, sem levar em conta o que o cliente possa querer ou necessitar. Bem, abarrotar a mente de um profissional de vendas recém-contratado de informações sobre o produto indica que ele percorrerá exatamente essa mesma trajetória – a trajetória *errada* se for esperado que o vendedor tenha que se envolver em uma conversação com o comprador centrada no cliente. Sim, há uma necessidade de treinamento sobre o produto, mas acreditamos que ele deve ser separado do treinamento de vendas.

As empresas incapazes de reduzir as diferenças entre o Marketing Tático e as Vendas não têm outra alternativa a não ser confiar nas – e ficar à mercê das – opiniões de seus profissionais de vendas. Essa situação é ruim? Bem, profissionais de vendas são exatamente como os médicos, advogados, eletricistas, ou as pessoas de qualquer outra profissão em razão de:

- 10% serem excepcionais.
- 70% serem medianos.
- 20% serem fracos.

A pequena porcentagem de vendedores naturalmente centrados no cliente é capaz de superar a ausência de suporte do Marketing. Eles conseguem resistir à tentação de repetir textualmente o que aprenderam no treinamento sobre o produto. Num contato de vendas, eles conseguem ouvir e responder, e fazer perguntas inteligentes para posicionar adequadamente ofertas durante os diálogos com seus compradores. A questão ou desafio então se torna: "Que resultado pode ser obtido de vendedores tradicionais?".

Contratação e Treinamento: Onde as Vendas Começam

Vamos examinar a contratação e o treinamento de novos profissionais de vendas, explorar como ofertas são posicionadas e ver como uma série de opiniões, em última análise, desenvolve-se até a previsão de faturamento do CEO.

Algumas organizações de grande porte têm definido perfis para contratação criados para auxiliar na seleção de candidatos dotados do que elas presumem ser os requisitos educacionais, de inteligência e de características pessoais, para tornarem-se vendedores bem-sucedidos geradores de receitas. Outras, de mesmo porte, preferem iniciar meio que no escuro, no sentido de que privilegiam a contratação de recém-formados, com a intenção de ensiná-los tudo o que necessitam saber sobre as ofertas da empresa, sobre mercados verticais e como vender.

Após um período de orientação na unidade em que desenvolverão suas atividades, esses recém-contratados, em geral, são enviados a uma localidade central para receberem instrução. A duração dessas sessões de treinamento pode variar de alguns dias a vários meses, dependendo da complexidade e do número de ofertas de produtos. Sessões de treinamento em classe geralmente duram o dia inteiro, e também é bastante comum a incidência de tarefas vespertinas ou de estudos de casos após o expediente. Além do treinamento sobre os produtos e a imersão na cultura de vendas da empresa, os *trainees* de vendas recebem orientação inicial sobre as políticas e procedimentos da empresa, quadro de funcionários da sede, sistemas de relatórios administrativos, e assim por diante.

O principal objetivo dessas sessões, no entanto, é treinar os novos contratados sobre os produtos e serviços da empresa. Freqüentemente, essas sessões de treinamento na empresa são desenhadas e executadas pela equipe do Marketing de Produto, que tem experiência direta limitada, ou mesmo pouco contato, com clientes e vendedores no campo. O foco é mais direcionado para o interior ("estes são os nossos serviços") que para o exterior ("apresentamos algumas opções de serviços que nossos clientes e *prospects* possam utilizar para atingir seus objetivos, resolver seus problemas ou satisfazer suas necessidades"). Exige-se que os participantes memorizem especificações de diferentes serviços. Eles aprendem a fazer apresentações "enlatadas", executar demonstrações, lidar com objeções, e repetir os pontos fortes e fracos dos concorrentes.

Conforme anteriormente sugerido, a maior parte desse treinamento apresenta os serviços da empresa como *substantivos*, com um foco contínuo no que eles são e o que farão. Essa abordagem raramente funciona. Há poucos anos, cruzamos com um vendedor trabalhando para uma empresa que comercializava adesivos. Ao perguntarmos sobre suas ofertas, ele prontamente despejou um surpreendente discurso sobre viscosidade, propriedades de secagem, resiliência etc.

Em poucos segundos após essa investida, o vendedor tinha perdido nosso interesse. Ele parecia não se dar conta disso, falando monotonamente durante mais alguns minutos, dando mais informações do que desejávamos saber. Finalmente, ele fez uma pausa para respirar. Pulando essa janela estreita de oportunidades, comentamos que ele descrevera seus produtos como se eles fossem substantivos. Em seguida, sugerimos que ele tentasse discutir seus adesivos como se eles fossem verbos.

Dando-lhe crédito, ele se saiu muito bem. Afastou-se de seu modo de apresentação normal (foco interior) e discorreu sobre as aplicações de seus produtos (foco exterior). Descreveu como alguns de seus clientes estavam utilizando os adesivos de sua empresa, o que era, de longe, muito mais interessante e mais facilmente compreendido que ouvi-lo falar monotonamente com base numa lista preparada de propriedades, atributos e características. E algo mais interessante ocorreu, também: tivemos um diálogo. Não que esse diálogo pudesse ser descrito como brilhante, mas, como uma abordagem de vendas, representou uma enorme melhoria em relação à sua abordagem repleta de características e propriedades.

Talvez porque tenham consciência (e, provavelmente, até se sintam um pouco culpadas) de que o treinamento oferecido aos recém-formados tenha sido focado fortemente para o interior, algumas companhias tentam prover seus novos profissionais de vendas com um conhecimento específico do seu setor de atuação. Esses estudos sobre segmentos de mercado representam tipicamente uma pequena porcentagem do tempo total despendido no treinamento. De modo geral, eles aparentemente servem de reflexão posterior, ou um "recheio" para conhecimentos gerais.

Durante esse pequeno tempo quando da apresentação das sessões gerais, os participantes são expostos às funções e responsabilidades associadas aos vários títulos de cargos dentro dos mercados verticais. Eles podem ser apresentados aos termos chavões do setor e aos "temas mais quentes" de seus potenciais compradores, que são estimulados em seus contatos de vendas. A esperança se faz eterna. A esperança é que, utilizando esses termos, os vendedores mostrarão possuir conhecimento setorial – talvez até *expertise* – o que, decerto, pode ser comprovadamente útil nas tentativas de comunicação com a pessoa do outro lado da mesa de negociação ou na outra ponta da linha telefônica.

Nossa experiência diz que essa é uma esperança perdida. Os novos vendedores raramente obtêm *expertise* por meio dessas informações truncadas e intensas sobre o segmento de atuação. Para eles, na verdade, é uma sobrecarga de informações – o equivalente a tentar tomar água por uma mangueira de incêndio. E mesmo se eles forem bem-sucedidos no ingerir e regurgitar termos chavões, o *prospect* raramente ficará impressionado. Ao vendedor pode restar somente uma questão quando expõe falta de conhecimento subjacente ao ambiente comercial do comprador. O cliente vivencia esse setor todos os dias. Quando um vendedor falhar por uma pequena distância, ele falhará numa grande extensão.

Uma outra dificuldade com essa metodologia de treinamento genérica de vendas é que ela não é integrada. Ela apresenta os produtos, as vendas e as informações setoriais separadamente, e deixa os três separados em "silos" de informação. Requer-se, então, dos profissionais de vendas que eles façam a integração e criem uma mensagem coerente que possam transmitir durante os contatos de vendas. Este é um enorme desafio. Até vendedores centrados nos clientes podem demorar meses no campo para cumprir essa integração e converter conhecimento do produto em conhecimento sobre a sua utilização. Pense sobre como é devastador para os profissionais de vendas aprenderem a atingir essa integração e conversão individualmente. E como é insensato supor que profissionais de vendas tradicionais possam conseguir o cumprimento dessa tarefa.

Posicionamento: O Próximo Desafio

A maneira como um produto é descrito aos *prospects* é a sua posição no mercado. O posicionamento é essencialmente importante no processo de vendas. Muitas pessoas nutrem um estereótipo negativo por vendedores. Isso se dá em parte porque elas não valorizam completamente a habilidade necessária para posicionar com sucesso um produto na mente do comprador – ou o treinamento que reside por trás desse sucesso.

Em meados dos anos 70, um de nós – recém-saído da faculdade – foi contratado pela Divisão Geral de Sistemas da IBM. A atribuição: vender a idéia a usuários iniciantes de computador sobre os benefícios de migrarem de seus sistemas contábeis manuais para uma configuração computadorizada. A maior parte dos *trainees* caiu na armadilha de acreditar que estávamos comercializando hardware e software. Isso custou alguns meses de frustração para notarmos a diferença – entender que os tomadores de decisão selecionados tinham pouco ou nenhum interesse em aprender sobre hardware e software de computador. Na verdade, a abordagem do produto realmente assustava alguns deles. Ela reforçava seus piores conceitos sobre a complexidade e o temor geral sobre a utilização de computadores.

Por outro lado, se o proprietário da empresa pudesse receber relatórios gerados por nossos sistemas, e se esses relatórios pudessem revelar utilidade como ferramentas para a tomada de decisões empresariais reais, nossa lição de casa estava feita. Por exemplo, ver um relatório de estoque com itens classificados por data da última saída permitiria aos clientes visualizar a redução de mercadorias do estoque. Quem se importava sobre velocidades de processamento da CPU, capacidades do disco e coisas afins? O hardware e o software necessitavam ser descritos unicamente como meios para se atingir um determinado fim. Lembre-se de que essa era a IBM, que à época era considerada como empresa-modelo pela grande maioria das empresas, a companhia que todas as demais estavam imitando. A IBM, com toda sua renomada equipe, *expertise* e experiência, estava conduzindo seus recém-contratados para uma trajetória errada. Estava ensinando-os a posicionar produtos como substantivos e não como verbos.

E o problema de posicionamento não está limitado aos recém-contratados. Para companhias com múltiplos produtos vendendo em vários setores verticais, o desafio de posicionar as ofertas se torna tremendo, mesmo para os vendedores mais talentosos e experientes.

Por exemplo, pense sobre a ampla faixa de pessoas com diferentes funções que um vendedor deve-se comunicar a fim de conseguir a venda, a consolidação e a implementação de um produto para melhoria de produtividade empresarial. No caso de algumas vendas desse tipo, esse elenco de personagens pode abranger desde o quadro técnico do departamento de Tecnologia da Informação (TI), passando pela gerência média e vice-presidentes de linha, até chegar ao Vice-presidente Financeiro e ao CEO. Considere, ainda, como o tempo do ciclo de venda pode variar, dependendo se o ponto de entrada do vendedor na organização do cliente for na parte baixa, média ou alta de sua hierarquia.

Retornemos ao profissional de vendas menos experiente. Imagine que um recém-contratado tenha completado o programa de treinamento da companhia de seis meses, e que você tenha a preferência de ser o primeiro cliente (vítima) que ele ou ela está contatando. Visualize para que ponto esse contato provavelmente apontará, logo após as apresentações. A menos que esse vendedor tenha um talento de vendas natural focado no cliente, ele provavelmente começará suas argumentações, independentemente dos interesses do comprador sentado do outro lado da mesa. Há grande probabilidade que o vendedor esteja pensando: "Ei – se minha empresa considerava que era tão importante que eu entendesse nossas ofertas, conseqüentemente também deve ser importante que o cliente as entenda".

Quando foi a última ocasião em que um vendedor o contatou e levou um tempo exagerado demais para discutir as ofertas? Antes de o vendedor entrar na argumentação de vendas, você deu indicação de alguma necessidade pelas ofertas ou qualquer razão que você seria um potencial cliente? Quando o vendedor estava repetindo as características das ofertas, em que porcentagem delas você realmente estava interessado ou sentiu que poderia ser útil para você?

A resposta na maioria dos casos, certamente, é a de "uma porcentagem muito baixa". Assim, por que os profissionais de venda tradicionais seguem essa rota? Discorrer sobre suas ofertas representa suas zonas de conforto, parcialmente porque foi o que eles aprenderam durante o treinamento que as empresas oferecem. Isso permite que eles se sintam como especialistas, e controlem as reuniões. Mas, lidar com características, na maior parte dos casos, é como sair com um carro da estrada e cair num penhasco. Seguramente que tudo está sob seu controle. Mas, você realmente quer estar sob controle em um acidente de carro, ou num trabalho fracassado de vendas? Não seria melhor obter sucesso?

Por que *Não* Lidar com Características?

A ironia é que lidar com características – operando na zona de conforto, conforme descrito acima – pode também provocar a perda de controle de um profissional de vendas.

Como? Uma vez que uma oferta específica é mencionada, vários compradores fazem uma pergunta bastante lógica: "Quanto custa isso?". Mas, com freqüência, é muito cedo discutir preços, pois nem objetivos, problemas, utilização potencial ou valor ainda foram estabelecidos na mente do comprador. Uma caixinha de chicletes custa muito, não importando qual o seu preço, se você não decidiu que a deseja ou que necessita dela.

A técnica tradicional de vendas neste ponto – quando a questão do preço surge prematuramente – é tentar dar respostas evasivas numa tentativa de esquivar-se da pergunta. Isso pode criar uma impressão negativa, e às vezes faz com que o vendedor aja conforme o estereótipo difundido, pouco lisonjeiro, de um "vendedor escorregadio". No entanto, há ainda um cenário pior: particularmente entre vendedores convencionais, existe também um forte desejo de se agarrar a esse comprador a todo custo, o que pode induzir o vendedor a dar preços irrealisticamente baixos. Se a venda progredir, o consumidor se lembrará do preço irrealisticamente baixo cotado na reunião inicial. Eventualmente, esse fato pode se tornar uma barreira no sentido da definição da compra.

Na verdade, o preço é um qualificador e deveria ser compartilhado com os compradores relativamente no início do ciclo de venda. Mas, até que o comprador comece a entender a utilidade potencial do produto, sua reação provavelmente será: "Ei, isso parece caro!". E assim que essa conclusão for tirada, o vendedor se defronta com uma árdua batalha para recuperar a presença da marca na mente do cliente (*mind share*). Embora não haja uma maneira fácil de evitar que compradores solicitem informações sobre preços, mesmo antes que os vendedores desejem divulgá-los, discutir o potencial uso do produto pode adiar essas discussões até mais tarde no ciclo de venda. Quanto mais forem discutidos os valores dos cenários de uso *antes de o custo* ser compartilhado, aquele preço provavelmente parecerá mais razoável quando ele finalmente for revelado.

Assim, essa situação leva, novamente, à apresentação de argumentos favoráveis para a discussão dos cenários de uso e não das características. Mas, isso raramente é o que se discute nos contatos de vendas tradicionais. Dado o treinamento, o entusiasmo e suas enormes cotas, os vendedores convencionais sentem-se compelidos a apresentar a cada comprador todas as características possíveis.

Suponha que um comprador esteja exposto a 25 características de produto, mas necessita somente de cinco. Ele provavelmente chegará à conclusão de que o produto deve ser excessivamente complicado e caro. Em outras palavras, será como possuir um produto com mais características que o requerido. Compradores reagirão contra ter de pagar por características que acreditam que nunca serão utilizadas. (Independentemente se eles podem estar errados sobre isso; o que conta é no que eles acreditam.)

Alguns profissionais de vendas convencionais têm sido treinados para acreditar que o processo de vendas se inicia logo após o comprador dizer não, mas o fato é que é extremamente difícil mudar a idéia de alguém depois que ele expressou uma objeção sobre alguma propriedade. A escola tradicional de vendas sustenta que uma objeção é uma oportunidade para a venda. Nós discordamos amplamente. Uma vez que um comprador tenha expressado uma objeção, o profissional de vendas terá de fazer com que ele mude de idéia, e isso é algo que a maioria das pessoas mostra-se relutante em fazer.

O fato é que, embora os profissionais de venda convencionais lidem com seus produtos para evitar potenciais objeções, eles têm uma probabilidade muito grande de gerar esses tipos de objeções quando adotam essa abordagem. Parte do problema é uma questão de controle. Quem está controlando a conversa neste momento de indecisão? O vendedor? Ele é o único que fala, e o comprador está numa posição não invejável de escutar passivamente. A maioria dos seres humanos gosta de estar no controle, e os compradores não são exceção. Na verdade, eles estão bastante acostumados a ficar no controle na maioria das conversas que têm no trabalho. Assim, podem sentir uma forte necessidade de apoderar-se do controle dessa conversa – e a maneira mais cômoda de fazer isso é fazendo objeções. Assim, fica muito mais fácil se um vendedor gerar um monte de informações sobre as características de seus produtos. Tudo que o comprador tem a fazer é aguardar por uma característica que não interessa e, depois, prender-se a ela.

Opiniões: Certas e Erradas

Retornemos ao cenário anteriormente apresentado neste capítulo. Vamos supor que é anunciada uma nova oferta, e que vendedores tradicionais de Nova Iorque, Chicago e Los Angeles, que estão na empresa em média há cinco anos, participam de dois dias de treinamento. Seus primeiros contatos pós-treinamento são agendados para segunda-feira. Cada um desses profissionais ligará para o CFO de uma empresa industrial.

Se esses contatos fossem gravados, um observador externo perceberia que todos os três estariam comercializando o mesmo produto? O observador concluiria que os vendedores trabalham para a mesma empresa? Quais seriam as expectativas dos três CFOs? Quais dessas três contas se tornaria parte do *pipeline* da empresa? Baseado em que opinião?

Parece que todos os três estão vendendo o mesmo produto? Na maioria dos casos, conforme observado, a resposta é negativa. É bem provável que a apresentação dos produtos da empresa e a formatação da discussão com o cliente foram deixadas a critério do vendedor. O resultado é uma grande diversidade de abordagens de venda (embora a maioria tenderá para a veia tradicional).

Após o treinamento, em muitos casos mal conduzido e também de curtíssima duração, pede-se aos vendedores recém-contratados que contribuam com opiniões. Primeiro, eles devem condensar seu entendimento sobre as ofertas da companhia em algum formato com o qual possam transmitir uma mensagem coerente aos clientes. Esta é uma opinião. Quando essa tarefa for finalizada, eles têm de analisar seus territórios – decidir quais são seus mercados-alvo e que pessoas e cargos contatar – e, em seguida, começar a preencher seus *pipelines*. Novamente, essas etapas se iniciam com opiniões.

Nesse ínterim, novos vendedores compreendem que o período de "lua-de-mel" provavelmente perdurará por cerca de 60 dias, após o qual seus *pipelines* devem crescer. Outra vez, as opiniões vêm à tona enquanto os vendedores decidem que abordagem utilizar: ir pela quantidade ou pela qualidade dos clientes? (Vendedores convencionais pensam na quantidade; os focados no cliente pensam na qualidade.) Mesmo se eles tentam focar no que sentem ser oportunidades qualificadas, seus julgamentos podem ser obscurecidos, e suas opiniões formadas pela pressão em mostrar serviço.

Dentro de poucos meses, eles serão requisitados para dar suas opiniões quanto às oportunidades que estão na previsão, se serão fechadas e quando. Opinião, opinião, opinião. Há alguma surpresa no fato de que diversos sistemas de CRM (*customer relationship management* – gestão de relacionamento com clientes), na melhor das hipóteses, são inúteis? Muitas empresas coletam a entrada da informação em seus sistemas de CRM pedindo aos seus vendedores que interpretem o resultado de seus contatos. Mas, em vários casos, o elo mais fraco da corrente é a opinião de um vendedor sobre o que compõe uma oportunidade qualificada.

Ainda solicita-se dos vendedores que eles dêem razões – opiniões – sobre quando *prospects*, que estão desaparecendo gradualmente, finalmente devam ser removidos de seus *pipelines*. As razões mais comuns são o produto e o preço. Na maioria dos casos, acreditamos que nenhuma delas é válida. Se o "produto" é citado como uma razão para a perda após um trabalho de vendas de seis meses – por exemplo, "não podemos 'rodar' sob UNIX" – cremos que questões como as seguintes devam ser feitas ao vendedor: "Quanto tempo levou para que você descobrisse que o cliente necessitava de suporte UNIX? Quanto tempo levou para que você concluísse que nós não provemos esse tipo de suporte?" O fato concreto é que se o produto não se "encaixa", a oportunidade nunca foi corretamente qualificada e aqueles seis meses de atividade foram desperdiçados.

E, naturalmente, a menos que você esteja comercializando uma mercadoria como miúdos de carne de porco, trigo ou ouro, é provável que o preço seja um dos fatores de seu êxito (ou ausência dele). Mas, acreditamos que ele nem sempre é – ou mesmo na maioria das vezes é – o fator *determinante*. Os compradores tendem a utilizar o preço como uma desculpa quando dão más notícias ao profissional de vendas. Pense sobre isso: com muita freqüência, quando um profissional de vendas fica sabendo que uma venda foi perdida com base no preço, ele pergunta: "Qual seria a sua faixa de preço?" Na maior parte dos casos, o comprador se recusa a dar uma resposta. Às vezes, porque ele mesmo, psicologicamente, fechou as portas e não quer reabri-las. Mas, muitas vezes, conforme observado, o preço é utilizado como uma desculpa. Ele era apenas um dos vários fatores que influenciaram a decisão de compra.

Estabelecido de outra forma, se o preço fosse o principal e decisivo fator, os fornecedores poderiam postar seus preços na Web e dispensar os vendedores. Os compradores poderiam tomar todas as suas decisões de compra unicamente com base no preço, mas isso não é feito – assim, claramente, outros fatores estão envolvidos nesse processo.

Após um vendedor ter concorrido durante meses e perdido o negócio, o comprador tende a decepcioná-lo com facilidade. Um dos modos mais fáceis é culpar o preço ou o produto, e a maioria dos profissionais tradicionais de venda fica satisfeita em levar esses argumentos ao conhecimento de seus gerentes. Quantas profissões têm situações em que há somente um vitorioso? A verdadeira razão pela qual a maioria das oportunidades é perdida é que o vendedor foi superado na venda.

Há grandes chances de que o "Eu fui superado na venda" nunca aparecerá num relatório sobre perdas (ou seja, o detalhamento sobre um *prospect* perdido). E isso, por sua vez, é uma das razões pelas quais a maioria dos relatórios de perdas é um exercício inútil. As empresas que tentam direcionar o desenvolvimento de produtos com base em relatórios de perdas, conseqüentemente estão fazendo o equivalente a dirigir por uma auto-estrada mirando nos espelhos retrovisores distorcidos pelas opiniões dos profissionais de vendas.

MICHAEL T. BOSWORTH • JOHN R. HOLLAND

Há um certo tempo, trabalhávamos com uma companhia que comercializava software para ajudar indústrias na programação de manutenção preventiva de seus equipamentos de produção. Ela era uma das três ou quatro principais *players* neste nicho particular. Cerca de um ano antes de começarmos a trabalhar juntos, eles ofereciam apenas uma versão DOS (*Disk Operating System*) de seus produtos, ao passo que dois de seus concorrentes tinham desenvolvido suporte de Windows. Previsivelmente, a razão mais comum citada pelos vendedores para explicar perdas era a ausência de uma versão do Windows do produto. Na realidade, os vendedores reclamaram até o ponto de a empresa fazer o investimento, desenvolver a nova oferta e retirar a versão DOS.

O que ocorreu em seguida? Os próximos lotes de relatórios de perdas realçavam o fato de que a maioria dos compradores ainda estava rodando na plataforma DOS e não poderia utilizar o novo produto Windows!

Efetuamos uma análise de *pipeline* e descobrimos dois importantes problemas. Primeiro, havia representantes de vendas que estavam enchendo seus funis com oportunidades não qualificadas. Segundo, suas opiniões sobre quais transações poderiam ser ganhas e de como poderiam ganhar a concorrência estavam simplesmente erradas. A direção estratégica da companhia – de desenvolver um produto Windows e parar de suportar a versão DOS – foi iludida pelas opiniões (desculpas?) de seus profissionais de vendas.

Transformando Opiniões em Previsão

Como você pode ter conjeturado até agora, a maioria das organizações de vendas é permeada por opiniões. A importância delas é ampliada quando as pessoas são solicitadas para prever o futuro. Este ritual estranho é eufemisticamente referido como *previsão*.

Se um vendedor estiver sob pressão – em outras palavras, se ele está atarefado e não tem feito muito progresso com o *pipeline* – então prever, provavelmente, significa passar alguns minutos massageando datas, quantidades e porcentagens do relatório do mês anterior, muito provavelmente no final da tarde do dia em que o relatório deve ser apresentado. Quanto pior for a posição do vendedor em relação à sua cota anual de vendas, maior será a tentação de inflacionar a previsão. Nesses casos, o relatório deveria conter mensagens padronizadas similares àquelas mencionadas nos nossos espelhos retrovisores laterais: "Cuidado! Objetos na previsão podem estar muito mais distantes e serem menores que aparentam".

Vendedores aprendem rapidamente que as reuniões mensais de revisão com seus gerentes são muito melhores quando eles têm muitas contas registradas em seus *pipelines*. Como não há um modo padrão de posicionar ofertas, cabe a cada profissional de vendas relacionar as contas que ele sente serem viáveis. Primeiro, eles se convencem dessa viabilidade, e em seguida persuadem seus gerentes. Na hora em que atingem essa segunda rodada de persuasão, eles podem se mostrar bastante eloqüentes na argumentação pela viabilidade de uma oportunidade. Na realidade, se esses vendedores conseguem vender para compradores e clientes tão bem como o fazem para seus gerentes, eles atingiriam até 200% de suas cotas todos os anos!

Pede-se para que os gerentes de vendas dêem suas opiniões sobre as opiniões de seus vendedores. Elas são mensuradas no curto prazo pelo agregado dos *pipelines* dos vendedores que se reportam a eles. Inevitavelmente, suas opiniões são influenciadas pelo que eles desejam acreditar. Eles querem crer que as oportunidades no *pipeline* são viáveis, e que todos os vendedores obterão seus números.

O trabalho do gerente de vendas é muito difícil, e a maioria é submetida a uma grande pressão para atingir metas de faturamento. As vidas dos vendedores são melhores se eles conseguirem: (1) mostrar um *pipeline* convincente ou (2) defender um *pipeline* fraco. Os gerentes do primeiro nível têm exatamente o mesmo desafio quando fazem uma revisão dos *pipelines* com seus gerentes. Por essa razão, os primeiros querem acreditar nas longas histórias inventadas por seus vendedores.

Há uma outra razão para não provocar tumultos. Se o gerente de vendas conseguir "encontrar furos" no funil de um de seus representantes por diversos meses seguidos, sua "recompensa" é colocar o vendedor em um plano de melhoria de desempenho, que em muitos casos deve ser supervisionado pelo departamento de Recursos Humanos (RH). A elaboração e o monitoramento desse plano requer um enorme comprometimento de tempo e serve como uma chamada de atenção no que diz respeito à tarefa de atingir as cotas da filial ou do distrito. É também um trabalho desagradável finalmente concluir que foi cometido um potencial erro de recrutamento.

E por fim, de mais a mais, se um vendedor for incapaz de atingir as metas estabelecidas, seu contrato deverá ser rescindido. Agora, o gerente se depara com a tarefa de recrutar, contratar e treinar um novo vendedor.

MICHAEL T. BOSWORTH • JOHN R. HOLLAND

Toda esses pontos influenciam o grau de esforço com que um gerente investiga o *pipeline* de um determinado representante de vendas? Achamos que sim. Com todos os pontos considerados, é muito mais fácil para um gerente acreditar na avaliação superotimista de seus vendedores sobre as oportunidades que estão em jogo, próximas de serem fechadas.

O ritual estranho continua pela cadeia toda – desde o distrito, passando pela região, até o Vice-presidente (VP) de Vendas. Cada nível dá sua interpretação pessoal aos números e, então, passa-a para frente. A exatidão da previsão normalmente melhora durante essa longa jornada; a principal razão de isso ocorrer, no entanto, é que a base estatística por trás da previsão fica mais ampla, e isso geralmente leva a um resultado final mais confiável. Essa atividade de previsão ocorre semanal (fracamente?) ou mensalmente, e culmina com a previsão do executivo sênior de vendas que chega na mesa do CFO, que deve projetar os ganhos para o trimestre.

Virtualmente, todas as companhias se qualificaram para o controle de suas despesas, de modo que a maior variável na projeção da rentabilidade é o faturamento bruto. Mas, os CFOs aprenderam com a experiência não adotar as projeções de receitas do departamento de Vendas como valor nominal. De fato, não acreditando no total projetado por um momento, os CFOs tendem a multiplicar a previsão bruta por um fator heurístico – sempre menor do que 1 (um), de modo geral escrito numa tira de papel e, em seguida, colocado na gaveta direita superior – para extrair um pouco do brilho da previsão. Após fazer esse ajuste, eles informam ao CEO quais serão os resultados do trimestre, de modo que este possa definir as expectativas de ganhos para os analistas e investidores.

Assim, conforme visto, os executivos seniores têm boas razões para duvidar da precisão de suas previsões. Nas ocasiões em que ela é acurada, pode ser devido a erros chamados de "contas de compensação". Por exemplo, a Companhia ABC (com probabilidade de 95%) não fechou, mas a Companhia DEF colocou um grande pedido adicional que nunca havia sido fatorado na previsão. O número mais importante da receita em muitas empresas transforma-se em pouco mais que uma pilha de opiniões, muitas das quais extraídas de pessoas sob pressão para proteger seus empregos. A menos e até que as organizações se responsabilizem por uma previsão que saia da mão dos representantes de vendas, esse número-chave continuará sendo irrealista.

Na realidade, as previsões mensais tendem a ser mais úteis como potenciais sinais de alerta, anunciando aos vendedores que seus *pipelines* estão reduzidos e avisando-os de que eles devem melhorar suas atividades de desenvolvimentos de negócios. Quando a previsão de faturamento começa a parecer superotimista e, aparentemente, pode haver um declínio no final de um trimestre, a pressão (interna e externa) se intensifica. Os vendedores são estimulados a fechar negócios, de modo geral pela oferta de descontos de "última hora!". Mesmo se o trimestre atual estiver salvo, no entanto, isso com muita freqüência vira um ciclo vicioso, com o *pipeline* sendo descarregado no final de cada trimestre e, em seguida, tendo de ser preenchido a partir do zero.

Um dos aspectos mais difíceis da previsão é projetar quando as oportunidades fecharão. Se um vendedor prevê que a Acme Company fechará negócios em setembro, depois em outubro e em novembro, e ela finalmente fecha em dezembro, a precisão da previsão é de 25%, muito embora eles tenham conseguido o negócio.

Com muita freqüência, as datas de fechamento não têm qualquer relação com a agenda do comprador, mas correspondem às agendas do vendedor. Na melhor das hipóteses, o fechamento antes de os compradores estarem preparados requer descontos significativos. No pior caso, pressionar prematuramente os compradores pode fazer com que a organização do vendedor: (1) perca o negócio ou (2) comprometa o preço. No último caso, se não houver fechamento do pedido, o vendedor poderá prever que precisará honrar o desconto de última hora, ou precisará negociar em torno dessa situação.

As organizações despendem uma grande parcela de tempo prevendo. Muito tempo e trabalho são despendidos para a elaboração da previsão, e – em meses em que há uma queda acentuada – mais tempo e energia pode ser despendido na defesa de números ruins e na explicação de como eles foram inicialmente gerados. (Esses recursos devem, certamente, ser dedicados para as vendas, e não para acusações.) E, em muitos casos, após a última poeira assentar, as coisas voltam ao normal, datas são mudadas novamente e o processo é repetido. A qualidade do *pipeline* continua razoavelmente consistente, ainda refletindo a opinião (otimista, não disciplinada) de cada profissional de vendas.

Muitas bibliotecas oferecem programas de anistia a seus usuários, pelos quais são perdoadas as multas por atraso na devolução de livros. Os livros retornam, os usuários são reintegrados e todos começam com uma ficha limpa. As organizações de vendas deveriam beneficiar-se de algo equivalente. Elas seriam favorecidas por descartar toda a inutilidade contida no *pipeline* e iniciar do zero, sem penalizar indevidamente aqueles que ficaram limpos.

MICHAEL T. BOSWORTH • JOHN R. HOLLAND

Um dos exemplos mais extremos de inutilidade em um funil surgiu durante um *workshop* que ministramos para uma empresa em Cleveland. Perguntamos qual era o mais longo ciclo de vendas experimentado pela companhia no passado. Sem hesitação, o VP de Vendas respondeu, "sete anos". Sabedor que suas vendas médias foram cerca de US$ 50 mil, esse dado parecia impossível, de modo que fizemos várias perguntas de acompanhamento. Como resultado, a companhia tinha, de fato, competido por uma determinada conta durante sete anos. No transcorrer daquele período, eles efetivamente formularam quatro propostas separadas.

O negócio inicialmente foi dado a um de seus concorrentes por um tomador de decisão que se sentia confortável nas negociações com seus concorrentes de maior peso. Após sete anos, aquele tomador de decisão saiu para trabalhar em uma outra companhia. Naquele ponto, respondendo a uma quinta proposta, o comprador trocou de fornecedores.

Muito surpreendentemente, durante todos os 84 meses, essa "oportunidade" constava no *pipeline*. Nós já sugerimos as razões para isso: os vendedores ficam confortáveis em ter uma lista longa de clientes quando eles partem para convencer seus gerentes que a situação tem tudo para ser boa. Remover uma oportunidade "morta" criaria mais problemas que soluções. Teria de ser encontrado um novo *prospect* para a substituição do anterior. Questões complicadas teriam de ser respondidas. O melhor é vender a seu gerente a idéia de ser um otimista irrealista.

Visando as Melhores Práticas

Contanto que haja um sistema, haverá pessoas que abusam dele. Essa constatação é verdadeira em vendas bem como em qualquer outra profissão. Neste livro, gostaríamos de propor modos de tornar os cenários descritos acima a exceção e não o curso normal dos negócios.

O conceito de "melhores práticas" tem sido associado a, virtualmente, todos os aspectos dos negócios. A venda tem sido, e permanece, a exceção mais notável. A maioria dos executivos seniores e analistas de investimentos acredita que a atividade de vendas é muito mais arte do que ciência, e, portanto, ela não é sensível a uma abordagem de melhores práticas.

Acreditamos que essa visão pode ser mudada – mas apenas depois que as companhias forneçam orientação a todos seus vendedores de como manter conversas com clientes sobre qual a maneira de utilizar ofertas para atingir uma meta, resolver um problema ou satisfazer uma necessidade. A menos e até que isso ocorra, as empresas continuarão a ser dependentes das opiniões de seus vendedores nas seguintes áreas:

1. Como suas ofertas são posicionadas aos clientes.
2. Que contas e cargos visitar uma vez determinado um território.
3. Que contas devem ser incluídas em seus *pipelines*.
4. Que contas serão fechadas, por que e quando.
5. Quais são as razões das perdas.
6. Que aperfeiçoamentos são necessários nas ofertas para melhorar os índices de sucesso.

Algo que aprendemos com base em nossos anos na área de sistemas é que relatórios são tão bons quanto a qualidade de seus conteúdos. Considere novamente os resultados desalentadores que a maioria dos sistemas de automação de força de vendas (SFA – *sales force automation*) e de gestão de relacionamento com clientes (CRM – *customer relationship management*) tem revelado em relação à gestão de *pipelines*. Por quê? Pelo fato de os *inputs* desses sistemas consistirem essencialmente de opiniões de profissionais de vendas sobre os resultados dos contatos realizados. Quando você acrescenta o fato de que o posicionamento do produto é relegado ao controle dos profissionais de vendas, e de que eles geralmente estão sob enorme pressão para justificar suas posições, pode-se ver como crescem os problemas no sistema.

A automação sem a melhoria dos processos somente faz um sistema ruim ser mais rápido. Nos próximos capítulos, focaremos nos tipos de melhorias necessárias para melhorar o processo de vendas.

Para terminar, considere como o termo *previsão* é inadequado. Se fosse esse o objetivo, os CFOs simplesmente receberiam os números dos Vice-presidentes de Vendas e apenas os administrariam. Nossa visão é a de que os executivos seniores desejam ter o controle. Executar esse exercício semanal ou mensalmente é uma tentativa errônea de proporcionar-lhes uma ilusão do controle. Na verdade, permitir que os vendedores façam a previsão deixa o controle para pessoas cuja missão é justificar seus empregos, e não prever o que realmente é fechado. Sem processo, as opiniões é que mandam.

Capítulo 3

Sucesso sem o Sales-Ready Messaging

APÓS A LEITURA DO CAPÍTULO ANTERIOR, você poderá muito bem estar se perguntando: Algumas companhias não chegam a obter êxito apesar de confiar nas opiniões de seus vendedores? A resposta, certamente, é positiva. Há muito tempo, aprendemos que utilizar as palavras *sempre* e *nunca* no contexto de técnicas de vendas é (normalmente) uma má idéia.

No decorrer deste livro, exaltamos as virtudes do que denominamos de Mensagens Dirigidas para Vendas (Sales-Ready Messaging). Mas algumas empresas têm obtido sucesso muito antes de este livro ser lançado. Pensamos que há, no mínimo, duas explicações. A primeira é que um pequeno número – grosseiramente cerca de 10% de todos os vendedores – utiliza uma abordagem centrada no cliente intuitivamente. A segunda é que existem certas condições de mercado que possibilitam o sucesso sem a presença do Sales-Ready Messaging. Este capítulo descreve essas condições – e ainda explica por que é importante que, praticamente, todas as companhias migrem para o suporte de seus profissionais no tocante ao posicionamento de suas ofertas.

Entendendo o Mercado Pioneiro

O êxito prematuro de empresas precursoras ou de novas ofertas, de modo geral, pode ser atribuído à existência de uma ou mais das seguintes condições:

- Alta porcentagem de compradores do mercado pioneiro.

- Preço significativo/vantagem no desempenho em mercados consolidados.
- Êxitos prematuros com líderes setoriais reconhecidos.
- Entrada em um nicho de mercado efervescente.
- Uma porcentagem desproporcional de vendedores centrados no cliente.
- Fortes fatores externos (*bug* do milênio, regulamentação governamental etc.).
- Ofertas cujas aplicações são óbvias aos compradores.

Aparentemente, temos uma boa relação, certo? Mas observe novamente: com a exceção do último item, todos os outros fatores são transitórios. A primeira condição é uma boa ilustração: O que acontece quando a demanda de compradores do mercado pioneiro está exaurida? Em virtude do problema das opiniões descrito no último capítulo, as empresas podem estar mal preparadas para comercializar suas ofertas aos compradores do mercado convencional, que no longo prazo adquirem a "parte do leão" de uma oferta e, finalmente, determinam se as metas de faturamento serão atingidas.

Geoffrey Moore escreveu diversos livros em que descreve os estágios de aceitação do mercado de ofertas, e especialmente de novas tecnologias. Ele propõe uma abordagem para mudar a mensagem de Marketing à medida que as ofertas amadureçam. Veja a Figura 3.1.

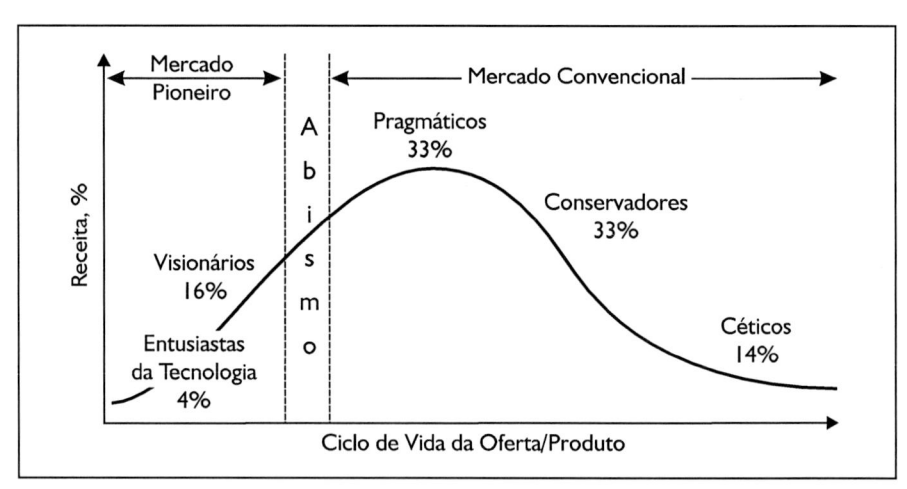

Figura 3.1 Aceitação do Mercado de Novas Ofertas (Geoffrey Moore, *Inside the Tornado*)

A premissa de uma grande parte do trabalho de Moore é a de que há diferentes tipos de prováveis compradores nas diferentes fases do ciclo de vida de uma oferta. Isso pode soar como óbvio e algo fácil de se atuar, mas não é. Mesmo se o Marketing reconhecer a necessidade de mudar sua abordagem e for capaz de efetivamente fazê-lo – dois grandes se(s) – como ele transmite a mensagem para os representantes de vendas no campo?

Gostaríamos de oferecer nossas idéias sobre o ciclo de vida de uma oferta sob a perspectiva de *vendas*.

Os Inovadores e Primeiros Adotantes do Mercado Pioneiro são compostos de conhecedores de tecnologia, dispostos e capazes de comprar de companhias com um histórico limitado e/ou ofertas que poucas organizações implementaram. Em termos de tecnologia, os compradores do mercado pioneiro têm a capacidade de visualizar cenários de uso e enxergam as novas ofertas como potenciais vantagens competitivas se puderem implementá-las prematuramente nos seus ciclos de vida.

Por que isso nos interessa? Pelo fato de que os compradores do mercado pioneiro excedem na determinação de aplicações tecnológicas que podem dar retorno em seus investimentos naquelas tecnologias. Em outras palavras, eles fazem aquilo pelo qual lutamos e que o vendedor convencional não faz. Eles focam nas utilizações em vez de focar nas características, e esta é uma habilidade que está em escassez na maioria das organizações de vendas. Os compradores do mercado pioneiro têm definido e continuarão a definir os nichos das organizações pioneiras.

Há alguns anos, fomos contratados como consultores por uma firma de capital de risco (VC – *venture capital*) que identificara segmentos específicos de mercado para potenciais investimentos. Um de seus critérios era que as empresas tinham que necessariamente ter entregado produtos a, no mínimo, dois clientes; outro era que a gerência (e particularmente o CEO) tinha que ter necessariamente um histórico expressivo. A equipe de capital de risco sentia-se confortável para avaliar essas áreas, mas também percebia que havia uma peça faltante na maioria dos planos de negócios. Essa peça faltante era uma declaração clara de como a empresa potencial do portfólio iria atingir suas projeções de faturamento.

Por quê? Em nossa experiência, pessoas com a habilidade de desenvolver novas tecnologias e criar companhias em torno dessas tecnologias são indivíduos realmente dotados – mas esses talentos tendem a ser revelados em setores específicos. Os hábitos que fazem deles grandes inovadores não são necessariamente os que os farão atuar bem no mercado. Muitos deles são tão enamorados de suas ofertas – suas "crias" – que eles têm o que chamamos de atitude mental do *Field of Dreams* (*Campo dos Sonhos*): "Se nós o construirmos, eles virão". Quando desafiados a discorrer sobre setores verticais, aplicações e potenciais utilizações nos negócios – contrariamente à tecnologia pura – alguns desses brilhantes inovadores ficam na defensiva, ou mesmo se sentem insultados. Converter suas criações em uma oferta comercial de alguma forma parece colocá-los numa posição inferior.

Em vários dos planos de negócios que recebemos por solicitação da equipe de capital de risco, havia bem pouca reflexão sobre quais setores poderiam utilizar essa nova tecnologia, que cargos estariam envolvidos no processo decisório de comprar ou não, de que forma a oferta seria usada para atingir metas ou solucionar problemas, que objetivos de negócios poderiam ser alcançadas pelo seu uso – e assim por diante. Em outras palavras, pouco se pensou sobre como a oferta seria vendida.

Normalmente, o plano de faturamento prevê a conquista de poucos clientes no primeiro ano. Projeções futuras de faturamento consistiam de gráficos que mostravam o crescimento naquele segmento de mercado e supunham que a companhia atingiria uma porcentagem maior daquele crescimento, e a receita associada, durante os próximos anos. Mas, a mecânica para se chegar a esses resultados, sob o ponto de vista de vendas, era praticamente inexistente.

As empresas que seguem esse caminho tendem a criar tecnologia em busca de mercados. E infelizmente, essa inteligência por si só não é suficiente. A Xerox dá um exemplo expressivo e triste de uma operação de pesquisa e desenvolvimento realmente brilhante que fracassou nas aplicações para várias de suas criações. O mouse, os ícones e os *desktops* hoje utilizados em todos os PCs foram desenvolvidos pela Xerox. E, no entanto, o resultado financeiro foi muito pequeno por todas as suas inovações. Às vezes, aquilo que se constrói não é para nós. Essas inovações podem ir para as empresas que descobrem como mostrar aos clientes a forma de utilizá-las, e as vendem baseadas nessas aplicações.

Analisemos um pouco mais detalhadamente esses compradores do mercado pioneiro, que possuem a rara habilidade de: (1) obter novas competências e (2) visualizar como essas competências podem ser usadas para aplicar nos negócios a um custo razoável. Como eles fazem essa mágica?

Na maioria dos casos, esse processo não é fácil. Nas companhias de maior porte, os visionários do mercado pioneiro enfrentam uma série de desafios, mesmo após terem identificado uma nova tecnologia que eles sentem que deva ser implementada. Se eles são incapazes de alocar fundos fora do orçamento, por exemplo, têm a habilidade de defender uma nova abordagem e vender a uma ou mais pessoas de sua organização a idéia sobre os potenciais benefícios dessa nova oferta.

Para serem bem-sucedidos, é claro, eles precisam conhecer a pessoa certa a ser abordada e o modo correto de se beneficiarem da situação. A maioria dos tomadores de decisão em cargos superiores é propensa a ter aversão a riscos e, portanto, pergunta: "Por que não esperamos até que uma outra empresa de nosso setor valide esta técnica?".

Nossa experiência sugere, no entanto, que os visionários do mercado pioneiro controlam (ou podem obter acesso a) fundos suficientes. Como resultado, a maioria das primeiras compras é feita impulsivamente, sem muita contestação. Em outras palavras, o instinto desempenha um papel muito maior do que análises formais sobre custo/benefício.

Os compradores do mercado pioneiro estão dispostos a tolerar os inconvenientes e as rupturas que quase sempre surgem por serem os clientes da primeira geração. As áreas de potenciais problemas incluem pouca confiabilidade no produto; treinamento, documentação e equipe de suporte inadequados; falta de funcionalidades etc. Geralmente eles participam na identificação desses tipos de problemas, e na apresentação de sugestões sobre possíveis aperfeiçoamentos. Na realidade, esses clientes às vezes usam suas posições para impulsionar o desenvolvimento do produto em direções que serão mais vantajosas para seus próprios interesses. Nesses casos, provavelmente eles não se preocuparão sobre quais possam ser os requisitos dos compradores do mercado convencional.

Supondo que você queira compradores do mercado pioneiro – e, na maior parte dos casos, deve – como encontrá-los? Não é fácil. A melhor abordagem que vimos é tentar conseguir a exposição de novas ofertas pedindo ao Marketing para "fazer barulho", e então aguardar que os compradores do mercado pioneiro o encontrem. Se o seu produto é bom e o trabalho do marketing é adequado, eles o encontrarão. E quando eles fizerem isso, você se dará bem, pois os compradores do mercado pioneiro compram. Eles não precisam ser "vendidos".

Além disso, eles são encontrados geralmente em empresas de pequeno e médio porte (ou divisões de grandes empresas) que: (1) têm um mínimo de burocracia e (2) não têm o ônus da necessidade de obter consenso para tomar uma decisão de compra, de certa forma aventureira. Na qualidade de capitalistas de risco, esses compradores entendem e aceitam que algumas decisões não atingirão os resultados desejados. Digamos que eles tomem dez decisões de compra. Se duas superam as expectativas e seis forem razoavelmente bem-sucedidas, fica fácil tolerar dois erros. Eles podem confiar em que as vantagens advindas dessas duas boas decisões compensarão os estragos.

Ao implementar uma nova oferta, os compradores do mercado pioneiro geralmente têm o *expertise* de integrar a nova tecnologia em seu ambiente atual. Vamos examinar um exemplo simples no setor de varejo. Um fanático por áudio do mercado pioneiro ao montar um aparelho de som pesquisaria todas as opções, focando nas ofertas recentemente anunciadas e também considerando empresas pouco conhecidas. Os melhores componentes individuais seriam selecionados, e se iniciaria a tarefa de integrá-los. Ele compraria (ou faria) os cabos de interface necessários, e poderia até mesmo construir um gabinete personalizado para acomodar o aparelho.

Entendendo os Compradores do Mercado Convencional

Os compradores do mercado convencional, em contrapartida, adquiririam um guia do consumidor, iriam a uma cadeia de lojas de produtos eletrônicos de renome nacional e comprariam um pacote padrão, completo com suportes de montagem para os alto-falantes, cabos, gabinete pré-moldado, instruções etc. Eles estão dispostos a pagar mais para ter a entrega e a instalação do sistema, e provavelmente se esforçariam para contar com garantia extra para ter mais paz de espírito.

Poucos admitiriam isso, mas os compradores do mercado convencional não desejam a tecnologia mais recente. O conceito de ser o primeiro, ou mesmo de se antecipar, é desagradável. A zona de conforto deles reside no meio do grupo – acompanhando o processo e não liderando-o. Eles focam em questões que o comprador do mercado pioneiro não considera ou minimiza. Por exemplo:

- Essa oferta é comprovada?
- Qual é o histórico dessa empresa?
- Quais são os concorrentes mais estabelecidos que disputam neste nicho?
- Esta oferta se tornará um padrão real em meu setor?
- Quem mais no setor está utilizando-a?

- Que resultados de negócios as outras atingiram?
- Qual será o retorno sobre o investimento (ROI) desse projeto?
- O que os especialistas do setor pensam sobre essa oferta?
- Podemos obter consenso de um comitê de avaliação?
- Que tipo de suporte conseguiremos durante a implementação?
- Minha carreira está em risco por ter me comprometido tão prematuramente no ciclo de vida do produto?
- Não tomar decisão é melhor do que tomar a decisão errada?

Antes de tomar decisões, os compradores do mercado convencional precisam efetuar comparações. Obter um mínimo de três propostas, por exemplo, pode ser uma política da empresa. Se sua oferta for tão exclusiva que não há fornecedores para compará-la, a avaliação pode parar gradualmente, pois os compradores do mercado convencional não conseguem validar se estão tomando uma decisão correta.

Caso existam outros fornecedores, eles podem ser mais determinados que você. Se eles não têm uma oferta pronta, poderão lançar sementes de dúvida com o comprador sobre comprometer-se prematuramente com uma empresa pouco conhecida (ou seja, a sua) e a uma tecnologia que não foi aceita como um padrão real. As organizações de maior porte referem-se a essa estratégia como "semear FUD" (*fear* (medo), *uncertainty* (incerteza) e *doubt* (dúvida)) e a empregam para alarmar os compradores do mercado convencional e colocá-los em uma postura de "não decisão" – ganhando tempo para aparecerem com suas próprias ofertas.

Antes de assinarem, os compradores do mercado convencional podem exigir uma análise de custo/benefício de um potencial gasto de risco. Na maioria dos casos, será incumbência do fornecedor ajudar na elaboração desses cálculos. Os vendedores que não entenderem totalmente como os clientes podem utilizar suas ofertas terão dificuldades na facilitação dessa análise.

E, finalmente, os compradores do mercado convencional, de modo geral, pedem referências e garantias que os do mercado pioneiro não solicitam. As solicitações típicas feitas pelos primeiros antes de tomar uma decisão de compra incluem:

- Garantias contratuais do fornecedor.
- Sua lista completa de referências para executar sua diligência obrigatória.

- Eventual atraso de pagamento amarrado ao desempenho do produto/serviço ofertado.
- Reuniões com seus executivos seniores.
- Protótipos ou avaliações grátis.
- Visitas à matriz da empresa.

Cruzando o Abismo

Embora os compradores do mercado pioneiro possam servir como força vital para os primeiros meses, as metas de faturamento no longo prazo (um pedaço muito maior do gráfico de setores circulares) não podem ser realizadas dentro deste segmento, que compõe apenas uma pequena porcentagem de todo o mercado.

As empresas permanecem no estágio do mercado pioneiro para ofertas nos mercados verticais até que estabeleçam uma cabeça-de-ponte que consiste de uma massa crítica de clientes que possa prover referências de confiança. Elas são inestimáveis para encorajar os primeiros compradores do mercado convencional – a "maioria prematura" – para avaliar e considerar a tomada de uma decisão de compra. Eventualmente, se tudo ocorrer bem, esses compradores são seguidos por outros grupos de compradores do mercado convencional: a "maioria tardia" e – os bastantes atrasados no ciclo – os "retardatários".

Mesmo no caso de ofertas horizontais – ou seja, produtos de aplicação universal, em vez de em um determinado segmento vertical – compradores do mercado convencional respondem melhor quando organizações de vendas aparecem com foco em seus segmentos verticais específicos. Um exemplo de uma oferta horizontal seria um software de *e-commerce* que se aplica a uma ampla gama de negócios. Se você estiver comercializando esse produto, por exemplo, a um varejista de roupas do mercado convencional, provavelmente ele se sentirá mais seguro com você se sua empresa já vendeu a outros clientes no mesmo segmento de mercado. O fato de que você efetuou vendas bem-sucedidas a, digamos, um fabricante de pneus provavelmente não carregará muito peso com eles – mesmo se o produto for igualmente tão aplicável na venda de pneus como na de roupas.

Após o início de um trabalho missionário de vendas – geralmente acompanhado de um grande envolvimento dos fundadores e de um intenso trabalho de re-desenvolvimento do produto – os próximos meses podem ser inebriantes. As vendas ficam mais fáceis e está estabelecido o impulso/momento. Os clientes validam esses momentos com seus pedidos, e isso oferece uma boa sensação. A equipe de vendas inicia agora um processo de recrutamento, para lidar com o que eles percebem ser um aumento da demanda.

A empresa, então, está reduzindo o abismo entre os mercados pioneiro e convencional. Para cruzar esse abismo, a organização precisa ter a segurança de que conta com pelo menos dois aspectos fundamentais: (1) a nova oferta foi comprovada como funcional e confiável e (2) houve resultados quantificáveis. Atendidos esses dois critérios e com uma equipe de vendas preparada para o novo desafio – assunto esse que retomaremos a seguir – a companhia está pronta para tentar penetrar no mercado convencional, que normalmente representa algo em torno de 80% do potencial de mercado.

Um exemplo do abismo pode ser visto no setor de inteligência artificial (AI – *artificial intelligence*) nos primórdios dos anos 80. Esse setor compreendia tecnologias disruptivas que podiam ser utilizadas de diversas maneiras. O mercado pioneiro (graças às universidades etc.) percebeu esse potencial e adquiriu os produtos. As compras, geralmente, não eram baseadas em aplicações comerciais de curto prazo; preferentemente, elas foram feitas para que as organizações pudessem explorá-las. Vários vendedores convencionais, representantes de empresas com um produto competitivo, atingiram suas cotas e ganharam polpudas comissões.

Essa onda de compras e euforia perdurou por cerca de 18 meses. Então, repentinamente, os *superstars* não conseguiam atingir 50% de suas cotas. Embora, certamente, existisse a contribuição de outros fatores, um problema subjacente foi que as empresas de inteligência artificial fracassaram na travessia do abismo. Elas nunca demonstraram ao mercado convencional a necessidade de suas ofertas, e como estas poderiam ser utilizadas para alcançar melhores resultados nos negócios. Desde então, a inteligência artificial vem se recuperando dessa "derrocada". Passadas algumas décadas, a AI fez uma modesta reentrada no mercado.

Infelizmente, a travessia do abismo não é um exercício opcional nem pode ser realizada sem método. A falta de execução nessa fase de um plano de negócios mais abrangente afetará desfavoravelmente o faturamento. Os atrasos podem propiciar aos competidores uma oportunidade de se posicionarem, e poderão desperdiçar qualquer vantagem decorrente de ter sido um pioneiro no mercado.

Vendedores do Pós-Abismo

Os compradores do mercado convencional, conforme sugerido anteriormente, preferem seguir em vez de liderar. É certo que ao adotar essa atitude eles estão simplesmente se comportando como humanos. Os humanos com pensamento convencional anseiam por previsibilidade. Queremos saber no que estamos nos metendo. Quantas vezes as pessoas saem para ver uma peça, tentam um novo restaurante ou lêem um livro sobre o qual não sabem absolutamente nada? Uma recomendação entusiasta de um conhecido, ou de um crítico literário renomado em um jornal, aumenta drasticamente a probabilidade de as pessoas experimentarem essas novas ofertas.

Na verdade, há setores inteiros devotados a oferecer esses tipos de recomendações e garantias. Pense em todos os críticos de cinema, guias de viagem, revistas do consumidor etc. que estão ativos e prosperando.

Já aludimos à necessidade de uma equipe de vendas preparada, capaz de se alinhar com, e habilitar, esse comprador mais lento e cauteloso. O perigo nessa fase, no crescimento de uma empresa, é que o êxito em vender a compradores do mercado pioneiro freqüentemente tem sido atingido pela "evangelização" de uma oferta de ponta e por desafiar metaforicamente os compradores a "serem os primeiros do mercado" a possuí-la. Mas, conforme um dito dos generais, a grande tentação é sempre lutar na última batalha. Compradores do mercado pioneiro podem fazer com que os vendedores tradicionais pareçam brilhantes – isto é, centrados no cliente – porque eles compram. No entanto, em muitos casos, a compra é efetuada a despeito da conversa dos vendedores. Para o comprador do mercado convencional, a oferta de ponta soa muito parecida com uma extorsão – em outras palavras, algo da qual se deve ficar longe.

O que dizer dos vendedores? Em muitos casos, uma boa porcentagem dos profissionais de vendas recém-contratados era, naturalmente, centrada no cliente. Eles podem ter sido recrutados pelos próprios fundadores, e incentivados (pelo uso de opções de ações rentáveis) a assumir altos riscos, e ganhos de alto risco. Mas, à medida que as receitas crescem e alguns desses melhores vendedores aceitam promoções para a gerência de vendas, a organização começa a mudar.

Quando a companhia começa a evoluir "do seu início" para uma situação de pleno funcionamento, as opções sobre ações para os novos vendedores tornam-se menos generosas. Uma oferta pública inicial (IPO – *initial public offering*) pode ser de inestimável valor para aqueles vendedores que já detêm ações (*founding stock*); ela contribui pouco para aqueles que entram na empresa após a IPO. A remuneração similarmente tende a ser mais burocratizada e menos lucrativa. Executivos seniores, nesse meio tempo, estão preocupados em desenvolver e gerir a empresa, e talvez em manter os acionistas satisfeitos. Há uma menor probabilidade de eles estarem recrutando vendedores pessoalmente e de fazerem contatos de vendas.

O resultado líquido de todas essas mudanças? O talento de vendas que a companhia conseguiu inicialmente atrair e contratar inicia uma espiral para baixo.

Os gerentes recém-promovidos – ou seja, aqueles responsáveis pelos primeiros resultados de vendas – agora têm a responsabilidade de contratar novos profissionais de vendas. Em muitos casos, essa é uma tarefa para a qual não estão bem preparados e são temperamentalmente inapropriados. Mesmo se eles foram vendedores centrados no cliente nas suas últimas encarnações, como avaliam os conjuntos de aptidões e chances de sucesso dos candidatos que entrevistam? A insegurança em suas novas posições tenta-os a contratar pessoas dotadas de menor talento para que não constituam uma ameaça? Nossa experiência diz que a resposta, de modo geral, é "sim". Várias pessoas altamente talentosas (de nota 10) contratam as de nota 9, que contratam as de nota 8, e assim por diante.

Improvisações

A maior dificuldade com o ambiente de vendas descrito até o momento é a de que poucas empresas desenvolvem uma forma repetitiva para que seus vendedores tradicionais possam navegar nos ciclos de compra com compradores do mercado convencional. Contrariamente, elas oferecem uma grande variedade de produtos distintos e muito conhecimento sobre o setor, apoiados por materiais auxiliares de marketing nem sempre relevantes. Em última análise, na falta de uma estrutura operacional, não restam outras opções aos profissionais de vendas senão improvisar. O crescimento da receita fica estagnado e ninguém consegue explicar o como ou o por quê.

Compare esse fato com outras profissões. Por exemplo, você não encontrará encanadores ou eletricistas improvisando. Exige-se deles que participem de cursos e que obtenham seus certificados. A maioria atua como aprendiz, trabalhando sob a supervisão de alguém experimentado.

Finalmente, essas atividades têm especificações, mostrando que materiais serão usados, desenhos que definem de que forma será realizado o trabalho, supervisores no local ou inspetores que monitoram a qualidade etc. Todos esses fatores se combinam para criar uma estrutura desenhada para assegurar que: (1) o trabalhador é competente e (2) o resultado é previsível e satisfatório.

Por que há tantos vendedores improvisando? Acreditamos que isso se deve na maioria dos casos quando não há uma estrutura definida dentro da qual eles possam operar. As expectativas (além de atingir as cotas) são vagas; a definição de um processo padrão de vendas é praticamente inexistente.

Não acredita em nós? Baseado em nossa própria experiência em vendas, tente essa experiência. Largue seu laptop e disponibilize um momento para anotar as etapas que você segue no processo de vendas para um *prospect*. (Se você não atua na área de vendas, peça a alguém que você acredita ser um vendedor competente para fazer esse exercício para você.)

Agora examine esse documento. Se o seu filho ou sua filha estão iniciando uma carreira em vendas, quão proveitosa seria sua descrição sobre esse processo de vendas? Ela lhe proporciona uma orientação direta sobre como vender? Se ambos saíssem para vender o mesmo produto com base em seu documento, que grau de similaridade teriam esses dois trabalhos de venda?

A razão subjacente de os vendedores tradicionais improvisarem é que suas organizações de suporte não têm o processo de vendas codificado. Assim – conforme discutido anteriormente – o posicionamento das ofertas é renegado aos vendedores, muito embora ele nunca apareça em (e não pertença às) suas descrições funcionais.

E os Vendedores Natos?

Conforme já salientamos, alguns vendedores têm um talento excepcional, no sentido de serem naturalmente focados no cliente. Nossa melhor estimativa é que eles constituem cerca de 10% da população de profissionais de vendas. Eles são vendedores dotados, intuitivos, com a notável habilidade de transformar o treinamento do produto (a maioria irrelevante) em uma mensagem coerente – mensagem essa feita sob medida para o cargo e a função da pessoa com quem estão estabelecendo contato.

Para reiterar: os contatos feitos pelos vendedores centrados no cliente são baseados em conversações. Esses vendedores relacionam-se com os compradores estabelecendo sua credibilidade, fazendo perguntas inteligentes. Mais do que lidar simplesmente com ofertas, os profissionais de vendas centrados no cliente fazem perguntas. Eles procuram entender as suas necessidades, de modo que possam focar nas partes de suas ofertas que se adequem àquelas necessidades. Agindo assim, estão preparando os compradores a desejar o que eles oferecerão, mais tarde, durante a conversação.

Vendedores natos centrados no cliente são os únicos profissionais capazes de executar um serviço adequado de posicionar ofertas sem as Mensagens Dirigidas para Vendas. Suas opiniões sobre qualificação e o que será fechado podem ser consideradas como certas. (Mesmo os vendedores centrados no cliente, devemos notar, podem ter problemas de previsão quando as oportunidades ficam escassas.) Eles raramente desperdiçam tempo – o seu ou o deles – em oportunidades não qualificadas.

Vendedores centrados no cliente necessitam de pouco acompanhamento (*coaching*). Após completarem o treinamento inicial, eles encontram o melhor produto e as pessoas de suporte, e põem seus cérebros a trabalhar para entender o que essa oferta permite o cliente fazer. Eles finalizam a venda rapidamente, e a maior parte deles atinge suas metas no primeiro ano. Nos anos subseqüentes, eles quase sempre superam qualquer cota que lhes for atribuída.

Algumas organizações, por identificarem esse padrão, concluem que o melhor método é recrutar e contratar apenas vendedores natos centrados no cliente. Dois problemas: primeiro, não há um número suficiente deles para usar essa tática, segundo, os vendedores centrados no cliente são seletivos quanto ao tipo de empresas nas quais querem trabalhar. Eles têm consciência de seus potenciais. Como regra, procuram entrar em empresas de menor porte. Eles gostam de ser recrutados e entrevistados por executivos seniores, e de situações com eqüidade e planos de remuneração altamente alavancados, que reflitam a dificuldade de comercializar as diversas contas iniciais. Não apreciam a intromissão da gerência, detestam burocracia e gostam de ter a liberdade de fazer qualquer coisa para conseguir fechar negócios – mesmo se isso às vezes signifique "pisar no calo" de alguma pessoa, internamente. Portanto, essa situação faz com que empresas que não se enquadrem nessa descrição tenham que desenvolver seus próprios vendedores centrados no cliente ou se "virar" sem eles.

MICHAEL T. BOSWORTH • JOHN R. HOLLAND

Quando perguntados para resumir a diferença entre os vendedores centrados no cliente e os convencionais em uma única palavra, respondemos: "Paciência". Os primeiros são pacientes; os convencionais não. Quando um comprador compartilha uma meta ou revela um problema organizacional, os vendedores tradicionais começam uma conversa sobre produtos do tipo "isso é o que você necessita". Essa abordagem cria problemas em diversos níveis:

1. A maioria das pessoas não gosta de receber "ordens" sobre o que fazer ou pensar. Isso é especialmente verdadeiro quando o indivíduo que está dizendo o que fazer for um vendedor – que, praticamente, sempre tem de atingir uma cota e, portanto, não pode ser considerado como uma parte imparcial do processo.

2. Ao serem envolvidos por uma "conversa fiada" típica "dando tiros no escuro", é provável que os compradores percebam que existem características nessa oferta de que eles não necessitam. Assim sendo, não está longe a conclusão de que a oferta é demasiadamente complicada, e conseqüentemente muito cara.

3. Ao deixar de fazer perguntas adequadas e escutar, os vendedores tradicionais não entendem o ambiente atual do comprador e a razão por que ele não consegue atingir a meta ou solucionar o problema que está sob discussão.

4. Similarmente, o vendedor tradicional não consegue de forma alguma descobrir se a oferta é adequada às necessidades do comprador. A este não foi permitido descrever sua situação corrente. A falha em entender o ambiente do cliente deixa a porta escancarada para a falta de expectativas não atendidas.

Os vendedores centrados no cliente, por sua vez, demonstram paciência. Eles perguntam aos clientes *por que* estão tendo problemas no cumprimento da meta proposta. Afastam as barreiras que estão atravancando o caminho de uma solução. Assim agindo, conseguem acomodar as capacidades de suas ofertas que, efetivamente, podem ajudar o cliente.

Punidos pelo Sucesso

Imagine que uma empresa tenha crescido até o ponto em que é tempo de abrir uma nova filial. A decisão foi tomada a fim de promover um vendedor interno ao posto de gerente de vendas. A quem vocês acham que eles recorrerão? Vocês acham que eles promoverão um vendedor que tenha encontrado dificuldade para atingir os 100% da cota, ano após ano? Ou vocês consideram que eles promoverão alguém que tenha superado constantemente a cota?

Praticamente na maioria dos casos, as empresas promovem seus vendedores com melhor desempenho. Essa pode ser a decisão certa a tomar, mas, na realidade, de modo geral, provoca um novo e amplo conjunto de problemas.

1. Um vendedor de alto desempenho é removido de uma área, e as vendas e os relacionamentos podem sofrer com isso.
2. Na ausência de uma estrutura de vendas, conforme descrito anteriormente, um vendedor de alto desempenho provavelmente será um gerente de vendas despreparado, e que pode "atazanar" a vida de seus comandados.
3. Esta pode ser a primeira tarefa na qual o vendedor de alto desempenho fracassa. Muitos gerentes de vendas em seu primeiro ano vão de herói (vendedores de alto desempenho) até uma nulidade (gerentes de baixa performance). Como resultado final, eles poderão deixar a empresa.

O conjunto de técnicas necessário para ensinar vendedores convencionais a serem centrados no cliente é bastante diferente do necessário para o desempenho de um vendedor de alta produtividade em uma área. Profissionais de vendas centrados no cliente têm um calcanhar de Aquiles, que raramente é evidenciado até que sejam promovidos a gerentes de vendas: eles não sabem o que determina seu sucesso; eles são intuitivos, o sucesso "simplesmente ocorreu" para eles. Eles nunca detalham o que fazem em componentes compreensíveis (que possam servir de aprendizado).

Por essa razão, eles tendem a relatar a seus subordinados diretos o que fazer, e não como fazer. Nunca se exigiu que fossem articulados sobre suas atividades; agora, espera-se que sejam. Imagine Michael Jordan, o ex-astro da NBA, tornando-se um treinador. Ele tenta explicar a um jogador de basquetebol mediano como fazer um giro de 360° no ar, passar a bola da mão direita para a esquerda, infiltrar-se por baixo do garrafão e encestar a bola de costas. Improvável! Individualmente, como jogador, Jordan faz tudo isso, e cabe a nós admirarmos sua arte e sua condição atlética.

Pense sobre atletas que se tornaram excelentes treinadores. A maioria deles era, na melhor das hipóteses, composta de jogadores medianos. A técnica apurada não era nata. Como lhes faltava o talento de um Michael Jordan, eles tinham de se exercitar arduamente e aprender todos os aspectos do jogo. Como resultado direto, eles se transformaram nos melhores instrutores. Jogadores medianos tornam os processos mais amigáveis. Eles, provavelmente, serão mais pacientes com outros jogadores medianos e, portanto, há maiores chances de ajudá-los no processo de aprimoramento.

O vendedor recém-promovido, de alta produtividade, conforme descrito anteriormente, sempre detestou os aspectos administrativos das vendas. Agora, graças à sua promoção, supõe-se que ele passe de 20% a 30% de seu tempo executando essas tarefas. Promover um vendedor de alta produtividade a gerente de vendas é análogo a "promover" um piloto de caça a um controlador de tráfego aéreo. É retirá-los de um domínio em que eles certamente serão bem-sucedidos, e colocá-los em um outro no qual há enormes chances de fracasso. Na verdade, é puni-los por seus êxitos do passado.

Um Contexto de Mudanças

Enquanto isso, nossos ex-*Top Guns* se encontram em um contexto de mudanças. Na medida que há uma expansão nas categorias dos vendedores, a porcentagem de vendedores de alto desempenho declina. A companhia inicia a empreitada de criar e implementar diretrizes, procedimentos e estrutura.

Quando o cenário muda para o mercado convencional, os novos gerentes de vendas podem começar a descobrir de que não mais têm a mesma flexibilidade na formação de preços e nos termos que apreciavam tanto quando atraíam os primeiros clientes a comprarem suas ofertas. A base de clientes também está mudando. Conforme vimos, o comportamento de compra do mercado pioneiro é impulsionado por um pequeno número de participantes, até mesmo às vezes por um patrocinador principal. Uma alta porcentagem de clientes iniciais era composta de empresas de pequeno e médio porte.

Agora, a gerência sênior está determinada em perseguir transações maiores com empresas de maior porte. Estas são corporações muito diferentes, dotadas de diversos níveis gerenciais, infra-estrutura, e assim por diante. A compra do mercado convencional envolve um grande número de pessoas e, de modo geral, é conduzida por meio de uma estrutura de comitê, que freqüentemente acarreta a necessidade de se obter consenso. (Em alguns casos, a maioria prevalece, mas, no pior caso, as decisões devem ser unânimes.) Mesmo em um caso em que o comitê conclui que uma oferta é viável, pode haver uma demora até a consideração de outras opções – por exemplo, uma solicitação de proposta (RPF – *request for proposal*) que é entregue a diversos fornecedores. Compradores do mercado convencional são pragmáticos. Eles acreditam em atenção adequada. Na condição de vendedor, você até mesmo pode ser penalizado por sua especialidade: os compradores do mercado convencional em certas ocasiões adiam uma decisão indefinidamente porque são incapazes de avaliar alternativas.

Nesse ínterim, à medida que a organização de vendas cresce, o departamento de Marketing expande (ou é organizado pela primeira vez). Seu objetivo é modelar o modo como os *prospects* são abordados pela padronização de apresentações e folhetos de produtos. Há uma tentativa de se codificar como as ofertas são vendidas. O que começou como anotações do fundador em um guardanapo nos primórdios da história da companhia é agora um folheto reluzente de seis cores, repleto de diagramas e termos ambíguos: *de ponta, robusto, sinérgico, escalável, sem emendas, estado da arte* etc.

Esses trabalhos de marketing, de modo geral, são falhos porque tendem a fundamentar-se no sucesso com os compradores do mercado pioneiro, que não necessitam ser vendidos. Os "entregáveis" para o mercado são fortemente baseados em produtos, tratando as ofertas como substantivos e não como verbos. Mas, os pontos fortes aceitos pelo mercado pioneiro – e agora realçados nos materiais de apoio recém-criados – podem estar desalinhados com os interesses dos compradores pragmáticos. Na realidade, eles podem levantar questões que serão as barreiras para consolidar as decisões de compra.

Nesse contexto de mudanças, o perigo reside em desconhecer quando ou como mudar a abordagem de vendas. Lidar com características era (ocasionalmente) aceitável com os compradores do mercado pioneiro. Mas lidar com características na abordagem dos compradores do mercado convencional é um veneno mortal. Informá-los de que essa é a última tecnologia, e de que eles serão os primeiros no mercado a possuí-la, é simplesmente muito assustador para eles.

A Zona dos 72%

Agora examinemos a Figura 3.2. Se você criar uma grade padrão, segmentando vendedores e compradores em duas categorias, é possível apresentar quatro possíveis combinações entre comprador e vendedor.

	Vendedores Centrados no Cliente (10%)	Vendedores Tradicionais (90%)
Compradores do Mercado Pioneiro (20%)	2%	18%
Compradores do Mercado Convencional (80%)	8%	72%

Figura 3.2 Quem Acaba Vendendo para Quem?

A grade mostra como 100% de todas as situações de venda são distribuídas através de nossas quatro combinações. Por exemplo, se os compradores do mercado pioneiro correspondem a 20% das situações de venda e os vendedores centrados no cliente, a 10%, então essa combinação resulta em 2% do total geral.

Em outras palavras, 2% das situações de venda consistem de vendedores centrados no cliente contatando compradores do mercado pioneiro. Essa situação gera o maior índice de êxito. Na realidade, ela pode ser um tanto exagerada, pois o mercado pioneiro normalmente é comprador; ele não tem de ser vendido.

Similarmente, 18% das situações de venda consistem de vendedores tradicionais contatando compradores do mercado pioneiro. Vamos supor que esses vendedores são capazes de fazer apresentações padrão PowerPoint que descrevem a nova oferta como se ela fosse um substantivo. Os compradores do mercado pioneiro mostram disposição de resistir a uma tática de "dar tiros no escuro", e também são capazes de determinar se essa oferta pode ser utilizada em seu proveito. Apesar do fato de que o vendedor não consegue descrever como a oferta pode ser utilizada, o fornecedor ainda conta com uma alta probabilidade de venda. O maior desafio, nesse caso, é o de encontrar esses compradores do mercado pioneiro.

Em 8% das situações de venda, vendedores centrados no cliente estão contatando compradores do mercado convencional. Esse é o melhor uso dos talentos de um vendedor centrado no cliente. Os compradores do mercado convencional necessitam de apoio para que possam entender o que a oferta os capacitará a fazer, e como resultado de que forma eles se beneficiarão. O vendedor centrado no cliente tem a habilidade e a paciência para navegar pelo ciclo de compra e maximizar as chances de fechar o negócio.

O fato mais perturbador que emerge desse gráfico é que, na zona dos 72%, os vendedores que estão vendendo riscos (ou seja, focando na tecnologia e nas características) estão contatando pessoas (compradores do mercado convencional) extremamente avessas a riscos.

Os ciclos de compra com essa combinação são, na melhor das hipóteses, árduos. Em nossa zona dos 72%, uma porcentagem relativamente alta de ciclos de venda termina sem decisão. Por exemplo, em nossa experiência, fornecedores da tecnologia da informação que comercializam no mercado convencional abocanham apenas 15% das oportunidades que chegam ao final de um ciclo de decisão e, em outros 15% das vezes do tempo, um fornecedor concorrente é quem sai ganhador. Mas, em uma porcentagem desestimulante de 70% dessas situações, os compradores não tomam absolutamente qualquer decisão.

No final dos anos 90, os fornecedores de tecnologia tinham a enorme vantagem da ameaça do iminente *bug* do milênio, que forçou os compradores do mercado convencional a tomarem decisões apressadas. Na falta desse tipo de pressão externa, esses compradores teriam muito menor probabilidade de se movimentar – e o profissional de vendas do dia teria tido muito menos razão para estar satisfeito consigo mesmo.

Trabalhamos com um CEO que concluiu que não *existia* mercado pioneiro para as ofertas de sua companhia – ou seja, nenhuma venda seria fácil. Ele, então, deu um passo à frente nesse processo: concluiu também que não dispunha de vendedores focados no cliente em seu departamento de Vendas. Seu cálculo de quem estava contatando quem era simples: 100% de suas situações de venda eram as menos desejáveis – vendedores tradicionais contatando compradores do mercado convencional, que pode ser considerado como sendo o contato impróprio com o incapaz.

A Figura 3.3 é simplesmente outro modo de ilustração de que a maioria de um mercado potencial está no pós-abismo e que, portanto, compradores potenciais são incapazes de entender por si só porque necessitam de um novo recurso ou de nova tecnologia, ou de que forma poderiam utilizá-los. Para as empresa de tecnologia, as demoras para cruzar o abismo podem ser devastadoras.

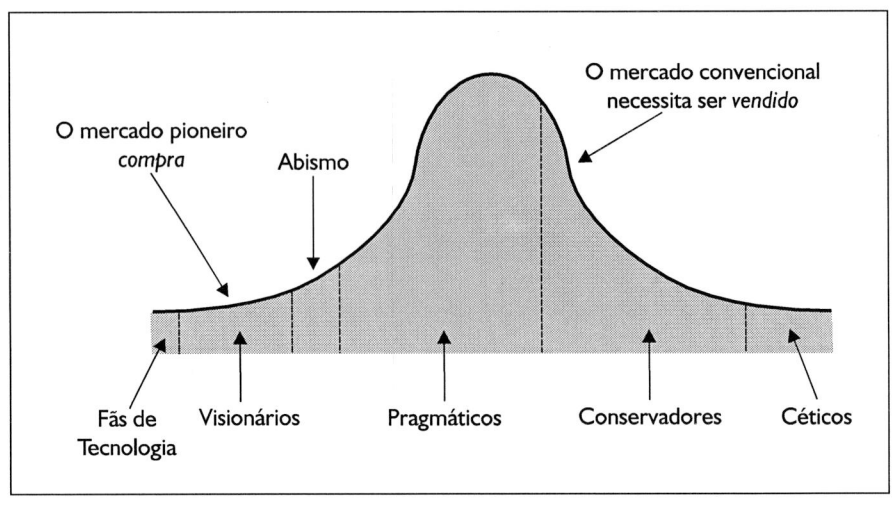

Figura 3.3 Esperando pela "Compra da Idéia" do Mercado Convencional

Embora a maioria das pessoas concordasse que atrasos dão tempo aos concorrentes para aprenderem e afetarem adversamente a participação global no mercado, muitos não têm considerado o impacto da erosão de preços à medida que uma tecnologia percorre seu ciclo de vida. As companhias com ofertas singulares podem ter domínio sobre preços mais altos, mas, à medida que outras empresas ingressam no mercado, há uma tendência de migração em direção a "preços comoditizados". Nos últimos estágios do ciclo de vida de um produto, preço reduzido é, de modo geral, a tática para permanecer competitivo com tecnologias mais recentes. As empresas que deixam de cruzar esse abismo são adversamente afetadas tanto pela menor participação de mercado como pelas margens.

Instruímos nossos clientes que se eles começam a preparar as vendas para a maioria pioneira (os pragmáticos) desde o primeiro dia, eles podem virtualmente eliminar o abismo e mudar o formato da curva normal na Figura 3.3, trazendo as vendas para o mercado convencional com mais rapidez. Note na Figura 3.4 que a duração do ciclo de vida do produto não muda, mas que agora é possível vender para as categorias dos compradores de maneira simultânea e não seqüencial. Ao habilitar vendedores convencionais para manterem diálogos sobre a utilização com pessoas-chave, o Marketing pode acelerar a aceitação e a participação de mercado com margens mais elevadas. Se o tempo para atingir receitas for a questão, então o Sales-Ready Messaging, a partir do primeiro dia, é a resposta.

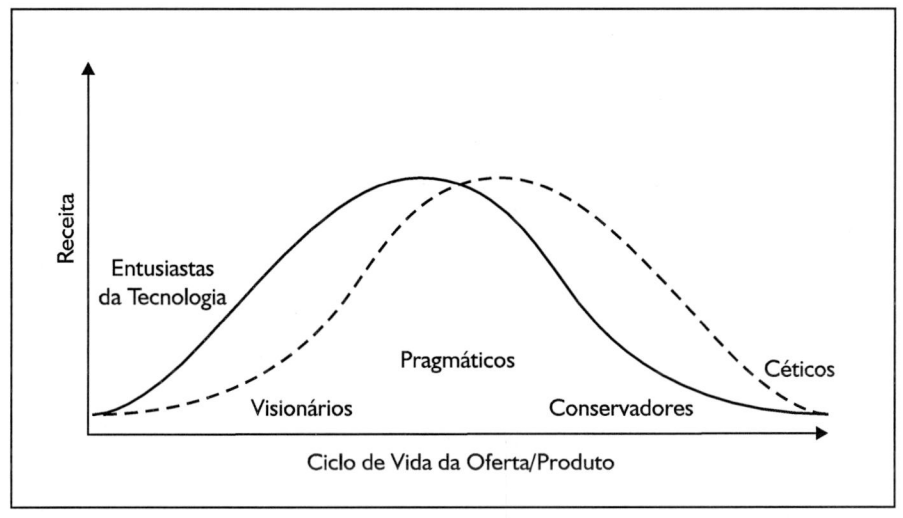

Figura 3.4 Eliminando o Abismo: Ajudando o Mercado Convencional a "Comprar a Idéia" Incorporando Mensagens Dirigidas para Vendas (Sales-Ready Messaging) nos Lançamentos dos Produtos (Curva da linha cheia = sem abismo; curva da linha pontilhada = com abismo)

O que ocorre quando uma empresa deixa de obter faturamentos brutos mais altos? O resultado mais comum é um "dedo apontando" simultaneamente para os departamentos de Vendas e Marketing. Acreditamos que ambos os departamentos fracassaram na atribuição de suas funções. Tradicionalmente, existe muita tensão, mesmo conflito, entre esses dois setores funcionais.

Mais adiante no livro, exploraremos esse relacionamento com mais profundidade e ofereceremos uma definição de uma interface apropriada entre as Vendas e o Marketing.

Em resumo, existem circunstâncias em que novas ofertas podem desfrutar de êxito mesmo sem a disponibilização do Sales-Ready Messaging em seus departamentos de Vendas. À medida que há um amadurecimento dos mercados e das organizações de vendas, no entanto, a penetração no mercado convencional quase sempre prova ser mais desafiadora (também conhecido como "minerar em rocha dura").

Para a sustentação do sucesso, as companhias têm de perceber quão diferentes realmente são os compradores do mercado convencional, e atuar nessa visão.

Os compradores do mercado convencional não compram; eles necessitam de suporte para entender como uma oferta pode capacitá-los a atingir uma meta, resolver um problema ou satisfazer uma necessidade. Desse modo, as empresas podem maximizar suas chances de prosperar se elas permitirem a seu número crescente de vendedores ter conversações com os compradores, para posicionar ofertas mais consistentemente, pela alavancagem de melhores práticas.

CAPÍTULO 4

Fundamentos do CustomerCentric Selling

O CUSTOMERCENTRIC SELLING CAPACITA VENDEDORES a executar as Mensagens Dirigidas para Vendas (Sales-Ready Messaging) para ajudar seus clientes a visualizarem a utilização de suas ofertas no sentido de atingir um objetivo, resolver um problema ou satisfazer uma necessidade.

Em nossas conversações com organizações de vendas, acreditamos que a maioria delas se beneficiaria em função de uma *reestruturação do conceito de vender*.

Por quê? Porque mudando o modo como as pessoas pensam sobre a função de vendas, a idéia de vender torna-se mais palatável às pessoas que, por outro lado, nunca se considerariam como vendedores. No decorrer dos anos, ajudamos um grande número de engenheiros, cientistas, contadores e consultores a se tornarem profissionais de vendas bem-sucedidos possibilitando-os fazer o que gostam naturalmente – ou seja, ajudar seus clientes a atingir metas e solucionar problemas.

Isso é vendas? Certamente. Mas não se trata da venda convencional, que é vista como repugnante para muitas pessoas, que, sob outras perspectivas, seriam excelentes vendedores.

Um cliente que vende tecnologia da informação a empresas, recentemente, solicitou-nos que o ajudássemos a ajustar seu modelo de contratação. Estudamos os históricos de seus melhores vendedores retroagindo dez anos, e descobrimos que sete deles vieram de algum formato de suporte ao cliente. Essa era uma validação de algo que há muito acreditávamos: aquelas pessoas que gostam de ajudar seus clientes a utilizarem suas ofertas para atingir objetivos e resolver problemas vêm a ser excelentes vendedores.

Vários clientes nos perguntam: "O que é melhor: contratar um vendedor experiente e treiná-lo sobre nosso produto ou treinar um funcionário que já conhece nosso produto para vendê-lo?" Boa pergunta. Acreditamos que a resposta repousa no indivíduo. Se o vendedor experiente acredita que vender significa persuadir, convencer, fechar, e assim por diante, então muito provavelmente ele criará várias das más experiências desdenhadas pelos compradores – dessa vez em nome de sua empresa. Se o funcionário existente gosta de ajudar pessoas, tem a confiança em abordar estranhos, e sabe como utilizar a oferta do produto, então optamos por treinar essa pessoa para vender.

Imagine a disposição de espírito do vendedor tradicional convincente e persuasivo nos minutos que antecedem uma reunião inicial com um *prospect*. O que ele está pensando? Muito provavelmente: "O que posso vender a essa pessoa?" Ou talvez, ainda pior: "O que preciso fazer para essa pessoa comprar?" E quanto tempo você acha que o *prospect* leva para perceber isso e começar a sentir-se desconfortável?

Mas, e se a agenda primária do vendedor é descobrir se o *prospect* tem uma meta, um problema ou precisa que o vendedor seja capaz de ajudá-lo? E se o vendedor estivesse realmente desejoso de abandonar a reunião se não tivesse nada para oferecer neste particular contexto? Novamente, acreditamos que reformular o conceito de venda fará com que o contato de venda – e todo o relacionamento – seja muito mais produtivo e recompensador para ambas as partes.

Neste capítulo, apresentamos 13 conceitos principais que, coletivamente, iniciam a reformulação do conceito de vender. Eles são os seguintes:

- Você é delegado a pessoas com as mesmas afinidades.
- Aja com calma efetuando um diagnóstico antes de oferecer uma prescrição.
- As pessoas compram de quem é sincero e competente, e quem lhes confere poder.
- Não ceda sem receber.
- Não se pode vender a quem não quer comprar.
- Más notícias antecipadas são boas notícias.
- A ausência de metas significa ausência de *prospects*.
- As pessoas se convencem mais facilmente quando descobrem as coisas por elas mesmas.

- No processo de vendas, seu *expertise* pode tornar-se seu inimigo.
- A única pessoa que pode denominar algo como solução é o cliente.
- Torne-se um igual, em seguida torne-se diferente – ou você será somente diferente.
- Decisões emocionais são justificadas pelo valor e pela lógica.
- Não feche a negociação antes de o cliente estar preparado para a compra.

Você É Delegado a Pessoas com as Mesmas Afinidades

Os executivos de vendas têm sempre reclamado conosco que seus vendedores não conseguem ou não podem contatar pessoas suficientes com nível hierárquico mais alto. Há muita lamentação entre eles pelo fato de que seus vendedores preferem contatar os potenciais usuários de suas ofertas, em detrimento aos tomadores de decisão, que podem realmente adquirir o produto ou o serviço.

O que acontece quando os vendedores efetivamente conseguem uma reunião com um tomador de decisão? Em muitos casos, eles apresentam as características e funções do produto a alguém que não tem o menor interesse ou tempo para uma apresentação desse tipo, e então são delegados à outra pessoa. Eles são delegados a uma outra pessoa da organização que compartilha seus interesses sobre as características e funções do produto, mas que – praticamente por definição – não têm o poder de compra.

Por que isso ocorre? Conforme já visto, parte do problema provavelmente reside no treinamento sobre produto recebido pelos vendedores. Se eles são treinados sobre as centenas de características e propagandas de marketing de suas ofertas, então não é razoável esperar que regurgitem funcionalidades e propagandas, independentemente da posição do comprador?

A maioria dos executivos de vendas dedicará cerca de 30 minutos para um contato de venda com um vendedor que comprovou ser bastante competente a ponto de conseguir uma reunião com eles. No entanto, poucos contatos com executivos duram exatamente 30 minutos. Se o vendedor começar a expor sobre tecnologia, características, plataformas, arquiteturas de rede etc., os executivos seniores rapidamente os delegam para as pessoas na organização que se interessam por esses temas. Em vários desses casos, teria sido muito melhor não ter contatado o executivo. A posição de sua empresa pode ter sido comprometida aos olhos do comprador. O acesso aos tomadores de decisão é uma proposição de alto risco, de alta recompensa.

Quando trabalhamos com departamentos de Marketing para criar o Sales-Ready Messaging – ou seja, mensagens que possibilitam aos vendedores conversar com os tomadores de decisão – uma das maiores dificuldades que enfrentamos é a escassez de pessoas nas organizações de nossos clientes que sabiam, como tomadores de decisão (pelo posto ocupado), visualizar a utilização de suas ofertas.

Isso é verdadeiro quer você esteja falando com o departamento de Desenvolvimento de Produtos, quer com o de Marketing ou Vendas. No entanto, há uma exceção notável: as pessoas que entendem como seus clientes pensam sobre a utilização do produto tendem a ser as que executam serviços profissionais. Por quê? A resposta é clara: porque é trabalho delas ajudar os clientes a atingir metas, a resolver problemas e a satisfazer necessidades pela utilização de suas ofertas.

Isso não é tão complicado. Nosso objetivo no CustomerCentric Selling é simplesmente ajudar nossos clientes no desenvolvimento de Sales-Ready Messaging – mensagens que possibilitarão seus vendedores terem conversas no mesmo nível. Isso independentemente da posição do comprador, que, por sua vez, criam visões na mente deste para a utilização de suas ofertas, que visam a atingir metas, a solucionar problemas ou a satisfazer necessidades.

Aja com Calma Efetuando um Diagnóstico antes de Oferecer uma Prescrição

Se você vai consultar-se com um médico com um objetivo (perder peso) ou com um problema (diminuição das contrações nas costas) é de se esperar que ele faça uma série de perguntas diagnósticas específicas. Sua confiança e credibilidade no médico aumentariam a cada pergunta inteligente, inquisitiva e dirigida que ele lhe fizesse. Quando se tem confiança no processo diagnóstico, a pessoa tem muito maior probabilidade de ter credibilidade na prescrição.

Por que nas vendas seria diferente?

O assunto que estamos ora comentando é *processo*. A habilidade de fazer perguntas diagnósticas é um diferenciador-chave entre um ótimo vendedor e um vendedor tradicional. Vendedores centrados no foco do cliente fazem isso intuitivamente. Vendedores tradicionais necessitam de suporte não somente com o conteúdo, mas também com o processo. Eles necessitam de ajuda com o processo de fazer as perguntas apropriadas para aprenderem como o cliente opera no dia-a-dia, e os custos associados ao método corrente.

Em muitos de nossos compromissos de consultoria, ajudamos o Marketing a desenvolver as questões diagnósticas sobre: (1) a situação atual do comprador e (2) a potencial utilização da oferta para ajudar o mesmo a atingir uma meta, resolver um problema ou satisfazer uma necessidade. A maioria dos seres humanos (particularmente, isso deve ser dito, homens) não gosta de receber conselhos quando não os solicita. Mas se estão sendo feitas perguntas inteligentes ao *prospect* que ele é capaz de responder, o conselho que emerge desse processo é, num senso bem real, conselho solicitado. O comprador teve participação, e parcialmente direcionou a conversa, que desenvolveu tanto o diagnóstico como a prescrição.

As Pessoas Compram de Quem É Sincero e Competente, e Quem lhes Confere Poder

Quando efetuamos exercícios de *role-playing* (dramatização) em nossos *workshops*, enfatizamos que é igualmente importante para nossos participantes assumir o papel de compradores como também desempenhar a função de vendedores. Esse é o melhor método para eles aprenderem a pensar como um comprador. O que eles tendem a descobrir por meio desse processo é que os clientes desejam lidar com os vendedores que: (1) são sinceros, (2) são competentes e (3) deixam o cliente participar na conversação. Essa é uma mudança bem-vinda da abordagem "Eis aqui o que você necessita", adotada pelos vendedores tradicionais.

No atual mercado competitivo, um vendedor deve ser sincero e competente meramente para conseguir a oportunidade de competir. Mas esse é apenas o preço da admissão. Muitas companhias sabem como recrutar vendedores sinceros e competentes (pelo menos do tipo tradicional). Nós nos rendemos, portanto, ao fato de que conversar com os compradores é o modo mais seguro de os vendedores se diferenciarem da massa.

O segredo para uma posterior diferenciação reside em assegurar que os compradores detenham a propriedade de seus objetivos, problemas e necessidades. Um dos meios mais rápidos de um vendedor perder a credibilidade com um comprador é olhar nos seus olhos e dizer que uma particular oferta "solucionará os problemas de sua empresa". É para resolver os problemas da empresa que o comprador e seus colegas de trabalho são pagos, dia após dia. Eles não querem ouvir que alguém que aparece uma vez por mês, ou uma vez por ano, irá satisfazer todas suas necessidades. A experiência tem lhes ensinado que nenhuma companhia, vendedor ou produto, pode assumir a responsabilidade de atingir os resultados financeiros desejados.

Muitas empresas de tecnologia acreditam que podem sair vitoriosas simplesmente colocando um produto superior na mesa e discorrer sobre suas características. Mas pense sobre isso: essa atitude não está forçando o comprador a perder controle da conversa e falar sobre o que *você* quer discorrer? Sim, se você estiver vendendo a compradores realmente especialistas, é possível ter êxito com um produto superior. Mas, você efetivamente vendeu algo? Ou simplesmente tirou um pedido de um comprador suficientemente inteligente que descobriu como utilizar seu produto? E se for essa última opção, porque este comprador perspicaz simplesmente não compraria *on-line* na próxima vez, e lhe eliminaria (e seus custos associados) do circuito?

Esse é um conceito simples, mas criticamente importante. O comprador deve deter a realização do objetivo. Se o seu cliente concluir que você primeiramente entendeu a situação atual, os objetivos e os problemas, então – e somente então – você ganhou para si a oportunidade de ajudá-lo a entender como ele pode atingir a meta, ou resolver o problema, com as capacidades específicas de sua oferta.

Não Ceda sem Receber

Praticamente todas as vendas envolvem algum tipo de negociação. E como as vendas, a negociação não é um evento; é um processo. Nesse processo, acreditamos, o vendedor deve se esforçar para criar um relacionamento recíproco. Ele deve obter algo em troca quando cede alguma coisa. Denominamos isso de nossa "filosofia *quid pro quo* (troca)".

Ela inicia como um ajuste psicológico: de que forma o vendedor se vê. Ele deve lembrar que não é um mendigo, buscando ajuda ou um favor; contrariamente, está provendo um serviço valioso ao comprador (supondo-se, é certo, que a oferta efetivamente ajude o cliente a resolver um problema ou atingir uma meta). Já comentamos sobre como o tempo do comprador é valioso. Bem, igualmente é o do vendedor. Acreditamos que se o vendedor ceder ao comprador uma hora de seu tempo, ele tem o direito – e até a obrigação – de obter algo em troca, antes de conceder mais uma hora.

Qual é o benefício prático? Se o *quid pro quo* virar um hábito no início do relacionamento, os vendedores podem tornar-se negociadores mais efetivos e fechar negócios mais rentáveis.

Quando nossos *prospects* avaliam a possibilidade de nos contratar e implementar o CustomerCentric Selling, muitos acabam focando suas análises de custo/benefício nessa área de descontos. Assim que os tomadores de decisão de nosso cliente entendem nossa filosofia do *quid pro quo*, muitos concluem que o pacote total englobando o Sales-Ready Messaging e a implementação do processo de vendas irá mais do que se pagar se os vendedores puderem reduzir os descontos em 1%.

A matemática não é complicada. Digamos que o custo total de um de nossos programas-padrão de treinamento esteja entre US$ 3 mil e US$ 4 mil por vendedor. Se cada um dos vendedores com uma cota anual de US$ 2 milhões conseguir reduzir os descontos em 1%, isso gera US$ 20 mil por cabeça. Na verdade, esse é o conceito que fica em termos de concessão, uma vez que os vendedores entendam a troca (o *quid pro quo*) e continuem pensando e atuando daquela maneira.

Não se Pode Vender a Quem Não Quer Comprar

Ou, definido de forma mais positiva: "Você pode vender somente à alguém que queira comprar".

Muitos vendedores encerram suas carreiras no ramo de instituições de ensino grátis. Pense sobre trabalhadores versados nas empresas dos EUA – engenheiros, desenvolvedores de software, cientistas etc. Como eles recebem ensinamentos sobre novas tecnologias e novos modos de fazer negócios? Por meio de vendedores que despendem seu tempo e esforço apresentando suas ofertas. O problema é que a ampla maioria dos trabalhadores versados adota o aprendizado, ainda que não possa comprar. A duração do ciclo de vendas, de modo geral, é inversamente proporcional ao nível no qual ele foi iniciado.

Isso é mais severo com os produtos e serviços revolucionários. Se você é o primeiro a chegar no mercado com um novo conceito ou nova tecnologia, então, por definição, não existem orçamentos para comprar o que você está vendendo. Isso significa que você tem de obter acesso à reduzida minoria de pessoas que pode despender recursos não orçados. Estávamos trabalhando com uma grande companhia de software na metade dos anos 90. Dos 14 mil funcionários de sua folha de pagamento, somente quatro podiam gastar esses recursos não orçados.

Para vendedores que comercializam produtos e serviços de aperfeiçoamento contínuo, eles ainda têm de conseguir a pessoa que pode gastar recursos orçados. Esse é o ponto em que a lição de casa recompensa. Idealmente, seu *prospect* é tanto o usuário de seu produto ou serviço como o chefe do departamento que já possui recursos no orçamento.

Más Notícias Antecipadas São Boas Notícias

Esse conceito peculiar do CustomerCentric Selling é para vendedores que têm longos ciclos de vendas. Antes de nos contratar, não é raro que nossos clientes, quando do início de oportunidades, tenham ciclos de vendas de nove meses, em parte porque no meio de uma iniciativa de vendas o processo de seleção normalmente requer a avaliação de diversos fornecedores. Quando uma corporação está considerando uma grande compra, ela tipicamente quer contar com três ou mais cotações. A sensação dos fornecedores é de que será um curto ciclo de vendas com pouca ou nenhuma chance de obter êxito. Em muitos desses casos, os compradores sabem desde o início de qual vendedor desejam comprar, mas, mesmo assim, eles precisam ter outras cotações. Em outras palavras, esses clientes estão simplesmente fingindo para demonstrar aos gerentes seniores de que foram devida e suficientemente cuidadosos e diligentes.

Se você não for o fornecedor predeterminado, más notícias antecipadas são boas notícias. A pior coisa que um vendedor pode fazer para si mesmo e para a empresa é completar seu ciclo de vendas e não ter sucesso. Isso pode soar como um tanto contra-intuitivo, mas é verdade. Dois fornecedores obtêm êxito em cada ciclo de vendas predeterminado: a companhia que conquistou o negócio e aquela que desistiu no início, dando a si própria a chance de buscar outras oportunidades possíveis. Todos os outros fornecedores foram convidados a completar seu ciclo de vendas sem sucesso, unicamente para receber uma medalha de prata.

Novamente, a chave é fazer seu trabalho de casa, manter os pés no chão e ser realista sobre suas chances de sucesso. Um vendedor precisa qualificar suas oportunidades, o que, em muitos casos, significa desqualificar oportunidades – inclusive aqueles compradores que estão simplesmente forçando-os a participar do processo. Os gerentes de vendas também têm um papel a desempenhar. Eles podem ajudar seus vendedores a reconhecerem antecipadamente más notícias e a desqualificarem oportunidades.

A Ausência de Metas Significa Ausência de *Prospects*

Ao encontrar compradores pela primeira vez, o foco principal do vendedor deve ser o de criar relacionamento e confiança. Sem relacionamento e confiança, é improvável que os compradores compartilhem seus objetivos e, virtualmente, certo de que eles não admitirão problemas a um vendedor.

Quando ajudamos nossos clientes a definirem seus processos de vendas, sugerimos que uma oportunidade deve ir de um *status* inativo a um ativo quando o cliente compartilha uma meta. No livro anterior de Mike – *Solution Selling, Creating Buyers in Difficult Selling Markets* (McGraw-Hill, 1994) – um *prospect* foi definido como um comprador que admitira um problema. Isso pode parecer fácil, mas não é. Com o passar dos anos, descobrimos que existem muito poucos vendedores (particularmente vendedores jovens) capazes de persuadir executivos seniores a admitir problemas críticos de negócios.

Às vezes, a solução reside em focar nas metas e não nos problemas. A experiência nos ensinou que é muito mais fácil para um vendedor fazer com que o comprador compartilhe uma meta do que admitir um problema.

Analisemos esse ponto a partir do outro lado do telescópio. Nós – os autores – temos cinqüenta e poucos anos. Você ficará numa situação muito mais cômoda compartilhando com um de nós de que gostaria de perder alguns quilos (meta) do que admitir que está ficando gordo (problema). De fato, há casos em que o vendedor deve ajudar o comprador a transformar o problema admitido em uma meta, uma vez que é muito mais divertido falar *sobre* metas que *sobre* problemas.

Um ciclo de vendas se inicia quando um comprador compartilha uma meta com um vendedor. Este agora tem a oportunidade de usar nosso processo de desenvolvimento de solução (ou o dele próprio) para fazer uma série de perguntas a fim de entender a situação corrente, e dotar o comprador de cenários de uso que o ajudarão a entender como ele pode atingir a meta pela utilização da oferta do vendedor. Mas, sem uma meta, não pode haver desenvolvimento de solução e, portanto, não há *prospect*.

MICHAEL T. BOSWORTH • JOHN R. HOLLAND

Metas devem ter também um valor no longo prazo. Em ciclos de vendas mais longos, os vendedores geralmente chegam a um ponto em que estão trabalhando com pessoas delegadas – implementadores de níveis inferiores – que podem se perder nos detalhes de avaliação de características particulares. Em tais casos, o vendedor pode achar útil rever com o implementador as metas previamente determinadas do comprador da possível solução.

As Pessoas se Convencem Mais Facilmente Quando Descobrem as Coisas por Elas Mesmas

Acreditamos que com o benefício de um expressivo processo de vendas, e a crença de que *prospects* têm QIs acima da média, os vendedores podem deixar que os compradores tirem suas próprias conclusões.

Profissionais de vendas centrados no cliente alavancam seu *expertise* fazendo perguntas em vez de declarações. Provemos nossos clientes com um modelo de diálogo para fazer perguntas e o Sales-Ready Messaging na forma de um Modelo de Desenvolvimento de Solução (Solution Development Prompter). Isso capacita o vendedor a promover um diálogo inteligente com o comprador sobre uma meta específica. O processo de fazer perguntas ajuda os compradores a descobrirem suas próprias razões que os impedem de atingir um particular resultado nos negócios.

Compradores especialistas são capazes de se convencerem de que devem comprar algo, porque descobriram por si só como utilizar a oferta proposta. Mas, a maioria dos compradores *não* é composta de especialistas e, portanto, eles precisam de auxílio nas compras. Ao usar um processo que capacite os compradores a se sentirem que estão no controle, ajudando-os e não os pressionando, e usando conteúdo que é almejado para sua situação específica, os vendedores podem modelar as experiências do cliente. Eles podem orientar o comprador na descoberta da solução, e assim fazer com que ele a detenha.

No Processo de Vendas, Seu *Expertise* Pode Tornar-se Seu Inimigo

Você algum dia já notou que quando você detém o conhecimento sobre algo é difícil de ter paciência ou empatia com as pessoas que desconhecem o que você sabe?

Isso pode ser uma praga para os profissionais de vendas, e vendedores experientes podem ser os mais afetados. Eles já viram tudo antes. Quando visualizam uma solução para a necessidade do cliente, ficam entusiasmados e impacientes, e começam a projetar sua solução para o comprador. (Mais sobre soluções a seguir.) Eles se esquecem de suas próprias curvas de aprendizado, param de fazer perguntas, e começam a dizer: "O que você precisa é..."

No final dos anos 70, a Xerox Corporation contratou Neil Rackham para que ele estudasse os hábitos comportamentais de seus melhores vendedores. Rackham constatou que os vendedores recém-contratados da Xerox tinham uma curva de performance bastante previsível no decorrer do tempo. Seus desempenhos de vendas aumentavam uniformemente desde a data de suas contratações até próximo aos 18 meses de atuação – e, a seguir, inexplicavelmente, apresentavam um declínio repentino.

Qual a razão? Eventualmente, ele concluiu que levava 18 meses para que esses vendedores se tornassem "especialistas". Após um ano e meio, eles entendiam todos os objetivos, problemas ou necessidades que seu pacote de produtos tratava, em qualquer combinação e permuta. Dado esse *expertise* – acrescido, é verdade, do desejo sincero de colaborar com os clientes na efetivação de uma venda –, eles começavam a ter um ritmo bem mais rápido que seus compradores, como uma máquina, aproximadamente no 19º mês. Um determinado cliente iniciaria explicando sua situação, e o vendedor, em uma impaciência exagerada, veria a solução da Xerox como perfeitamente ajustada, e começaria a falar ao *prospect* porque ele necessitaria daquele produto.

Trata-se de um paradoxo. Certamente que seus clientes desejam ter vendedores especialistas. (Esse é o tema tratado por este livro.) Ao mesmo tempo, se o seu vendedor for tentado a utilizar o *expertise* "massacrando" o comprador, a falta dessa qualidade pode proporcionar um melhor contato de venda. Sem *expertise*, a única ação de seu vendedor é a de fazer perguntas. Na condição de um comprador, você prefere vendedores que perguntam ou que discorrem sobre um assunto?

A Única Pessoa que Pode Denominar Algo como Solução É o Cliente

Já falamos sobre soluções. Acreditamos que *solução* é uma das palavras mais mal empregadas e, certamente, no contexto da profissão de vendas.

O *American Heritage Dictionary* define a solução como "a resposta a, ou à disposição de, um problema". Mas, essa abordagem não é extremamente presunçosa para alguém com o título de "vendedor" no cartão de visita anunciar para um comprador que ele tem a solução, mesmo antes deste ter compartilhado qualquer meta? É surpreendente que os compradores achem isso ofensivo?

Em nossos *workshops* do CustomerCentric Selling, adotamos uma abordagem diferente para soluções. Cremos que um vendedor não pode, e não deve, definir uma solução. Somente o comprador pode denominar algo de solução. O vendedor pode ajudá-lo a chegar lá, mas não pode chegar em primeiro lugar. Quando o profissional de vendas – utilizando processo e conteúdo adequados – orienta o comprador no sentido de este concluir que necessita das capacidades específicas apresentadas pelo vendedor, somente então temos uma solução. Pelo fato de o comprador dizer sim.

Torne-se um Igual, em seguida Torne-se Diferente – ou Você Será Somente Diferente

Quando os vendedores estão em situações competitivas, freqüentemente caem numa armadilha montada – normalmente sem intenção – pelos seus clientes.

Isso ocorre dessa forma: o comprador, de modo geral não sendo um tomador de decisão, recebe a incumbência de entrevistar vários fornecedores, mas está predisposto a optar pelo produto do Fornecedor A. Mais ou menos inocentemente, ele pergunta ao Fornecedor B como suas ofertas podem ser comparadas às do Fornecedor A.

Nesse ponto, o Fornecedor B – alinhado com algo em torno de 90% de todos os profissionais de vendas do universo – responde com a seguinte frase parecida: "Sr. Potencial Cliente, fico muito satisfeito com sua pergunta. Aqui estão os pontos em que nossos produtos são diferentes da oferta do Fornecedor A!" E a partir daí, começa a discorrer sobre suas especificidades.

Uh-oh! O Fornecedor B está descrevendo como o seu produto é diferente daquele que o *prospect* tem preferência – antes de criar a confiança, antes de as metas serem articuladas, antes da execução do diagnóstico e antes de o comprador ter ficado convencido do *expertise* do vendedor. Pense sobre isso: a pior coisa que o Fornecedor B pode fazer nesse ponto do relacionamento é comparar sua oferta com a do Fornecedor A. Após perder a venda, deve-se pedir ao comprador para ajudar a preencher o relatório sobre as causas da perda?

Ao contrário, o Fornecedor B poderia ter perguntado: "O que você está querendo realizar?" Se o comprador responde com uma meta, o vendedor agora tem um *prospect* (veja anteriormente). Nesse momento, o vendedor pode utilizar paciência, processo e conteúdo, para criar credibilidade, diagnosticar a situação corrente e apresentar alguns cenários de uso que diferenciarão o produto daquele do Fornecedor A. Constatamos que, cliente após cliente, você deve construir primeiramente uma base igual de apoio sob o ponto de vista pessoal, de competência e capacidade, antes de diferenciar suas ofertas. De modo contrário, você será somente diferente – e perderá a venda.

Decisões Emocionais São Justificadas pelo Valor e pela Lógica

O ato de comprar é quase sempre emocional. Dependendo das particularidades da situação, essas emoções podem ou não ser justificadas – no entanto, ainda estão presentes.

Quando um comprador decide comprar de um determinado vendedor, essa é uma decisão emocional. Igualmente, quando um comitê de compras decide comprar de um determinado fornecedor, também é uma decisão emocional. Quando um comprador decide pagar por um preço em vez de negociar por um preço inferior, essa é uma decisão emocional. Quando um comprador decide comprar de uma pessoa ou de uma empresa com as quais se sente confortável, em vez de pesquisar pelo menor preço possível, é uma decisão emocional.

Se o comprador não responde a ninguém, e não se importa sobre o que as outras pessoas pensam, ele pode comprar movido estritamente com base na emoção. O restante de nós, no entanto, necessita de alguma espécie de lógica para explicar aos pares, aos superiores, aos subordinados, aos amigos ou à família porque optamos por fazer uma compra.

Um conhecido nosso comprou um carro alemão bastante caro, estonteantemente bonito e que oferecia muita diversão na hora de ser dirigido. Perguntamos a ele a razão. Seus fundamentos racionais incluíam coisas como *ele será um clássico, se valorizará, tem uma carroceria de alumínio que nunca enferrujará*, e assim por diante. Todas são razões essencialmente lógicas, correto? A verdade é que ele adquiriu aquele carro porque se apaixonou por ele à primeira vista, queria guiá-lo e tinha a sensação de ficar mais bonito quando o dirigia. Se um amigo íntimo lhe perguntasse porque comprara aquele carro, a razão emocional fluiria juntamente com a pergunta: "Eu não fico bem dentro dele?" Se um estranho lhe perguntasse, haveria maior probabilidade de ele expressar as razões lógicas.

Em nossos *workshops* do CustomerCentric Selling, treinamos vendedores a estarem preparados para vender tanto usando a lógica como a emoção. Primeiramente, um não-tomador de decisão tomará uma decisão emocional para comprar de um profissional de vendas, mas, em seguida, poderá estar armado com as razões lógicas de modo que a decisão de compra possa ser defendida.

Não Feche a Negociação antes de o Cliente Estar Preparado para a Compra

Gostamos de perguntar aos participantes de nossos cursos se algum deles alguma vez já saiu com a intenção de obter um particular pedido em um determinado dia, e não foi bem-sucedido nessa tarefa. Praticamente, todos os vendedores com experiência de alguns meses (e que respondem honestamente) levantam a mão. Em seguida, pedimos que eles citem as razões de seus clientes não fecharem a negociação naquele dia. As razões não variam muito, de um *workshop* a outro.

- Ele precisa obter a autorização de uma outra pessoa.
- O contrato ainda está no departamento Jurídico.
- O Diretor Financeiro (CFO) ainda não o aprovou.
- Eles estão trabalhando no seu plano de implementação.
- Eles ainda estão aguardando a chegada de uma nova proposta.
- Não constamos em sua lista de fornecedores aprovados.
- Eles ainda estão indecisos.

E a terrível:

- Algo aconteceu.

Mas o que está *realmente* ocorrendo aqui? Na maior parte dos casos, o vendedor está pedindo o fechamento do negócio antes de o comprador estar preparado para comprar. Esse é um grande erro. Instruímos os vendedores que, uma vez que fechem com pressa, seu relacionamento com os clientes nunca será o mesmo. Ele será melhor ou pior, mas nunca será o mesmo. E, praticamente, sem exceções, será melhor se eles estiverem preparados para a compra, e pior em caso contrário.

Os vendedores, de modo geral, justificam-se culpando os próprios gerentes por fecharem prematuramente. Eram os últimos dez dias do trimestre, e a gerência está pressionando a força de vendas para ver quais oportunidades podem deslocar do próximo trimestre para o atual. Novamente, um grande erro: a situação mais triste que vemos é a de vendedores que sinceramente querem ajudar seus clientes a atingirem uma meta, resolverem um problema ou satisfazerem uma necessidade, mas são pressionados por seus gerentes a fecharem prematuramente a negociação. Em muitos casos, troca-se um relacionamento de longo prazo por um ganho potencial de curto prazo, e aumenta a probabilidade de se dar um desconto substancial.

Vivemos em um mundo real, e entendemos que existem circunstâncias excepcionais sob as quais é necessário tentar um fechamento prematuro da negociação. Quando for o caso, o gerente de vendas precisa reconhecer essa situação e explicar por que está solicitando ao vendedor para acelerar o processo de compra. Mas, isso deve ser a exceção e não a regra. Quando a gerência pressiona vendedores para fecharem prematuramente, no final de cada semestre, há um problema estrutural, e é provável que ganhos futuros mais substanciosos estejam sendo trocados por ganhos menores de curto prazo.

Antes de pedir a um comprador que compre, os vendedores deveriam se perguntar:

- Eu documentei a(s) meta(s) do comprador?
- Diagnostiquei a situação corrente do comprador?
- Documentei como a(s) meta(s) do comprador pode(m) ser atingida(s) pela utilização de minha oferta?
- Ajudei o comprador a justificar a decisão pelo custo?
- Documentei o que acontecerá entre assinar meu pedido e ter nossa oferta totalmente disponível para a utilização do comprador?
- Apresentei comprovação ao comprador de que nossa oferta e organização são verdadeiras?
- Solicitei ao próprio comprador e mapeei os requisitos decisórios da organização sobre: revisão legal, aprovação de cadastro etc.?

MICHAEL T. BOSWORTH • JOHN R. HOLLAND

O vendedor precisa ter em mente, com antecedência, alguma versão desses requisitos. Ele deve estar preparado para compartilhá-la com o gerente de vendas, se e quando a pressão chegar no *pipeline*, e explicar que pré-condições de uma venda ainda não foram atendidas, e qual é a razão. E, às vezes, ser capaz de responder a essas questões – ou a maioria delas – com um "sim" ajuda os vendedores a ficarem confortáveis com a idéia de mover sua programação para o fechamento da venda.

Capítulo 5

Definindo o Processo de Vendas

UM NÚMERO EXPRESSIVO DE PESSOAS – muito provavelmente a maioria delas – acredita que vender realmente é uma arte.

Essa crença é sustentada, em parte, pela existência de vendedores centrados no cliente dotados de aptidões inatas que tornam o ato de vender parecer tão fácil. Mas há dois problemas com essa suposição. O primeiro é que, conforme vimos anteriormente, não há no mercado um número suficiente de vendedores centrados no foco do cliente para atender a todas as companhias – talvez eles sejam 10% dos profissionais de vendas.

O outro problema é que acreditar nessa tese parece ser uma desculpa que envolve o próprio esforço para não ter melhores desempenhos. Se o ato de vender é uma arte, e eu não sou um artista, então não estou desempenhando muito bem, correto? Tudo o que posso fazer é prosseguir com dificuldade em meu modo tradicional de vender e esperar pelo melhor.

Não concordamos. E se pudéssemos codificar os comportamentos "habilidosos" dos vendedores centrados no cliente? E se pudéssemos introduzir esses comportamentos em nossos processos e em nossas mensagens de vendas? A realidade é que todos os vendedores, em particular os vendedores tradicionais, podem ficar mais centrados no cliente, e podem ter desempenhos melhores e mais previsíveis. Na verdade, constatamos durante todos esses anos que um vendedor convencional que siga um bom processo tem a probabilidade de superar a performance de um vendedor talentoso inato que vive improvisando.

Às vezes, citamos o exemplo de dois diferentes tipos de músico – aqueles que compõem um trio de jazz e os que atuam em uma orquestra sinfônica. Os músicos de jazz improvisam, em tempo real. Raramente tocam uma música da mesma maneira quando a repetem. Mas, se você examinar com um pouco mais de cuidado, descobrirá que há uma grande dose de estrutura e disciplina por trás da maioria de suas improvisações. Enquanto isso, os músicos numa orquestra se esforçam ao máximo para tocar, por exemplo, uma composição de Mozart perfeitamente. Na sua grande maioria, os integrantes da orquestra não conseguem compor músicas como as de Mozart. (Absolutamente, nenhuma intenção; quantos de nós seriamos capazes?) No entanto, como as músicas de Mozart foram codificadas, eles podem repeti-las, e de forma brilhante.

Vendedores naturalmente talentosos são muito similares a músicos de jazz. Podemos abrir uma nova empresa com poucos vendedores naturalmente talentosos (os rapazes do jazz), mas, para crescê-la, abrir seu capital e obter sua participação de mercado, será preciso treinar os vendedores tradicionais (a orquestra) a executarem um processo de vendas focado no cliente. Temos de ensinar a orquestra para que ela toque um pouco de jazz. Sob o risco de trabalhar demais a metáfora, temos de buscar a estrutura subjacente ao jazz.

No mundo das vendas corporativas, há muitos fatores complicadores – vários tomadores de decisão, venda de plataformas, venda de mercadorias, venda de relacionamentos, venda de aplicações, venda de novas marcas, vendas complementares, venda por meio de canais etc. Quando trabalhamos com nossos clientes, uma de nossas primeiras tarefas é ajudá-los na documentação, na definição e no entendimento de todos os seus processos de vendas. Em outras palavras, colaboramos para que eles codifiquem seus comportamentos de vendas para as diferentes situações que se apresentam.

Isso é necessário? Acreditamos que sim. Muitas empresas definem o *o que*, em outras palavras, as coisas que *devem* ser feitas em cada etapa de seus processos de vendas. A maioria delas não faz um bom trabalho na codificação das mensagens que orientam o comportamento de seus vendedores nem provê *o como* para essas mesmas etapas. A menos que você defina um conjunto de normas ou regras – o como – para cada etapa do processo de vendas, você terá de depender de dados não-confiáveis (ou seja, das opiniões das pessoas que o rodeiam) ou de dados que chegam muito atrasados (isto é, seus pedidos fechados). Se a gerência consegue avaliar proativamente a qualidade do que está no *pipeline* e ajuda, com a devida antecedência, os vendedores na desqualificação de oportunidades de baixa probabilidade, então esses *pipelines* não serão preenchidos com esperanças e sonhos. Sem um processo, inversamente, a gerência tende a atuar com uma série de exames executados em propostas encerradas ou em pedidos que se perderam. Quando se tem um processo, é possível fazer uma cirurgia corretiva e o resultado pode ser recompensador.

> *Você já pensou sobre seu processo de vendas? O CRM funciona melhor para empresas com processos bem-definidos já instalados. Se automatizar o caos, ele continuará sendo caos.*
>
> Larry Tuck, editor da revista CRM, 2000

Definindo o Processo de Vendas

Muitas empresas estabeleceram *milestones (pontos de controle)* e acreditam que possuem um processo. Para vendedores convencionais, no entanto, isso é o mesmo que receber um destino sem um mapa ou orientações e, ocasionalmente, perguntar se eles estão rumando no caminho correto. Para traçar um percurso diferente, será necessário propor algumas definições nas quais podemos basear-nos:

Processo: um conjunto definido de atividades inter-relacionadas, repetíveis, com resultados que alimentam uma outra atividade no processo. Cada resultado pode ser medido, de modo que é possível fazer ajustes nas atividades, nos resultados ou no processo em si.

Processo de vendas: um conjunto definido de atividades inter-relacionadas, repetíveis, a partir das necessidades do mercado, passando pela prestação de serviços aos clientes, que permite a comunicação do progresso a tempo com outras pessoas na empresa. Cada atividade tem um responsável e um resultado-padrão, mensurável, que provê *inputs* a uma outra atividade. Cada resultado pode ser avaliado, de modo que é possível melhorar: (1) as habilidades dos profissionais que executam as atividades e/ou (2) o processo de vendas.

Milestones *(pontos de controle) do* pipeline *de vendas:* eventos mensuráveis efetivados durante um ciclo de vendas que possibilitam aos gerentes de vendas avaliarem o status das oportunidades para fins de previsão. Idealmente, a maioria desses milestones é: (1) objetiva e (2) auditável.

Milestones *(pontos de controle) do funil de vendas:* eventos mensuráveis efetivados em oportunidades específicas que possibilitam aos gerentes de vendas avaliarem a qualidade das habilidades de vendas e a quantidade de atividade necessária a ser executada pelo vendedor. Novamente, esses milestones são: (1) objetivos e (2) auditáveis.

Como a percepção predominante de uma venda envolve mais arte do que ciência, é reduzido o número de empresas que têm processos de vendas que seus vendedores tradicionais possam executar. Acreditamos que essa deficiência seja o fator singular mais significativo que contribui para os resultados desapontadores obtidos pelos sistemas de automação da força de vendas (SFA – *sales force automation*) e de gestão do relacionamento com o cliente (CRM – *customer relationship management*). Conforme sugerido nessas definições, as chances de se construir e sustentar um processo de vendas executável e, portanto, bem-sucedido, são reduzidas na ausência dos seguintes pré-requisitos:

1. *Milestones* do *pipeline*.
2. Processos repetíveis.
3. Sales-Ready Messaging.
4. Habilidades de CustomerCentric Selling.
5. *Input* Consistente.
6. *Input* Auditável.

Os sistemas de SFA e de CRM estão entre as técnicas atuais mais comuns de gestão de processos de vendas. A atração por esses sistemas é que eles supostamente conferem às empresas um melhor controle sobre seus trabalhos de vendas, culminando em previsões mais precisas. Mas a maioria das empresas que tentou implementar um SFA ou um CRM tinha somente um desses seis componentes em operação – os *milestones* do *pipeline* –, e mesmo essa funcionalidade tende a ser atualizada principalmente com base nas opiniões dos vendedores.

Gostaríamos de nos aprofundar em três das cinco áreas remanescentes, tendo dois objetivos em mente: (1) definir o componente e (2) oferecer sugestões de como preencher qualquer vazio que possa existir. Em seguida, mais adiante neste capítulo, retomaremos o tema dos *milestones* do *pipeline*.

Processo Repetível

Já apresentamos essa idéia. Qual é o "código" que possibilita ao vendedor tradicional se tornar mais centrado no cliente: o que constitui o êxito e de que forma mais pessoas podem obtê-lo?

A esta altura devíamos salientar que a maioria das empresas tem mais do que um processo de vendas. Por exemplo, as atividades de vendas irão variar segundo grandes cotas, contas nacionais, contas de porte médio, negócios complementares, serviços profissionais, renovações de contrato etc. A maioria das pessoas rapidamente conclui que um tamanho só não se ajusta a todos; na realidade, a imposição de um único processo de vendas para todas as vendas pode ser a receita para o desastre. (Os profissionais de vendas têm todo o direito de reclamar se lhes for pedido "matar um mosquito com um tiro de canhão".) Posteriormente, neste capítulo, abordaremos como lidar com esses diferentes tipos de venda.

Input Consistente

A maioria das informações que alimentam os sistemas de SFA/CRM consiste de opiniões de vendedores sobre o resultado dos contatos de vendas realizados. Por definição, essas informações são subjetivas e variáveis. Para agravar o problema, há o fato de que o posicionamento das ofertas recai quase que exclusivamente nos ombros de cada vendedor.

Considere como essa situação é estranha no contexto maior de uma organização. Quantos outros grupos funcionais chegam a elaborar esse tipo de relatório em seu trabalho, sem medo de contradições? Quantos outros números que também são muito importantes para a corporação têm tanta subjetividade embutida?

Input Auditável

Conforme anteriormente observado, várias empresas têm definido *milestones* – isto é, etapas claramente identificadas em um ciclo de vendas utilizadas para determinar em que ponto ela ficará frente a frente com uma determinada oportunidade. Mas, pedir aos vendedores tradicionais para dizer que *milestones* eles atingiram, estimula-os a fornecerem a resposta que consideram que seus gerentes gostariam de ouvir, e, em alguns casos, assim o fazem para assegurar suas posições até o próximo trimestre. A menos ou até que os *milestones* tenham componentes específicos ao cargo de trabalho e à meta empresarial que possam ser auditados por uma pessoa outra que não o profissional de vendas, as informações continuarão a ser variáveis. Discutiremos mais sobre esse tópico ainda neste capítulo.

O Problema com as Informações

Não queremos sugerir que empresas que implementam sistemas de SFA/CRM fracassaram na consecução de qualquer benefício, especialmente para aperfeiçoarem suas precisões de previsão. De fato, muitas experimentaram algum sucesso nessa área. Mas, em muitos casos, parte da dificuldade com essas implementações tem a ver com expectativas mal gerenciadas sobre quanto a precisão de previsão aumentará, e quando isso ocorrerá.

Há alguns anos, enquanto trabalhávamos com um fornecedor de CRM, perguntamos ao Vice-presidente de Vendas se a companhia "consumia sua própria comida de cachorro" (ou seja, utilizava seu próprio software para previsões). Essa questão resultou em um entusiasmado "sim" desse executivo. Em seguida, ele prosseguiu afirmando que normalmente sua previsão ficava na casa de 5% de sua previsão trimestral – nível esse de precisão que a maioria dos executivos somente sonhava obter. Solicitamos mais detalhes, e dentro de segundos ele tinha seu laptop ligado de modo que conseguia compartilhar conosco seus segredos sobre previsões.

Ele nos mostrou que a companhia definira sete *milestones* no *pipeline* de vendas. Iniciando com o primeiro mês em que um vendedor começava a informar sobre o seu *pipeline*, o software heuristicamente capturava taxas próximas de cada um dos *milestones*. Quando se aproximava a hora da previsão, o software captava o *pipeline* bruto de cada vendedor e aplicava aqueles fatores específicos daquele vendedor ao volume de dinheiro representado por cada um dos sete *milestones*. Dessa forma, ele atingia uma invejável precisão na previsão.

Em seguida, perguntamos: "Os seus vendedores reportam aos *prospects* que se eles utilizarem o seu pacote de software atingirão um grau similar de precisão de previsão?" Ele reconheceu que, conforme ansiávamos e esperávamos, seus vendedores agiam dessa maneira.

Depois, começamos a dissecar como seus resultados miraculosos estavam sendo atingidos e o grau com que outras companhias iriam considerá-los replicáveis. O fato mais difícil era que levaria meses ou anos para que outras empresas obtivessem os índices históricos de fechamento por vendedor, que constituíam o componente-chave na habilidade de nosso cliente para prever faturamentos. Ironicamente, a única razão para que ele pudesse ser tão preciso com sua previsão era que o software rastreava historicamente o grau de imprecisão (isto é, o superotimismo) que seus vendedores tendiam a ter, pelo fato de que eles exagerariam em seus *pipelines* em cada um dos sete *milestones*. Quaisquer novos usuários desse sistema de CRM – em outras palavras, todos os novos compradores do software – poderiam apenas apontar estimativas de índices de fechamento em vários *milestones*. Muito provavelmente, esse procedimento seria atribuído para todos os vendedores, e se perpetuaria no nível de cada vendedor com o tempo.

Mesmo com a utilização do software e de *milestones* definidos, de mais a mais, a precisão de previsão poderia continuar a ser adversamente afetada por uma série de fatores internos e externos:

- Quando vendedores saem da empresa, seus dados históricos não mais são relevantes.
- Quando há a entrada dos recém-contratados, não há dados históricos.
- Os vendedores que estão abaixo da cota são propensos a superestimar seus *pipelines*.
- Novas ofertas não contam com os benefícios de dados históricos.
- Novos setores verticais apresentam novos desafios.
- Um ambiente econômico em transformação pode diminuir a relevância de dados históricos.
- A transformação das chances dos clientes no segmento do produto pode similarmente atenuar os dados históricos.
- Ofertas de concorrentes podem elevar o nível.

Apagar Incêndios e Descontos Desesperados

Sob o *melhor* cenário, a análise do *pipeline* é baseada nas informações oriundas dos departamentos de Vendas. Nota-se a falta de qualquer informação do comprador (que, conforme veremos nos últimos capítulos, poderia oferecer à gerência de vendas um modo de auditar o posicionamento do comprador no ciclo de compra e, assim, oferecer uma condição de verificação saudável). Com ou sem um sistema de CRM, não incluir o comprador no cenário, de modo geral, indica que o *timing* de fechamento do negócio é muito mais uma função de quando a companhia quer o (ou necessita do) pedido, do que quando o *prospect* ou o cliente está preparado para a compra. Em outras palavras, o processo é raramente centrado no cliente.

Muitas empresas passam os últimos dias de praticamente todos os trimestres em uma tentativa de "espremer" os negócios para realizar seus números. Vários executivos seniores deixam suas agendas abertas durante a última semana do trimestre, permitindo-se embarcar em "visitas de fechamento". A ferramenta normalmente utilizada para fazer com que compradores se comprometam antes do planejado é dar um desconto substancial. Alguns clientes ficam tão ofendidos com essa abordagem ("Eu fui ingênuo de supor que o preço inicial cotado por eles era real!", ou pior, "Eles devem pensar que sou um idiota!") que, finalmente, decidem não fazer negócios com uma empresa que empregue esses tipos de técnicas tradicionais de fechamento.

Uma dificuldade em vender dessa maneira é que há uma tendência disso se transformar num procedimento operacional padrão. Esvaziar o *pipeline* no final de março provavelmente transformará abril e maio nos meses para a reconstrução do mesmo, mas não para o fechamento de muitos negócios. Essa abordagem vai acabar em outro fechamento de alta pressão para o final de junho. Uma outra dificuldade é que compradores sensatos aprendem a retardar as decisões de compra, sabendo que eles obterão o melhor preço absoluto no final do trimestre.

Você não acredita que esses processos de "apagar incêndios" são lugares-comuns em empresas estabelecidas e de reputação? Considere a citação a seguir do Vice-presidente Financeiro Ira Zar, da Computer Associates, extraída de um artigo na *Forbes*:

> *As negociações (na Computer Associates) aconteceram no último dia do trimestre, com descontos elevados de até 55%, razoavelmente comuns nos negócios. Em 30 de setembro, data do fechamento do penúltimo trimestre do ano 2000, a CA conseguiu US$ 1 bilhão de seu faturamento de US$ 1,6 bilhão na última semana. Finalizamos as ligações telefônicas às 11 horas da noite.*

Antes de termos trabalhado com ela, uma empresa entrou no último trimestre de um determinado ano com uma chance de atingir US$ 300 milhões em receitas – um valor jamais obtido. A gerência sênior, então, decidiu que essa meta estava dentro de seu alcance, e instruiu gerentes e vendedores a fecharem todas as negociações possíveis (ou seja, oferecerem o máximo de descontos) de modo que pudessem obter essa meta. A boa notícia é que eles conseguiram, contabilizando alguns milhões de dólares além do número mágico. No mês de janeiro seguinte, na reunião que marcou o reinício de atividades, foram distribuídas jaquetas a todos os presentes com o número daquela receita recorde do ano bordada nas mangas. A reunião prosseguiu com uma impressão geral de satisfação, realização e até euforia. O sucesso pairava no ar!

Então, vieram as más notícias. Na qualidade de subsidiária de uma grande corporação, a empresa recebeu sua cota lá nas alturas. A meta estabelecida pela matriz para o ano seguinte era de US$ 360 milhões – um aumento de 20% em relação à receita recorde que tinha acabado de ser obtida. Conforme esperado, praticamente nenhum negócio foi fechado em janeiro e fevereiro como resultado do esvaziamento do *pipeline* em dezembro. A empresa fechou o primeiro trimestre com registros de vendas abaixo de 50% da atualização anual. Finalmente, ela fracassou no sentido de acompanhar o mesmo faturamento obtido no ano anterior – mas não antes que o CEO e o Vice-presidente de Marketing fossem demitidos em meados do segundo trimestre. Numa retrospectiva de 20 a 20, os resultados eram previsíveis, pois a empresa tinha efetivamente um ano de dez meses para obter seu faturamento. Você pode imaginar o impacto resultante na rentabilidade.

Mesmo sem serem instruídos para proceder dessa forma por suas equipes de gestores, muitos vendedores tradicionais são culpados por fecharem prematuramente e, de modo geral, tentando fechar com a pessoa errada. Tentar fechar com os não tomadores de decisão (e fechar prematuramente) pode provocar a ocorrência de várias situações ruins:

- A pessoa com quem houve o fechamento do negócio pode terminar com a sensação de inadequada ou insignificante.
- Você pode transmitir o estresse que está passando para o comprador, até o ponto de aparentar desespero.
- A pessoa pode se tornar um mensageiro do tomador de decisão sobre os descontos oferecidos.
- Se o tomador de decisão está determinado a fazer negócios, o desconto que você forneceu à pessoa que não tem poder de compra pode tornar-se o ponto inicial para negociar futuras concessões.
- Se o pedido não for fechado durante o trimestre, você poderá ter estabelecido uma expectativa de preço que talvez não esteja disposto, ou mesmo seja incapaz, de atender baseado em sua situação quando a decisão puder ser tomada prematuramente no próximo trimestre.
- Você poderá perder a transação em vista de seu comportamento inadequado.

Um processo de vendas deve conter um tempo especificado para o fechamento acordado pelo comprador. A gerência sênior pode tentar acelerar os pedidos assumindo seu próprio risco.

Modelando sua Percepção no Mercado

Na maioria dos casos, as empresas consideram seus processos de vendas como um modo de controlar os custos de venda, facilitar a gestão das equipes de vendas e prever faturamentos com maior precisão.

Certamente que todos esses objetivos são válidos. No entanto, vamos considerar esse processo em uma etapa adiante. Acreditamos que um processo de vendas deva criar uma estrutura para relacionar clientes e *prospects*. Pense sobre isso: várias organizações constroem suas reputações e lhes é atribuída uma personalidade em razão de seus comportamentos no mercado. Empresas ficam conhecidas como agressivas (Siebel e Oracle), predadoras (Microsoft), arrogantes (Accenture), e assim por diante. Como isso ocorre? Em parte, devido a diretrizes corporativas, a declarações públicas de CEOs e a ações similares do alto escalão. Mas acreditamos que o comportamento dos representantes da companhia no campo merece pelo menos bastante crédito (ou culpa).

Por extensão, acreditamos que é possível modelar a opinião do mercado sobre uma empresa desenhando um processo de vendas centrado no cliente que reflita o modo como ela quer que os clientes e *prospects* sejam tratados. Em outras palavras, o CEO pode criar um plano para a experiência do cliente que influenciará as palavras que os vendedores utilizam no desenvolvimento das necessidades dos clientes e no estabelecimento de expectativas. Cremos que com ofertas iguais, ou até levemente inferiores, as empresas possam criar a maneira pela qual seus vendedores vendem um diferenciador. Essas organizações podem sair vitoriosas no processo de vendas.

Quais São as Partes Componentes?

Um processo de vendas centrado no cliente necessita cobrir todas as etapas, desde a necessidade do mercado passando pela medição dos resultados atingidos pelos clientes. Ele deve definir e incluir:

- Quando se iniciam os ciclos de compra.
- As etapas envolvidas em fazer uma recomendação.
- As etapas necessárias para fazer os compradores entenderem seus requisitos.
- As etapas necessárias para fazer os compradores entenderem como suas ofertas abordam as metas e os problemas deles.

- Uma data estimada para decisão, documentada para confirmar o "de acordo" do cliente.
- Inserção do processo de *feedback*, para permitir um ajuste rápido às questões de *timing*, pressões competitivas, retorno do cliente, questões de mercado e eventos externos (por exemplo, 9 de setembro, *bug* do milênio).

Conforme mencionado anteriormente, um modo de estruturar um processo de vendas é definir um conjunto apropriado de *milestones* do *pipeline*. Considere, por exemplo, o seguinte conjunto de *milestones* em um processo típico de vendas:

- Acesso ao tomador de decisão.
- Retorno sobre o investimento (ROI) finalizado.
- ROI aceito pelo *prospect*.
- Evento faturável.
- Recursos do cliente comprometidos.
- Orçamento alocado (de quem?).
- Reunião com o departamento de Tecnologia da Informação (TI).
- Questão(ões) de negócios compartilhada(s) ou admitida(s).
- Aprovação técnica da TI.
- Visita à empresa.
- Plano de implementação.
- Contato executivo.
- Contato de serviços profissionais.
- Cargos específicos contatados.
- Suporte de outro departamento que não TI.
- Demonstração.
- Proposta submetida.
- Visita de referência ao campo.
- Pesquisa de campo.
- Fornecimento de referências.
- Acordo verbal.
- Dados financeiros recebidos do cliente.
- Pesquisa no site.
- Dados financeiros requeridos pelo *prospect*.

- Concordância sobre o piloto.
- Concorrentes identificados.
- Projeção da data de decisão.
- Cotação de preços.
- Razão atrativa para a compra.
- Contratos submetidos ao departamento Jurídico.
- Ligação feita pelo *staff* de serviços.
- Contratos aprovados.
- Treinamento faturável.
- Aprovação de *cutover* pela TI.
- Contato com a alta administração.
- Teste.
- Data definida do início do projeto.
- Aprovação de crédito.

Como você identifica *milestones*? Além de nos basearmos em nossa própria experiência e processos, bem como na lista anterior, recomendamos analisar as transações do último ano, ou dos anteriores, para determinar se é possível separar fatores e padrões comuns em oportunidades nas quais você obteve resultados bons e ruins. Agindo dessa forma, de modo geral, é possível identificar e incorporar eventos específicos de melhores práticas e utilizá-los como *milestones*. Isso pode possibilitar que organizações comecem a institucionalizar suas melhores práticas em um processo de vendas e a aumentar as taxas de sucesso nas oportunidades contidas no *pipeline*.

Uma empresa com a qual trabalhamos comercializava software e não permitia que as oportunidades fossem qualificadas além de um certo nível a menos que o vendedor tivesse feito contatos com executivos outros que não do departamento de TI. Esse *milestone* foi criado porque seu histórico mostrava que muitos ciclos de vendas que iniciavam na TI terminavam de maneira repentina e, infelizmente, quando era feito um aporte de recursos, sem se chegar a construir um caso de negócio que os usuários finais pudessem apresentar aos seus executivos de negócios. Do lado mais positivo, outro cliente constatou que, quando *prospects* faziam uma visita à empresa, eles tinham um índice de sucesso próximo a 88% sobre essas oportunidades. Adivinhe qual foi a recomendação dada por nós que se transformou numa etapa de seu processo de vendas?

Esses *milestones* possibilitam que vendedores e gerentes tenham um melhor entendimento do ponto em que se encontram em um determinado ciclo de vendas. Exatamente tão importante – ou talvez mais importante – eles fornecem informações se as oportunidades são qualificadas e, conseqüentemente, se têm valor. Conforme observado em capítulos anteriores, vários vendedores tradicionais ficam confortáveis em ter mais quantidade do que qualidade em seus *pipelines*. Eles competem para se manterem ocupados em detrimento de obterem sucesso.

As etapas-chave em todos os processos de vendas devem ser documentadas para poderem ser auditadas. Em outras palavras, é preciso ter uma carta, um fax ou um e-mail, do vendedor ao comprador, que resuma as principais conversações. Essa documentação serve para vários propósitos:

1. Maximiza as chances de que tanto o vendedor como o comprador entendam em que ponto se encontram no processo.
2. Possibilita mensagens internas consistentes fornecidas pelo comprador para dentro de sua organização.
3. Possibilita ao primeiro participante-chave em um comitê de vendas transmitir claramente sua visão a pares e superiores.
4. Minimiza a chance de o vendedor ser exageradamente otimista ("pessoas satisfeitas").
5. Mais importante, possibilita ao gerente auditar e classificar a oportunidade.

Observe que nem todos *milestones* necessitam ser auditáveis. Sua meta deve ser definir aqueles *milestones* críticos que lhe capacitarão (ou seus gerentes de vendas) classificar oportunidades. Esse é o único modo de se afastar do otimismo desenfreado (ou seja, das opiniões dos vendedores) descrito anteriormente.

A gerência sênior deve se apossar da experiência do cliente e do correspondente processo de vendas, em parte, definindo os "entregáveis" com base no tamanho e na complexidade de uma determinada transação. Se isso não for conduzido pela gerência, os vendedores o farão de uma maneira mais informal – geralmente na primeira reunião do ano – sob aspectos que enfraquecem os processos de vendas. Considere a seguinte troca imaginária (mas inteiramente plausível):

Vendedor 1: *Qual foi sua maior transação neste ano sem seguir o processo de vendas?*

Vendedor 2: *US$ 60 mil.*

Vendedor 1: *Uau! a minha foi de US$ 30 mil.*

Vendedor 3: *Consegui superar os dois. A minha foi de US$ 85 mil!*

O fato simples é que vendedores normalmente mostram resistência em seguir um processo. Como regra, eles não gostam de documentar seus trabalhos de vendas. E – ainda, de maneira geral – gostam de se gabar de seus êxitos fora do processo, que eles têm a propensão de ver como algo burocrático e intruso. Na conversação acima, uma decisão política foi tomada informalmente por uma equipe de trabalho que não tinha autoridade para tanto.

Considere por um momento quanto dinheiro custa a uma organização competir em uma transação significativa e perder. De acordo com o Gartner Group, o custo por contato de vendas executado por um vendedor que trabalha para uma empresa de alta tecnologia é cerca de US$ 450, quando computadas todas as remunerações e despesas. Em uma oportunidade importante, se você for acrescentar contatos com a gerência, pessoal do suporte, demonstrações de produtos/serviços, viagens aéreas etc., o custo para competir durante o período de seis meses pode facilmente atingir US$ 30 mil.

Visto nesse contexto, é razoável exigir que os vendedores sejam capazes de documentar suas posições na oportunidade, para que o gerente de vendas determine se ela é qualificada e possa garantir a alocação de recursos extras?

Vendedores (particularmente aqueles que não estão dando conta de suas cotas anuais) intuitivamente sabem o quanto é necessário conhecer seu posicionamento nos *pipelines* para escaparem das pressões de seus gerentes. Quando seus *pipelines* são escassos, os vendedores tornam-se menos seletivos sobre a oportunidade em que estão trabalhando. Juntamente com o compromisso mantido com a qualidade das oportunidades, desponta um otimismo cada vez mais exacerbado. Eis aqui outro diálogo que pode soar familiar:

Vendedor: *Como é de seu conhecimento, chefe, as coisas têm estado lentas para mim nos últimos quatro meses. Estou em baixa nos resultados. Mas este é o meu mês! "Confie no meu taco", porque iremos ter um mês maravilhoso!*

Gerente: *Vamos examinar rapidamente suas previsões.*

Vendedor: *Está bem! Inesperadamente, recebi uma RFP (solicitação de proposta) nesta semana. Parece que ela foi feita para nós. Eles tomarão uma decisão até o fim do mês. Calculo que tenhamos 80% de chance nesse caso. Acabei de falar com a Empresa ABC. A proposta está parada lá há 90 dias, mas meu amigo nesta conta afirmou que a gerência está analisando-a seriamente outra vez. E há ainda uma outra sem decisão esperando por nós!...*

Há uma grande probabilidade de este vendedor continuar com essas "conversas" até o gerente ser persuadido de que está tudo bem. E, muito provavelmente, isso não será muito difícil, pois os gerentes querem acreditar. Previsões otimistas das equipes de vendas, conforme observado anteriormente, possibilitam ao gerente de vendas maquiar sua própria previsão com mais otimismo. E – pelo lado negativo – pedir a saída de um vendedor é provável que provoque interrupções e afaste o gerente de tarefas prementes mais importantes, talvez, com reflexos ruins.

Apresentamos esses dois diálogos em parte para sublinhar a fundamental importância de se ter um processo e de gerenciá-lo. Disciplina e estrutura são tão importantes para as vendas quanto o são para o basquete, manobras militares e para a ópera. Sim, a criatividade e a espontaneidade têm seus lugares – mas não em uma conversação entre um profissional de vendas e um gerente de uma empresa de capital aberto sobre as oportunidades que constituem a previsão de faturamento.

Ao rever o progresso (ou na falta dele) comparando-o com melhores práticas definidas e passíveis de auditoria, os gerentes podem avaliar a probabilidade de ganharem uma particular oportunidade, e ajudar vendedores a fazer algo que eles detestam fazer sozinhos – ou seja, desistir de oportunidades de baixa probabilidade. (Para um vendedor, remover da previsão uma conta de baixa probabilidade geralmente indica que ela terá de ser substituída por uma outra via prospecção, que é uma atividade que muitos vendedores apreciam menos do que passar por um tratamento dentário de canal.) A função do vendedor é *construir um pipeline* se valendo do processo de vendas; a função do gerente é *classificar* esse *pipeline*, com um olho voltado para sua desqualificação. Os gerentes devem deter a qualidade daquelas oportunidades que permitem que seus vendedores despendam tempo e recursos.

Ao invocar e adotar um processo de vendas sólido, os gerentes devem ser capazes de aumentar a porcentagem de situações com chances de sucesso no *pipeline*.

Mais Que um Processo

Uma concepção errada comum é de que as empresas têm um único processo de vendas. Na verdade, a maioria das organizações tem várias ofertas, serve diferentes setores verticais e se envolve em muitos tipos diferentes de venda. Alguns exemplos incluem:

- Negócios adicionais com um cliente existente.
- Venda de serviços profissionais.
- Renovação de um contrato de manutenção.
- Venda a um *prospect*.
- Venda envolvendo um sócio.
- Venda através de um revendedor.
- Conta principal.
- Conta nacional.

Dada essa diversidade de transações, várias companhias descobrem que um tamanho (ou processo) não se enquadra, ou não consegue se enquadrar, em todas as suas situações de vendas. Sugerimos definir etapas centradas no cliente e "entregáveis" para suas vendas mais complexas, e em seguida determinar subconjuntos de etapas e "entregáveis" para transações menores.

Conversações Dirigidas

Em nossa visão, um ciclo de vendas pode ser destilado em uma série de diálogos entre o vendedor e o(s) comprador(es) para cada etapa definida em um processo de vendas. Mas a ênfase está no *comprador* – ou seja, alguém que é qualificado e com poderes para comprar. Isso indica que as conversações têm de ser orientadas. O Sales-Ready Messaging envolve a definição de cargos ou funções de pessoas em um *prospect* a quem os vendedores terão de contatar para ter sua oferta proposta vendida e instalada.

Assim que esses cargos forem identificados, deverá ser desenvolvido um menu de perguntas para cada um desses cargos. Conforme explicado em nossas discussões anteriores, um ciclo de vendas não se inicia a menos ou até que o comprador compartilhe uma meta que sua oferta possa ajudá-los a atingir. Quando você tiver o nome de um cargo e um objetivo de negócio, você está em posição de ter uma conversação dirigida.

Veja os exemplos de Conversações Dirigidas na Figura 5.1. Ela simplesmente lista quatro cargos de uma companhia potencial e atribui um total de oito metas para eles. Óbvio? Talvez. Mas, temos visto que a maioria dos vendedores inicia os contatos de venda sem esse tipo de abordagem estruturada e focada.

Uma outra vantagem em desenvolver esse tipo de lista é que ela pode incluir informações de outras pessoas além dos vendedores. Na realidade, pode haver uma contribuição dos funcionários em vários níveis na organização de vendas. Além disso, conversações orientadas permitem um posicionamento mais consistente das ofertas, porque a responsabilidade pelo posicionamento não mais repousa unicamente sobre os ombros dos vendedores. E, finalmente, descobrimos que as conversações dirigidas tendem a conduzir os vendedores a níveis mais altos na hierarquia – e quanto mais alto for o contato de um vendedor na organização, mais reduzido será o menu potencial das questões de negócios, mais previsível a negociação que se segue e mais provável a venda.

Cargo	Meta
Vice-presidente Financeiro	Atingir projeções de lucros com previsão precisa das vendas.
Vice-presidente Financeiro	Reduzir o custo das vendas.
Vice-presidente de Vendas	Melhorar a precisão das previsões.
Vice-presidente de Vendas	Reduzir o tempo de iniciação dos novos representantes de vendas.
Vice-presidente de Vendas	Aumentar o número de representantes de vendas B e C que atingem cotas.
Vice-presidente de Marketing	Fornecer mensagens dirigidas de vendas para a força de vendas.
CIO	Apoiar a implementação com recursos limitados.
CIO	Proteger dados dos clientes/*pipelines* da concorrência.

Figura 5.1 Integrando Conversações Dirigidas entre Marketing e Vendas para o Processo de Vendas: Automação da Força de Vendas (SFA)

O *Wired* versus o **Não-wired**

Apresentamos agora uma frase de sabedoria tradicional usada em vendas: "Vencedores jamais desistem, e desistentes nunca vencem".

Tolice. Acreditamos que a maioria das organizações não desiste com muita freqüência, ou muito prematuramente, quando as probabilidades são contra elas. Sem um processo definido de vendas, elas não sabem se as probabilidades são contra elas.

Considere o caso em que uma empresa recebe uma solicitação de proposta (RFP – *request for proposal*) *wired*, solicitando respostas de dez fornecedores, e que o gerente de vendas autorize as 60 horas necessárias (distribuídas por várias pessoas) para a preparação de uma resposta. (Por *wired*, estamos querendo dizer que a comparação de ofertas já está em jogo e que o processo não está efetivamente aberto.) Você concordaria que o vendedor que gerou o interesse inicial, e formatou os requisitos da RFP direcionados aos pontos fortes de sua organização, tem uma probabilidade superior a 90% de conseguir fechar a venda? Nós concordaríamos.

Agora digamos que seis outras organizações optem por responder. Que probabilidades terão os vendedores dessas seis firmas que essa oportunidade entre em suas respectivas previsões? Na maioria dos casos, o índice de êxito em RFPs não solicitadas é menor que 5%. Mas, se um vendedor for honesto e atribuir uma probabilidade de 5% para esse esforço, seu gerente com bastante certeza perguntaria por que deverão ser despendidas 60 horas na elaboração de uma resposta tão cuidadosa a uma oportunidade de tão baixo percentual.

Vendedores experientes contornam esse problema atribuindo, até mesmo para ofertas mais discrepantes, percentuais que chegam a 50%. Se você pensar sobre isso, atuar como vendedor é um dos empregos mais mensuráveis do mundo (porcentagem das cotas obtidas), mas um dos menos justificáveis. As 60 horas são gastas, e, quando o pedido sai para uma outra firma, essa oportunidade silenciosamente desaparece da tela do radar. Nesse exemplo, embora unicamente uma decisão favorável pudesse possivelmente ser tomada, seis organizações de um grupo de fornecedores atuaram como se todas elas tivessem, no mínimo, 50% de chance de obter o contrato.

Esse ponto realça o fato de que, ao definir seu processo de vendas, pode fazer sentido se sua organização definir dois processos de RFP. Um deles seria destinado às RFPs em que sua companhia tenha descoberto e conduzido de forma proativa. Um segundo tipo poderia ser definido para as RFPs nas quais você tenha sido essencialmente reativo – ou seja, não estava bem-posicionado para influenciar os requisitos da RFP antes de seu recebimento.

Para dar-lhe uma idéia das porcentagens de ganho: trabalhamos com uma empresa que comercializava software corporativo, que contava com um departamento inteiro que não fazia outra coisa senão responder a RFPs. No ano anterior, eles tinham revisto seus registros e dividido as RFPs com início proativo e reativo. Descobriram que, em um ano, eles tinham respondido a 143 RFPs não solicitadas, que demandaram uma média de 75 horas – e conseguiram contratos num "maravilhoso" total de três vezes! Resumo da longa história: responder a RFPs que você não iniciou pode ser um enorme desperdício de recursos. Pense em segmentar seus processos de vendas e em investir seus limitados recursos onde eles lhe darão maior retorno.

Outras Oportunidades de Segmentação

Para empresas com diversas divisões e equipes de vendas independentes, e/ou aquelas que utilizam revendedores de valor agregado (VARs – *value added resselers*), pode ser proveitoso recuar uma etapa e decidir sobre quem se deseja contatar, e onde. Embora essa abordagem pareça fundamental, as organizações de vendas tendem a evoluir com o tempo e, às vezes, perdem o contato em função de uma realidade em transformação. Um novo exame – uma "folha de papel em branco" – pode ser útil em mudar a abordagem de olhar as árvores e visualizar a floresta.

Trabalhamos com uma empresa que comercializava software de engenharia e que, com o tempo, desenvolveu um amplo canal de revenda. Eles compartilharam conosco o desejo de migrar suas vendas diretas do departamento de Vendas Técnicas para vender para as 1.000 empresas ranqueadas pela *Fortune*. Após um melhor entendimento do caminho traçado pela direção da empresa, tentamos segmentar seus territórios e mercados e saber como eles estavam sendo cobertos. Finalmente, apresentamos uma grade (veja o Capítulo 17 e a Figura 17.1) com as principais demarcações que desejavam:

1. Vendas inferiores a US$ 10 mil deveriam ser tratadas pelo grupo de televendas.
2. As transações com as 1.000 empresas ranqueadas pela *Fortune* deveriam ser tratadas pelas equipes diretas de vendas.

3. As transações com as empresas não-ranqueadas entre as 1.000 da *Fortune*, inferiores a US$ 50 mil, deveriam ser feitas por revendedores.
4. Nenhuma transação com as empresas não-ranqueadas entre as 1.000 da *Fortune* superior a US$ 50 mil deveria ser feita em parceria.

Após definir esses parâmetros e para quem as visitas deveriam ser orientadas, perguntamos aos executivos de vendas da empresa com o que a sua atual cobertura se assemelhava. Eles timidamente admitiram que tinham o quadrante de pequenas empresas/pequenas transações cobertas por parcerias, as transações superiores a US$ 50 mil com pequenas empresas eram raras e, virtualmente, nenhum de seus vendedores diretos era capaz de executar uma venda corporativa para as 1.000 empresas da *Fortune*. Investigações posteriores revelaram as raízes do problema:

1. Seus vendedores tradicionais lidavam confortavelmente com produtos e em ter diálogos com engenheiros, mas eram incapazes de se relacionar com pessoas ligadas ao negócio em si.
2. O plano de remuneração da empresa criava uma sobreposição sobre os negócios vendidos pelos revendedores nos territórios de seus vendedores diretos. Alguns desses vendedores estavam se saindo muito bem (ganhando comissões) não fazendo mais que supervisionar os trabalhos de seus parceiros afiliados, sem que tivessem fechado algum negócio num período superior a um ano.

Os executivos concluíram que, para atingir a cobertura desejada, seria necessário treinar seus vendedores a fazerem contatos em níveis mais altos, e que o plano de remuneração deveria ser mudado. Devido às suas preocupações quanto à potencial perda de vários de seus vendedores diretos, sugerimos um período de desativação de 12 meses durante o qual a sobreposição da remuneração seria interrompida. Essa abordagem possibilitou a construção de um *pipeline* exclusivo para contas maiores. O *turnover* foi mínimo, e uma alta porcentagem de vendedores diretos que eram incapazes ou não estavam dispostos a se adequar para realizar vendas para grandes contas foram trabalhar com os revendedores – uma saída vantajosa para todos os envolvidos.

Essa situação foi discutida, e uma proposta para resolvê-la foi finalizada em cerca de uma hora. Não queremos que nos chamem de gênios, e, na verdade, nenhum dos conceitos apresentados se apresenta como fora do normal. Mas, pensamos que o exemplo dá ênfase ao fato de que a maioria dos processos de vendas evolui com o tempo e que é uma boa idéia fazer uma verificação atualizada da situação. (E, em muitos casos, convidar um consultor externo para que uma nova perspectiva possa resultar em algo produtivo.)

A Folha de Papel em Branco

Quando consideramos um processo de vendas, um exame ocasional em uma "folha de papel em branco" é uma boa idéia.

Veja, por exemplo, uma companhia que inicie com poucos vendedores e co-fundadores na venda das primeiras poucas contas, depois evolui para uma organização de US$ 250 milhões que utiliza tanto vendas diretas como indiretas. O Vice-presidente de Vendas foi o primeiro profissional de vendas contratado em todos esses anos passados. Uma história de sucesso fenomenal, se contarmos tudo – e, se bem que, em nossa experiência, ela poderia obter uma boa parcela de benefícios a partir de uma terceira parte que promoveria uma sessão para avaliar: (1) para onde a empresa estava apontando, (2) em que mercados ela estava tentando penetrar e (3) quem eram os contatos na estrutura das empresas.

Da mesma forma que as ofertas, os mercados e as situações de vendas são dinâmicos, os processos de vendas também devem ser revistos e ajustados constantemente se eles têm a finalidade de refletir a atuação dos vendedores. Fazer revisões é aconselhável, e os *milestones* devem ser verificados ou modificados pela análise dos resultados. Isso deve ser feito a cada trimestre, para uma oferta ou mercado relativamente novo, ou de ano em ano para organizações maduras.

Conforme sugerido anteriormente, considere revisar seus cinco maiores êxitos para realçar as melhores práticas nas vendas. E, por mais que possa ser uma tarefa desagradável, revise também suas piores cinco perdas, numa tentativa de verificar se seu processo precisa ser modificado.

Processo É Estrutura

Nossa visão é que um processo de vendas representa o melhor entendimento da equipe de gerenciamento sobre como os ciclos de compra acontecem, e como se enquadrar nesses ciclos.

Como a maioria dos processos que envolvem comportamento humano, pode haver e haverá exceções que devem ser feitas sob certas circunstâncias. Embora algumas metodologias de vendas tratem as situações de venda como sendo pretas ou brancas, a experiência nos ensinou que há muitos e muitos tons de cinza.

Se as potenciais utilizações de suas ofertas são altamente variáveis (ou seja, consultorias, serviços profissionais), o processo torna-se mais importante. O pior cenário é um vendedor que faz um contato com um comprador com um amplo espectro de respostas e reações e sem um plano de como lidar com o contato. Nesse sentido, o processo de vendas tenta montar uma estrutura em torno do número de contatos de vendas durante um ciclo de vendas.

Sem um processo de vendas, cada situação é uma exceção baseada nas opiniões dos vendedores. Apesar do benefício potencial da repetição, as atividades são executadas uma de cada vez. Isso pode ser custoso em diversos níveis:

1. Os vendedores estão determinando quando e como competir. Eles são funcionários cuja remuneração é baseada no faturamento bruto, sem considerar o montante de recursos requeridos, seja para vencer, seja para perder. Suas habilidades de qualificação para abandonar oportunidades de baixa probabilidade tendem a ser proporcionais às suas posições atualizadas quanto às cotas anuais. Para alguém abaixo da cota que está trabalhando em oportunidades marginais, a situação provavelmente ficará pior, não melhor.

2. Sem a presença de estrutura em torno de situações de vendas, faltará habilidade nas organizações de vendas para pesquisar e ter um melhor entendimento dos tipos de circunstâncias que provavelmente resultarão em ciclos de vendas malsucedidos – ou, inversamente, que provavelmente gerarão vendas.

Os CEOs freqüentemente apregoam à comunidade de investimentos que suas empresas agregam as "melhores práticas". Infelizmente, é raro ouvir essa declaração em relação às vendas – provavelmente porque a maioria das companhias não procede assim, e não ousaria proclamar isso. Na realidade, quando a questão remete às vendas, elas nem mesmo estão seguras de que existem melhores práticas. (Vender é uma arte, correto?)

Acreditamos que um manual baseado em *milestones* passível de ser auditado é absolutamente essencial. Vendas não é tanto uma arte, mas sim uma habilidade. Embora a concepção e a implementação de um processo de vendas efetivo sejam tarefas grandiosas, o lado positivo dessa questão – ter um melhor controle sobre a geração de faturamentos – pode ser absolutamente inestimável.

CAPÍTULO 6

Integrando os Processos de Venda e Marketing

EM MUITOS CASOS, a diferença entre uma empresa que está obtendo êxito e outra que luta com dificuldades é o grau de integração e cooperação entre os departamentos funcionais. Se as relações entre os departamentos de Engenharia, Produção, Compras, Produtos Acabados, Contabilidade etc. não são bem definidas, é possível se ter qualquer coisa que varia da desorganização ao caos. Os CEOs são contratados, em parte, para criar e manter relacionamentos efetivos entre "silos" funcionais da organização, e – na melhor das hipóteses – para romper as barreiras entre esses silos. E, na sua grande maioria, eles lhe dirão que são bons no desempenho dessa função.

Nossa experiência profissional nos tem orientado a focar na interface entre duas dessas áreas funcionais: Vendas e Marketing. (Utilizaremos o termo genérico *marketing*, mas neste e nos capítulos subseqüentes nosso foco é no marketing tático e de produto, em lugar do, digamos, marketing institucional, marketing estratégico ou marketing de produtos de consumo.) Acreditamos que o marketing estratégico representa o exame da convergência dos fatores de mercado, tendências tecnológicas, melhorias de produtividade e questões afins, e fazer perguntas como "Quem desejamos ser e onde queremos estar daqui a três anos? Daqui a cinco anos? Que decisões devem ser tomadas agora para nos posicionarmos no lugar em que queremos estar no futuro?" A missão do marketing tático é a de descobrir como atingir as metas de faturamento com as ofertas atuais.

No mundo do B2B (*business-to-business*), nossa experiência nos revela que a interface entre Vendas e o Marketing Tático é, de modo geral, negligenciada e freqüentemente tênue – limitada, em alguns casos, à passagem de uma indicação de uma área para a outra. Em face disso, seu ponto de contato mais comum é apenas uma tábua fraca na qual estão apoiados. Imagine se os vice-presidentes de Vendas e Marketing fossem, individualmente, questionados para definir o que é *lead*. Qual o grau de proximidade, a seu ver, que essas definições guardariam uma com a outra?

Se analisarmos com mais profundidade, acreditamos que a raiz do problema entre Vendas e Marketing é uma ausência de consciência formal e processo para coletar conhecimento sobre como os clientes utilizam suas ofertas para atingir metas, resolver problemas e satisfazer necessidades. Na maioria das organizações com quem trabalhamos, o departamento de Desenvolvimento do Produto também merece ser culpado. Quantas empresas de tecnologia foram fundadas por um tecnólogo que criou uma solução buscando resolver um problema?

Posteriormente, neste livro, mostraremos como criar o "conteúdo central" de uma organização – conteúdo esse que possibilitará conversas de negócios com tomadores de decisão e influenciadores. Conteúdo que possibilitará visitantes de seu *website* a entender como podem utilizar suas ofertas. Conteúdo que permeará o restante de seus veículos de marketing tático – informes oficiais, folhetos, anúncios, feiras e exposições etc. – e abrirá caminho para o treinamento do cliente e dos vendedores.

Acreditamos que um componente-chave para a criação do conteúdo central para B2B é explorar a experiência do pessoal de atendimento ao cliente e do pessoal de serviços profissionais de nossos clientes. Essas são as pessoas responsáveis todos os dias em ajudar os clientes a utilizarem suas ofertas para executar seus serviços e a satisfazerem suas necessidades. Elas têm o conhecimento de utilização do cliente que necessitamos para auxiliá-los a criar o Sales-Ready Messaging.

Em virtualmente todas as organizações, pressupõem-se, de algum modo, que os departamentos de Vendas e Marketing colaborem entre si. Essas duas funções em uma organização, em última análise, geram receitas brutas, e, no entanto, poucas são as companhias que têm uma definição operacional de como está prevista essa interação. Para complicar ainda mais as coisas, há o fato de que, em muitas organizações, a atividade de marketing não é claramente definida nem facilmente mensurável. Essa falta total de papéis e responsabilidades claramente estabelecidas contribui para uma freqüente situação de relacionamento tenso. Na situação extrema, quando as metas de faturamento e os números de participação no mercado não são atingidos, o resultado é o acirramento de acusações.

Eis aqui alguns exemplos típicos de como cada departamento considera o outro, quando as coisas atingem uma irritação geral:

Vendas contra Marketing: *pessoas que só enxergam o grande cenário e vivem numa torre de marfim incapazes de entender o que os clientes necessitam!*

Marketing contra Vendas: *tomadores de pedidos super-remunerados que prometerão praticamente qualquer coisa para conseguir fechar a venda!*

O executivo a quem ambas as funções se reportam – muito freqüentemente o CEO ou um outro gerente sênior – é, em certas ocasiões, chamado para "arbitrar" seus relacionamentos, particularmente depois que se estabelece uma troca de acusações. Esse é um trabalho difícil e desagradável. A quem culpar pelo fato de que as metas de faturamento não estão sendo cumpridas? Já vimos como vender (na maioria das organizações) é uma atividade bastante fortuita. E, entre as paredes das organizações, a avaliação do desempenho do departamento de Marketing é quase que inteiramente subjetiva.

Com freqüência, nos estágios iniciais de nossas interações com o CEO de um cliente, encontramos uma oportunidade de perguntar para que ele descrevesse o papel do Marketing em relação às Vendas. Normalmente, há uma longa pausa, indicando que o executivo não tem uma resposta pronta para essa pergunta. (Não haveria uma pausa similar se a questão focasse, por exemplo, no relacionamento entre Engenharia e Produção.) Após um pouco de hesitação na fala, há a tendência de obtermos as seguintes respostas:

- O marketing apóia as vendas.
- Posiciona nossas ofertas.
- Gera *leads* para as vendas.
- Cria material de apoio para nossas ofertas.
- Supervisiona nossos seminários, feiras e exposições.

Sob a perspectiva do CEO, a boa notícia é que, nas últimas décadas, várias empresas fizeram um enorme progresso na definição de processos claros e efetivos para governar os relacionamentos entre Contabilidade, Engenharia, Produção etc., e a má notícia é que os departamentos de Vendas e Marketing resistiram a esse tipo de progresso. Sob qualquer ponto de vista, essa é uma enorme oportunidade perdida. Essas duas funções definem, quase que exclusivamente, o relacionamento da empresa com seus clientes, e, em última análise, são responsáveis por promover e atingir receitas brutas. Pense sobre o quanto uma empresa poderia beneficiar-se ao implementar processos que conseguissem colocar esses dois silos funcionais – habitualmente não-cooperativos – para (1) trabalharem juntos e (2) trabalharem para o bem do cliente.

Uma Integração Natural

Acreditamos que isso é possível, porque vimos essa transformação ocorrer em, literalmente, dezenas de localidades diferentes. Aqui há a necessidade de uma primeira etapa: o marketing precisa ver-se como linha de frente (*front end*) do processo de vendas e não como suporte (*back end*) do desenvolvimento do produto.

Parece simples, ou parecido com alguma espécie de ilusionismo psicológico? Certamente que não. Antes de dois grupos conseguirem coordenar seus trabalhos, eles necessitam acordar em um ou mais objetivos comuns. Já descrevemos o CustomerCentric Selling como um método que irá ajudar os clientes a atingirem uma meta, a resolverem um problema ou a satisfazerem uma necessidade. Bem, este também não seria o objetivo do Marketing – ajudar os potencias clientes no entendimento de como eles poderiam atingir uma meta, resolver um problema ou satisfazer uma necessidade com a oferta da empresa? Se, além de criar uma "visão muito mais abrangente", esse departamento conseguisse contribuir efetivamente para os diálogos que os executivos têm com seus *prospects* e clientes – uma "visão bem mais focada" – todos seriam beneficiados.

No entanto, isso não pode ocorrer a menos que o Marketing junte forças com as Vendas. Para reafirmar a declaração observada anteriormente: o marketing precisa acreditar que ele é a locomotiva do trem de vendas, e não o último vagão do trem do desenvolvimento do produto; ele tem de aprender a enfrentar o cliente, aprender com ele, capacitá-lo em vez de recorrer a pesquisas.

Muitos executivos de marketing, é claro, alegam que já dão apoio ao departamento de Vendas. Eles estão lidando com mensagens, gerando *leads* para as Vendas (mas o que é realmente um *lead*? – veja o Capítulo 9); criando materiais promocionais para ofertas de produtos e serviços, seminários, feiras e exposições; e, naturalmente, preparando apresentações em PowerPoint para executivos seniores. Mas a evidência sugere que, independentemente do que estiverem fazendo atualmente, isso não está funcionando. Dados do Customer Message Management Forums, da American Marketing Association, indicam que entre 50% e 90% do material de apoio preparado pelos departamentos de Marketing não são utilizados pelos profissionais de vendas no campo.

Claramente, é necessária alguma inovação. Sugerimos que a primeira mudança precisa ser uma troca na estrutura interna da organização. Esta é essencialmente uma mudança psicológica, mas também pode englobar vários formatos processuais e até físicos. (Como está desenhado o organograma da empresa? Quais escritórios mantêm proximidade uns dos outros? Que departamentos são fisicamente adjacentes?)

Uma segunda etapa é cobrar formalmente que o departamento de Marketing se responsabilize pelo desenvolvimento e manutenção do conteúdo central da empresa – em outras palavras, suas mensagens para vendas. O Sales-Ready Messaging deve ser criado para suportar conversações orientadas para tomadores de decisão e influenciadores. Conforme mencionado em capítulos anteriores, isso não pode ser conseguido com informações sobre o produto; requer-se informações sobre o *uso* do produto, que são posicionadas especificamente para os cargos dos tomadores de decisão nos setores-alvo. Recomendamos expressamente a muitos de nossos clientes que considerem criar o cargo de *chief content officer* (diretor de conteúdo). Seria uma pessoa responsável por todas as mensagens sobre a utilização dos produtos – o posicionamento das ofertas de uma organização em todos os níveis e por meio de todos os canais.

No atual ambiente de negócios, a maioria das empresas está tentando eliminar cargos, e não atenuamos essa recomendação. Mas pense sobre o benefício potencial que é desenvolvido a partir dessa mudança. Agora temos um método para iniciar uma integração natural e orgânica das funções dos departamentos de Marketing e de Vendas: ambos compartilham a missão comum de colaborar para que os clientes atinjam objetivos, resolvam problemas e satisfaçam necessidades pela utilização das ofertas da empresa.

As equipes de vendas e de suporte são as mais próximas dos clientes e *prospects*. Se uma ferramenta não funciona para fazer um contato, eles são os primeiros a saberem. Portanto, eles precisam atuar como descontentes construtivos – indicando que têm de sugerir de que forma as ferramentas de mensagens podem ser aperfeiçoadas e mantidas atualizadas; eles têm de trazer do campo novas idéias sobre como as ofertas estão sendo realmente utilizadas, ou não-utilizadas, pelos clientes.

O marketing, enquanto isso, deve se ocupar do conteúdo. Ele é responsável por atingir a consistência das mensagens e pela disseminação através dos vários canais de vendas, das várias linhas de produtos etc. Nos últimos dez anos, presenciamos a tecnologia aumentar os pontos de contato que agora são disponíveis para o marketing. Considere o *e-mail*, os *websites*, os *Webinars*, os anúncios em *banners*, os CDs etc. Acrescer a responsabilidade do Sales-Ready Messaging aumenta drasticamente o escopo da função do marketing, que é a razão pela qual cremos que o título de diretor de conteúdo é mais apropriado.

Aprendendo da Web

Por diversas razões, adoramos a Web.

Uma razão, relevante a este capítulo, é a de que ela tende a colocar o Marketing diretamente em contato com os compradores. Pense sobre isso: Na maioria das organizações, é o Marketing quem controla o website. A cada dia, dezenas – ou centenas, ou milhares – de visitantes surgem na porta de entrada eletrônica da organização. Alguns, certamente, estão apenas admirando as vitrines. Mas, em muitos casos, eles estão tentando comprar.

Na verdade, eles podem ter chegado até lá como resultado de um vendedor que efetuou um contato pessoal de vendas ou por meio de uma campanha de criação de demanda. Mas, agora, eles estão na porta de acesso e preparados para ser influenciados se o *website* estiver pronto para o desafio. Como resultado, a Web está dando às organizações – e especificamente aos grupos de marketing nessas organizações – a oportunidade de desenvolverem um entendimento rico e repleto de nuances do que os clientes desejam realizar. Além da disseminação de informações ou mesmo preenchimento de pedidos, os *websites* podem ser desenhados para ajudar no aprendizado do Marketing: "Como você utiliza nossos produtos?" "O que você conseguiu executar?" "De que maneira você gostaria de utilizar nossos produtos no futuro?"

Esse entendimento pode influenciar profundamente mensagens subseqüentes (e, em última análise, provavelmente, os departamentos de Pesquisa e Desenvolvimento, Desenvolvimento do Produto e Engenharia). Quando o Marketing se relaciona diretamente com os compradores por meio de um *website*, ele começa a entender a necessidade de facilitar o processo de compra com diálogos eletrônicos significativos. Não se lida com objeções em um *website*; contrariamente, é possível facilitar as coisas para que compradores obtenham respostas adequadas e trabalhem em cima de suas questões. Não se fecha uma venda em um *website*; contrariamente, é possível facilitar a vida dos compradores para que eles ajam no sentido de satisfazer suas próprias necessidades. Quando o visitante da Web clica o "enter" e compra, significa que o Marketing foi capaz de facilitar o processo de compra. Em outras palavras, no campo da compra eletrônica, o Marketing tem atuado exatamente como um efetivo vendedor centrado no cliente.

Certamente que a Web não é a resposta para tudo. Na maioria das situações de vendas corporativas, por exemplo, o vendedor é imprescindível. Mas pense como o Marketing pode ser muito mais efetivo, fornecendo ferramentas e material de apoio para dar suporte às vendas corporativas, quando ele mantém contatos interativos com a base de clientes por meio da Web. Os funcionários do Marketing ficam muito mais preparados para desenvolver o Sales-Ready Messaging para dar suporte a todos os diálogos que se somam a um efetivo processo de vendas centrado no cliente.

Partindo para uma Arquitetura de Vendas

O Sales-Ready Messaging, como já observamos, significa capacitar os vendedores para que tenham diálogos significativos com os tomadores de decisão e os influenciadores sobre como eles podem atingir um objetivo, resolver um problema ou satisfazer uma necessidade pela utilização das ofertas. O Sales-Ready Messaging também capacita os visitantes da Web para entenderem como podem atingir um objetivo, resolver um problema ou satisfazer uma necessidade pela utilização das ofertas. Quando se combina esse conteúdo central com o processo de vendas, você ganha o recurso para codificar, ou arquitetar, diálogos e ciclos de vendas.

Conforme visto anteriormente, muitas organizações atualmente estão com dificuldades para implementar os sistemas de CRM. Com os departamentos de Vendas e de Marketing integrados no nível do vendedor, o retorno desejado no investimento feito no CRM de uma companhia agora fica viabilizado. Mas, na vida real, a maioria dos sistemas de CRM está fracassando devido ao insucesso da componente Automação da Força de Vendas (SFA). Acreditamos que ao integrarmos as mensagens de utilização dos produtos com processos definidos de vendas, o sistema manual de produtividade de vendas poderá, então, ser automatizado. Temos desenvolvido processos de vendas com "melhores práticas" para vários setores. Com o sistema de SFA aperfeiçoado com o processo de vendas e o Sales-Ready Messaging *just-in-time*, os sistemas de CRM podem iniciar a geração de resultados tangíveis e mensuráveis.

E este é um grande problema. A comercialização de CRM está em dificuldades. Há uma enorme quantidade de "softwares de prateleira" (*shelfware*) de CRM no mercado. As empresas de software de CRM estão sendo forçadas por seus mercados a se tornar empresas de solução de CRM. Reconhecendo essa lacuna, pelo menos dois fornecedores de CRM (Siebel Systems e Onyx Software) compraram empresas de treinamento de vendas no final da década de 90. Se puder haver uma integração entre os processos de marketing e vendas, o que inclui o Sales-Ready Messaging, os CEOs podem obter controle sobre a geração de receitas brutas, e as organizações podem melhorar suas relações com seus clientes.

Nos capítulos subseqüentes, descreveremos os componentes de um processo de vendas que possibilitam o compartilhamento das melhores práticas de vendas, definem o relacionamento entre Vendas e Marketing, facilitam a criação do Sales-Ready Messaging, capacitam gerentes a assegurarem qualidade dos *pipelines* enquanto avaliam e desenvolvem seus relatórios diretos. Tudo isso, finalmente, resulta em uma maior habilidade para previsão de faturamento no nível de cada oportunidade.

CAPÍTULO 7

Características *versus* Utilização do Cliente

NESTE CAPÍTULO, iremos abordar um tema introduzido anteriormente: a necessidade de focar em como um cliente pode utilizar um produto – originado por diálogos sobre as necessidades desse cliente – em vez de uma apresentação sobre as características de um produto.

Eis aqui uma pergunta que, neste ponto, você gostaria de fazer: O CustomerCentric Selling é aplicável para uma diversidade de situações? Por exemplo, pode-se aplicar este método quando um produto é visualizado como uma *commodity* sem características que a distinga das demais?

Nossa metodologia é baseada em grande parte em nossas experiências recentes, muitas das quais envolveram a venda de tecnologia da informação no nível corporativo. Mas o princípio de posicionar ofertas aplica-se se você estiver tentando fazer uma venda corporativa para uma oferta intangível, comercializando os serviços de uma companhia telefônica ou ajudando um banco na tentativa de fazer vendas cruzadas de recursos ou serviços adicionais diretamente aos consumidores.

Com o passar dos anos, trabalhamos com uma grande diversidade de empresas de vários setores. Isso inclui prestadores de serviços profissionais, bancos de varejo, empresas que oferecem cartões de crédito, serviços de entregas noturnas e provedores de hospedagem temporária, para citar alguns. Todas elas se beneficiaram de nosso método, mesmo nos casos em que a oferta era apenas uma em um número enorme de propostas. Na realidade, nossa experiência sugere que, em situações onde a oferta é percebida como uma *commodity* – ou seja, intercambiável com a concorrência – o diferenciador mais expressivo seja a experiência do comprador com o profissional de vendas ou com o processo.

O Efeito Pinóquio

Conforme fora observado nos capítulos anteriores, vendedores tradicionais tendem a lidar com produtos, isto é, forçam no que percebem ser as características peculiares de suas ofertas. Mas essa abordagem está repleta de perigos. Ela geralmente fracassa, por exemplo, para estabelecer a competência de um profissional de vendas. Interrompe discussões importantes sobre as necessidades do comprador e pode levar a discussões prematuras sobre preços, provocando choque embaraçoso e, como conseqüência, a não realização da venda. Vários vendedores tradicionais não percebem que somente aqueles diferenciadores com os quais os compradores concordam são aqueles que eles querem ou precisam e que são aplicáveis.

Parte do problema é a familiaridade do vendedor com a oferta – a maioria deles a considera como um grande ativo. Pense como os vendedores tradicionais aprendem sobre seus produtos. Em muitos casos, vendedores recém-contratados são enviados para o que seus chefes denominam de *treinamento do produto* durante a primeira semana de trabalho. Em várias organizações, essa instrução recebe o nome de *treinamento de vendas*, mas pela nossa avaliação a denominação seria outra. Esse treinamento geralmente é conduzido pelo departamento de Marketing de Produto.[1]

Mais e mais empresas estão criando infra-estruturas em Marketing de Produto. Em muitos casos, esses esforços resultam no que poderia ser denominado de um efeito Pinóquio: o produto começa a assumir uma vida própria, independentemente de quaisquer considerações relacionadas com os clientes. A missão aparente do Marketing de Produto é discorrer sobre o que "ele" fará – como produto. Ele diminuirá seus custos de estoque, criará sua participação no mercado, aumentará sua rentabilidade, reduzirá a rotatividade de funcionários... (sinta-se à vontade para acrescentar qualquer alegação não realizável que seu Pinóquio conseguirá efetuar).

Isso é um atraso. No final de uma visita feita por um vendedor centrado no cliente, os compradores não devem atentar para o que o *produto* pode fazer por eles; devem atentar para o que *eles* podem fazer com o produto. A conclusão é inevitável: o foco tanto do vendedor como dos compradores deve estar na utilização do produto, não nas suas características.

---

[1] Nesse caso, utilizaremos o termo específico *marketing de produto*, em vez do mais geral, marketing.

Características e Benefícios

O que é uma característica? Para nossos propósitos, uma característica é um atributo de um produto ou serviço. As características incluem itens como tamanho, peso, cor, material usado, módulos e especificações. O pessoal do Marketing de Produto adota uma postura mais artística com esses fatos, acrescentando adjetivos para salientar o "apelo atrativo" presumido da característica e, com isso, tornam o produto até mais irresistível. Esse é o contexto em que palavras como *robusto, incomparável* e *integrado* começam a se insinuar.

O principal problema que temos com vendedores treinados a lidar com características é que essa abordagem confia no conhecimento de o comprador saber se a característica é ou não útil e, portanto, relevante. Sim, há centenas e milhares de profissionais de vendas que lidam com características de produtos em suas argumentações de vendas todos os dias, e, na realidade, em muitos casos, essa abordagem realmente funciona. Mas ela traz melhores resultados quando os compradores já compreendem como utilizar o produto ou o serviço proposto, entendem o valor da utilização, confiam no vendedor e na sua empresa.

Informação ou Irritação?

Digamos que você é um cliente BMW satisfeito e entra em um revendedor autorizado da marca para comprar seu próximo modelo do ano. Você já conhece a linha do produto, tem confiança na empresa e já tem uma idéia bastante boa sobre qual modelo está interessado. Aí chega o vendedor, e começa a lhe fazer um discurso sobre as "legais" e recentes características de uma campanha de nome "Eu-Dirijo". Na qualidade de comprador, você pode dispensar essa apresentação? Provavelmente. Você ouvirá durante certo tempo, fará um *test-drive* e – mantidos constantes os outros fatores – comprará seu BMW. Você ficou impressionado pelo vendedor ou pela campanha "Eu-Dirijo"? Certamente que não. Quanta venda foi feita aqui? Não muita. Você apareceu na porta como um comprador especializado, e efetivou a compra. Caso você não comprasse, o vendedor teria conquistado sua fidelidade? Você não compraria o mesmo carro se usufruísse de um desconto de US$ 500 de um outro revendedor? O vendedor perdeu a oportunidade de se tornar parte de sua decisão de compra.

Então, é uma boa idéia os vendedores despejarem um monte de características? Não, na maioria das vezes. O comprador especializado já sabe ou conhece o bastante a ponto de não se preocupar muito sobre o mote "Eu-Dirijo". Quanto ao restante da população de compradores – em outras palavras, a maioria das pessoas – aquelas que não entenderam a campanha talvez não solicitassem uma explicação que poderia expor sua ignorância a alguém em quem não confiam. Elas poderiam estar intimidadas, e começariam a se afastar do vendedor. A maioria das pessoas tem sua própria versão do "Eu-Dirijo" em seus históricos de compras. Por exemplo: alguma vez já lhe disseram que o carro que você está pensando comprar tem um eixo excêntrico superior? Bem, você sabe ou se importa com o que é um eixo excêntrico, ou de que maneira essa característica poderia ser útil para você? E o que dizer de uma longarina McPherson? Isso lhe parece algo que lhe poderia ser proveitoso? Você poderia explicar o uso ou o valor dessas características, normalmente expressas sem sentido, em um coquetel entre amigos?

A definição de venda do CustomerCentric é "ajudar o comprador a atingir uma meta, resolver um problema ou satisfazer uma necessidade". Assim, o que faríamos se não fossemos um revendedor BMW – se nosso comprador não tivesse pista alguma de que ele poderia necessitar de nosso produto, ou de como utilizá-lo? Presumivelmente, nosso produto tem algumas características que são de interesse. Portanto, de que forma posicionamos nossas características para compradores não-especializados?

A primeira etapa em um processo de compra, certamente, é ter alguém decidido a olhar. Pressupondo que nossos trabalhos de desenvolvimento de negócios foram bem-sucedidos no tocante a estimular algum grau de curiosidade ou interesse de *prospects* que, acreditamos, devem estar examinando nossa oferta, o que fazer em seguida? Eles permanecerão interessados somente enquanto estiverem curiosos sobre o que estamos vendendo, entendendo a importância de nossa oferta para eles ou tendo a esperança de obter uma solução de nossa parte. Se nos lançarmos em uma apresentação de características, perderemos a maioria dos compradores não-especializados muito rapidamente. Eles permanecerão interessados somente enquanto perceberem a conversa e a relevância do vendedor.

Muitos profissionais de vendas experimentam uma curva de aprendizado de seis a 12 meses quando entram em companhias que comercializam soluções corporativas. Nessas semanas e meses, eles freqüentemente têm suas mentes "bombardeadas" com características dos produtos – o que, no caso de um produto complexo, pode estar na casa de centenas ou mesmo milhares. Em seguida, eles saem para seus territórios e tentam transmitir suas versões pessoais daquele vasto arquivo mental em uma apresentação de 30 minutos – e ficam surpresos, e frustrados, quando seus *prospects* não a entendem. Como deve ser o sono dos CEOs quando chegam à conclusão de que cada um de seus 200 vendedores desenvolveu sua própria versão resumida (opiniões?) sobre o que a companhia vende?

Na maioria dos casos, o comprador que não entende a mensagem não é um idiota. Assim, o que está acontecendo na mente de um comprador quando ele se depara com um vendedor descrevendo um produto como um substantivo (*versus* um verbo)? Apresentamos agora algumas das perguntas que um comprador poderia estar fazendo:

- "O vendedor está tentando me vender?"
- "Eu devo entender o que o vendedor está falando?"
- "Por que ele está me dizendo isso?"
- "Por que o vendedor acha que eu estaria interessado *naquilo*?"
- "Eu devo acreditar no que o vendedor está falando?"
- "Ele está falando de fatos ou de opiniões?"

Em situações como essa, os compradores se defendem com objeções. Dezenas de cursos de vendas, com o passar dos anos, tinham tido módulos sobre lidar com objeções, como se uma objeção fosse uma enfermidade ou uma falha de caráter do comprador. Muitas companhias ensinaram o método "sente, sentiram, descobriram". Ao se deparar com objeções, o vendedor cumpriria três etapas:

1. "Eu entendo como você se sente."
2. "Outras pessoas sentiram o mesmo."
3. "Mas elas descobriram que (inserem um palavreado indicando que o comprador está enganado em ter a preocupação mencionada)."

O fato é que a maioria das objeções encontradas pelos vendedores é induzida por eles próprios. Eles chamam as objeções pelo modo como apresentam suas ofertas.

Até abordagens de vendas aparentemente amigáveis ao cliente são, na verdade, apresentações disfarçadas do tipo "dar tiros no escuro". Nos primeiros treinamentos de vendas ministrados na Xerox, por exemplo, instruíam-se os vendedores para falarem sobre benefícios: "Devido à Característica X, caro cliente, você supostamente obterá o Benefício Y!" Mas, muito estranhamente, os vendedores da Xerox não foram estimulados a descobrir o que o comprador queria alcançar antes de iniciar a falar sobre benefícios. Nessa cultura de vendas, portanto, o benefício alegado de uma característica residia principalmente na mente do vendedor.

E a Xerox não foi a única a esse respeito. Às vezes, fazemos a seguinte pergunta para nossas platéias: "Em que cultura de vendas você cresceu?" A maioria das grandes organizações de vendas tem suas idiossincrasias sutis em relação à sua cultura de vendas, mas, virtualmente, todas estimulam declarações presunçosas de benefícios, partindo dos vendedores aos compradores.

O Poder dos Cenários de Uso

Nossa experiência nos ensinou que grandes vendedores raramente precisam fechar negócios, e que os melhores contatos de vendas são conversas e não apresentações. Os profissionais de vendas centrados no cliente são capazes – geralmente com muito pouco suporte de seus departamentos de Marketing – de converter o conhecimento de características que lhe são fornecidos pelo Marketing de Produto em cenários de uso. Eles são simplesmente exemplos hipotéticos altamente relevantes para o comprador e que o vendedor pode usar para conduzir diálogos inteligentes, e que, de alguma forma, apenas escapolem da língua de um vendedor focado no cliente.

Conforme observado, esses são os 10% afortunados. Mas, o que dizer dos outros 90%? O que dizer dos vendedores que são incapazes de converter a característica em um cenário de uso com suas próprias palavras?

Digamos que temos um vendedor aproximando-se da casa dos 30 anos que fará um contato de vendas com uma executiva sênior de seus 50 e poucos anos – suponhamos que ela seja vice-presidente de Vendas de uma das 1.000 companhias ranqueadas pela *Fortune*. A missão do vendedor é convencer a compradora a gastar centenas de milhares de dólares em um sistema de CRM, que é uma aplicação que ela não entende totalmente. Como podemos ajudar esse jovem vendedor no relacionamento com essa compradora? Como podemos auxiliá-lo a ter um diálogo em vez de fazer uma apresentação?

Uma das características da aplicação de CRM é o controle sobre o acesso a dados específicos – isto é, quem pode ver o quê – no banco de dados de uma companhia. Muito provavelmente, um comprador experiente pode entender essa característica e correlacioná-la facilmente ao seu próprio uso. A maioria dos executivos seniores, no entanto, não está habilitada para entender de que maneira o software pode colaborar para que as metas do negócio possam ser atingidas. O que o vendedor pode fazer?

Bem, a maioria dos executivos seniores de vendas entende o que é alta rotatividade de funcionários. Suponha que o vendedor faça uma pergunta como: "O que aconteceria se você ouvisse de uma fonte confiável que um de seus melhores vendedores estaria deixando a companhia para trabalhar com um de seus concorrentes?" Se o executivo expressasse interesse, o vendedor poderia, então, colocar outra pergunta: "Seria útil para você o recurso de entrar em seu sistema de CRM e suspender o acesso daquela pessoa aos dados de seus *prospects* e clientes – de qualquer localidade, mesmo se você estiver viajando?"

Esse é um exemplo de conversão de uma característica em um cenário de uso. Ele funciona porque é muito específico, pois mostra ao *prospect* como a funcionalidade de segurança de dados poderia ser usada pelo executivo para proteger ativos da empresa em casos de saída de funcionários. Os cenários de uso ajudam os compradores a visualizarem como eles podem utilizar a oferta do vendedor para resolver um problema, atingir uma meta, ganhar ou economizar dinheiro.

O exemplo acima envolve uma venda complexa de software corporativo. E no caso de vendas simples no varejo? A conversão de apresentações do produto a cenários de uso também seria preferível?

Fizemos uma apresentação em um simpósio de executivos de marketing do Vale do Silício, na Stanford Business School. No final de nossa palestra, um vice-presidente sênior de um banco de varejo aproximou-se de nós com a intenção de pôr à prova nossas idéias em um contexto bancário. Especificamente, sua questão se referia à venda cruzada. À época, o número médio de produtos bancários (contas de poupança, contas correntes, cartões magnéticos, depósitos bancários etc.) para um banco de varejo era de 2,2. O banco dele estava abaixo da média – em 1,9 – e ele estava sob forte pressão para aumentar esse tipo de venda.

Primeiro, era preciso entender como eles estavam vendendo atualmente antes de podermos sugerir qualquer mudança. Estávamos observando em uma manhã, quando um casal de outro estado entrou em uma filial próxima a um dos *campus* do complexo universitário. Eles traziam sua filha. Após uma breve espera, o casal foi conduzido à mesa de uma funcionária do banco, de 23 anos de idade, a quem chamaremos de "Sarah".

"Nossa filha cursará a faculdade nesta cidade", o pai disse a Sarah. "Gostaríamos de abrir uma conta corrente para ela."

Sarah imediatamente trouxe seu *kit* de vendas, que incluía detalhes sobre os quatro planos de contas correntes. Ela detalhou cada um deles, e perguntou aos compradores se estavam preparados para escolher um dos planos. Em seguida, lembrou a nova prioridade do banco – vendas cruzadas – e perguntou educadamente: "Vocês também gostariam de abrir uma conta-poupança?"

Não, obrigado, respondeu o pai, pois eles eram clientes de um banco em sua cidade natal, no estado de Iowa. Eles, simplesmente, necessitavam de uma conta corrente para sua filha enquanto ela estivesse na faculdade.

Dissemos ao banco que essa era uma abordagem de vendas cruzadas, mas que havia espaço para melhorias. O diretor de marketing do banco decidiu que puséssemos em prática nossas idéias na forma de um teste. Após estudarmos como os consumidores efetivamente utilizavam cada um dos produtos do banco, desenvolvemos cenários de uso, e (numa região piloto predeterminada) treinamos o pessoal de varejo quanto ao uso desses cenários.

Aqui está um exemplo de adoção de uma abordagem centrada no cliente para vendas cruzadas. Um casal de Nebraska visitou uma filial do banco para abrir uma conta corrente para sua filha, que cursaria uma faculdade próxima do banco. Dessa vez, antes de trabalhar nos detalhes da conta corrente, o funcionário do setor de varejo fez várias perguntas relativas ao cenário de uso. Por exemplo:

- Quando vocês retornarem para Nebraska, seria útil para vocês serem capazes de verificar o extrato de sua filha através da Internet?
- Quando vocês retornarem para sua cidade natal, gostariam de poder transferir dinheiro da conta bancária que possuem para a conta de sua filha aqui na cidade simplesmente através da Internet?
- Se a filha de vocês tiver uma emergência na estrada, vocês gostariam que ela pudesse obter fundos de emergência a qualquer hora desejada – mas ainda sem ter que tirar nada de seus bolsos?

Boas perguntas, correto? Questões que você gostaria que um funcionário do banco com o qual estivesse negociando lhe fizesse e que demonstram *expertise* centrada no cliente ao lidar com circunstâncias parecidas com a sua. Bem, adivinhe o que ocorreu: por meio da utilização desses tipos de questões de cenário de uso, as vendas cruzadas na região testada cresceram 400%. Na verdade, o banco não tinha nenhuma diferenciação em relação a seus concorrentes. A diferença reside na paciência, no processo e no conteúdo – em arquitetar a experiência do comprador com o vendedor. Ela reside em passar da venda de características à venda de utilização voltada ao cliente.

Um outro exemplo, ligeiramente mais complicado, em converter uma venda de características para uma orientada à utilização do cliente envolvia o *call center* de uma empresa de telecomunicações em uma grande região metropolitana. Quando novos moradores se mudaram para essa região, eles normalmente ligavam para solicitar a instalação do serviço telefônico e serviços correlatos. Estamos propensos a apostar que praticamente todos os leitores deste livro entendam o que representa um *call waiting* (serviço de espera) e o que ele possibilita às pessoas. Mas imagine que seja o início dos anos 90, você *não* entende o que é esse serviço, e alguém está tentando vendê-lo para você. A probabilidade é que você terá de fazer algumas perguntas antes de tê-lo disponibilizado – e talvez até adquiri-lo. Mesmo assim, a empresa de telefonia esperaria provavelmente que você mantivesse esse serviço por pelo menos seis meses, de modo que eles pudessem equilibrar as contas.

Suponhamos que um atendente de uma empresa de telefonia nos dias de hoje estivesse falando com um casal de aposentados com idades de 78 e 82 anos. Durante o processo de instalação do serviço telefônico, o atendente do *call center* faria uma série de perguntas do tipo "vocês desejam..." a respeito dos vários produtos da empresa: *call forwarding* (transferência de chamada), *voice mail* (caixa postal), *call waiting* (serviço de espera), serviços de mensagens etc. Se fosse oferecido um período de teste grátis, as pessoas poderiam aceitar essas características?

O problema para a empresa de telefonia surgiu quando vários desses serviços foram descontinuados entre três a seis meses após sua implantação. Ela precisava que esses serviços extras permanecessem instalados por pelo menos seis meses para conseguir o ponto de equilíbrio (*break even*); após este período, os números foram bons. Assim, como vocês mantêm novos serviços instalados? Os consumidores devem perceber o valor dos serviços e entender como utilizá-los.

No caso do nosso cliente, nossa análise revelou que muitos compradores não sabiam por que precisavam de serviços extras que aprovaram anteriormente, ou como eles iriam utilizá-los. Alguns clientes de mais idade compradores do *call waiting* (serviço de espera) estavam ligando ao serviço de apoio ao cliente para reclamar que seus aparelhos "continuavam tocando". Outros expressavam grande indignação quando suas contas telefônicas subiram no quarto mês – talvez esquecendo que os serviços *premium* que assinaram (e que nunca utilizaram) foram oferecidos de graça nos primeiros três meses.

Ao desenhar uma abordagem para essa questão do consumidor, inicialmente desenvolvemos uma planilha simples com as características disponíveis (o eixo y) e suas relações com as questões dos consumidores (o eixo x). Em seguida, trabalhamos em uma série de questões de diagnóstico e cenários de uso para que os atendentes do serviço de apoio ao cliente utilizassem-nas enquanto tiravam pedidos quando da instalação do serviço telefônico.

Exemplo
Atendente do *call center*

> Você teve amigos ou familiares que tentaram entrar em contato enquanto você estava conversando ao telefone?
>
> Eles ficaram frustrados pelo fato de o telefone estar ocupado?
>
> Você perdeu, ou recebeu com atraso, chamadas importantes?

Se (*e somente se*) o comprador responder positivamente a essas perguntas, então o atendente do *call center* perguntaria:

> "Se alguma pessoa tenta ligar para você enquanto você já estiver em uma ligação telefônica, seria útil se você pudesse ouvir um tom, e – a seu critério – clicar o aparelho para colocar a primeira ligação na espera, receber a chamada entrante, e, quando essa terminasse, clicar novamente o aparelho para retomar sua ligação original?"

Se o comprador responder afirmativamente, o atendente do *call center* poderia, então, fechar a venda:

> Nosso "Serviço de Espera" provê esse recurso a um custo de somente US$ 4,95 ao mês. Você gostaria de experimentá-lo durante 30 dias, sem custo algum?

Isso não se trata de uma ciência exata, correto? Mas funciona. Dependendo algum tempo para perguntar algumas questões simples sobre a necessidade e utilização do cliente – e, não sem importância, educar o consumidor sobre a utilização e o valor de determinados serviços – a companhia conseguiu reduzir drasticamente algumas descontinuidades de serviço. E, devemos realçar, ela foi capaz de prestar serviços a pessoas que os entenderam e os apreciaram, e que se propuseram a pagar por eles. Um resultado em que todos os participantes tiveram seus benefícios.

A Missão Compartilhada

Em termos simples: o que propomos aos nossos clientes é a reinvenção de seus esforços de marketing num cenário diferente do Marketing de Produto e orientado para o que seria denominado de marketing de utilização do cliente.

O facilitador principal nesse processo de reinvenção é o CustomerCentric Selling Solution Development Prompter, a ser explicado nos capítulos subseqüentes. Assim que o tópico da utilização do cliente substitui a ênfase tradicional nas características do produto, todos os tipos de coisas boas podem começar a acontecer em vários veículos de marketing. Eles incluem, por exemplo:

- Correspondência para *prospect* e cliente.
- Desenvolvimento do produto.
- Propaganda.
- Histórias de sucesso.
- Informativos.
- *Website*.
- Estratégias para feiras e exposições.
- Estratégias de criação de demanda.
- Treinamento do comprador.
- Treinamento de vendas.
- Treinamento de serviços profissionais.

Quando o departamento de Marketing torna-se focado na utilização do cliente, compartilha uma missão com Vendas: assistir os compradores na descoberta de como eles podem atingir seus objetivos, resolver seus problemas e satisfazer suas necessidades graças ao uso das ofertas de suas empresas.

Para as companhias sem essa missão compartilhada, os CEOs continuarão a perder o sono durante a noite, cientes de que a previsão consiste das opiniões dos vendedores que, individualmente, desenvolveram suas próprias versões sobre as ofertas que estão comercializando.

CAPÍTULO 8

Criando o Sales-Ready Messaging

A EXCELÊNCIA EM VENDAS consiste em uma série de conversas com os clientes. Durante esses diálogos, o objetivo do vendedor é desvendar e entender as necessidades, problemas, desejos e objetivos do cliente. À medida que o vendedor aprende acerca das situações do comprador, ele começa a posicionar as ofertas da companhia.

Um benefício extra de um diagnóstico competente é que são esclarecidas as causas básicas do motivo pelo qual o comprador não consegue atingir uma meta, resolver um problema ou satisfazer uma necessidade.

As organizações de vendas gostariam muito de influenciar e orientar essas conversas. Mas este parece ser um objetivo altamente ambicioso e de difícil alcance – tão ambicioso, de fato, que a maioria dessas organizações que considerou essa hipótese acabou rejeitando-a imediatamente. Neste capítulo, exporemos uma estratégia para realizar esse objetivo.

Não, você não consegue antever todas as potenciais interações com os compradores em todos os níveis; já diz o ditado popular, não se pode "abarcar tudo de uma vez". (E muito provavelmente, o profissional de vendas que vai com tudo preparado em sua cabeça será um fraco comunicador.) Assim, nossa abordagem consiste em ajudar o vendedor a orquestrar diálogos com tomadores de decisão e pessoas influentes alvos sobre questões específicas de negócios alinhadas com suas ofertas.

Após compartilhar uma meta com esse comprador, auxiliaremos o vendedor a seguir um entre os vários cenários flexíveis.

Visualizando essa questão sob outra perspectiva, empresas que se afastam da direção do desafio de influenciar diálogos de vendas estão abdicando-se de um enorme grau de responsabilidade para com seus vendedores.

Elas estão solicitando a esses profissionais que interpretem e transmitam as funcionalidades de seus produtos sem qualquer tipo de ajuda.

Então, vamos iniciar com as três condições que devem existir para que se tenha uma conversa de vendas efetiva sobre uma oferta:

- A posição (ou função) do comprador e o setor vertical devem ser conhecidos.
- O comprador deve compartilhar uma meta ou admitir um problema de negócios.
- As ofertas do vendedor devem ter funcionalidades que um cliente-alvo pode utilizar para atingir um objetivo, resolver um problema ou satisfazer uma necessidade – e, certamente, o vendedor deve entender e articular essas funcionalidades.

Dadas essas três condições, acreditamos, as organizações podem ajudar seus vendedores tradicionais a ter esses tipos de diálogos de vendas. Poderá ser criado o método Mensagens Dirigidas para Vendas (Sales-Ready Messaging) – um modo de conduzir uma conversação que aumenta consideravelmente as chances de sucesso.

Um Aviso

Retornaremos a essa premissa nos capítulos remanescentes, mas queremos dar um aviso neste ponto: quanto mais alto na hierarquia de uma empresa for o contato de um vendedor, mais previsível será a conversação. Gerentes de vendas tradicionais naturalmente responderão bem a essa observação, visto que eles sempre estão solicitando aos vendedores para tentar contatos no mais alto escalão de uma organização.

No entanto, estamos reforçando o mesmo ponto por um motivo diferente: quanto mais alto na hierarquia de uma empresa for o seu contato, menores os números de objetivos de negócios que você provavelmente encontrará. Essa afirmação soa um tanto contraditória, mas não é: em geral, executivos seniores se preocupam com um número finito de questões importantes. As conversas com a gerência sênior tendem a ser mais breves, mais conceituais e menos técnicas – o que, em muitos casos, significa que elas são mais interessantes e produtivas.

E visualize da outra extremidade do telescópio: há um nível em toda organização-alvo abaixo do qual os funcionários tendem a ter metas ou agendas pessoais, mas essas normalmente não são questões que suas organizações estão dispostas a bancar. Arquitetar diálogos nesses níveis inferiores é praticamente impossível. Essas pessoas podem querer aprender tudo sobre suas ofertas, mas elas normalmente não detêm a posição nem os objetivos de negócios. Sem esses pré-requisitos, o Sales-Ready Messaging é impraticável.

É certo que, no mundo das soluções empresariais, os diálogos eventualmente se realizam com técnicos e usuários finais. Nossa preocupação é em que ponto do ciclo de vendas essas reuniões são realizadas. Se elas constituem a reunião inicial, prepare-se para um longo ciclo de vendas; ciclo esse que pode ser rompido em qualquer um dos diferentes pontos. Se, contrariamente, suas conversas iniciais se dão com pessoas orientadas a negócios que compartilham com você suas metas, as reuniões com os funcionários que se reportam a elas serão mais produtivas. Após ter diálogos no alto nível, os contatos com os compradores nos níveis inferiores podem ser mais focados porque o comprador entendeu os objetivos da gerência sênior à medida que eles se referem às ofertas que estão sob discussão.

Ainda em outras palavras: defendemos, e estamos tentando ilustrar, uma abordagem de vendas de cima para baixo. A abordagem estruturada descrita neste capítulo possibilita às pessoas despender muito menos tempo com pessoas que não estão aptas a, ou não irão, comprar. Sempre que possível, defenderemos contatos feitos com funcionários que não podem comprar somente após qualificar uma ou mais pessoas na organização que podem efetivamente comprar.

Cargos mais Metas igual a Conversas Orientadas

Iniciamos habitualmente nossos projetos de Sales-Ready Messaging perguntando a nossos clientes uma questão relativamente básica: "Quais os cargos ou as funções dos tomadores de decisão e pessoas influentes com quem seus vendedores deverão ter contatos importantes?" Ou, expresso de outro modo: "Quem está em uma posição de justificar custos, financiar, comprar e implementar seus produtos e serviços?"

A primeira etapa ao responder essa questão é listar seus setores verticais. Mesmo se você dispor de ofertas horizontais, tenha em mente que os compradores do mercado convencional (conforme descrito em capítulos anteriores) gostam de ter a percepção de que as organizações de vendas entendem e têm feito negócios com seus setores.

Para cada um dos setores, elabore uma lista dos cargos (ou funções) com que um vendedor provavelmente fará contato a fim de conseguir a venda, o financiamento e a implementação de sua oferta. Com freqüência, esse exercício será dependente do tamanho da potencial transação e do porte da organização com potencial de compra. Por enquanto, vamos concentrar-nos em grandes transações com grandes organizações, uma vez que é possível reduzir proporcionalmente esse processo a qualquer momento.

A dificuldade dessa tarefa está diretamente relacionada com a complexidade da oferta. Em alguns exemplos, os vendedores desfrutam do luxo de contatar somente uma pessoa capaz de tomar a decisão. No caso de vendas corporativas, o desafio acresce exponencialmente, pois há um aumento do número de pessoas envolvidas e, como resultado, o número de questões de negócios também cresce. Tendo afirmado isso, a maioria de nossos clientes considera esse exercício como relativamente fácil. Eles conseguem realizá-lo de memória, pois encontram os mesmos cargos venda após venda.

No entanto, responder às próximas perguntas geralmente exige uma maior reflexão: "Para cada um desses cargos, que metas ou objetivos de negócios eles devem ter naquela função? Quais dessas metas são tratáveis pelo uso de sua oferta?"

Cada meta em sua lista deve ser uma variável do negócio que a oferta de sua empresa pode ajudar um determinado cargo a atingir. Idealmente, a meta deve ter uma base monetária, pois o benefício financeiro para atingir a meta será utilizado para determinar se o custo da oferta pode ser justificado. Colocado de outra maneira, uma divisão de negócios deve estar disposta a despender dinheiro para atingir uma meta.

Imaginemos que você esteja vendendo um sistema de CRM de amplo alcance empresarial a uma grande companhia. Sua lista corrigida poderia ser parecida com a seguinte:

CEO	• Atingir metas de crescimento de receitas. • Melhorar a imagem da companhia. • Aumentar o valor das ações pela melhoria das previsões. • Modelar a experiência do cliente.
CFO	• Aumentar a rentabilidade pela diminuição dos custos de vendas.

	• Reduzir os custos de TI ao prover uma única visão dos clientes. • Melhorar a precisão das previsões.
Vice-presidente de Vendas	• Aumentar receita através de melhores índices de ganhos nas negociações. • Abreviar os ciclos de vendas. • Aumentar as vendas cruzadas. • Aumentar os índices de fechamento pelo rastreamento de *leads*. • Melhorar a precisão das previsões. • Reduzir os tempos de início das vendas dos profissionais de vendas recém-contratados.
Vice-presidente de Marketing	• Aumentar a participação no mercado. • Rastrear resultados por campanha para justificar programas. • Reduzir despesas com material promocional. • Promover o Sales-Ready Messaging *just-in-time* para o campo.
CIO	• Dar suporte aos usuários finais. • Proteger dados valiosos da companhia. • Reduzir despesas com TI. • Obter comprometimento do nível dos serviços.

Nesse exemplo, os objetivos do CIO são particularmente reveladores (e essa situação resulta verdadeira em muitos casos). Compradores geralmente necessitam da oportunidade de quantificar soluções. Mas como alguém determinaria, por exemplo, se seria válido despender US$ 1 milhão para dar melhor suporte a usuários finais? O único meio de fazer esse julgamento de negócio seria sair a campo e obter as perspectivas dos usuários finais – certamente algo possível, mas não uma tarefa simples. Portanto, o objetivo que o CIO pode melhor quantificar é o de se ater ao orçamento, e isso pode tornar-se seu terreno mais fértil. Focar no acompanhamento do orçamento, no entanto, não indica boas perspectivas para financiamento de novas iniciativas.

A criação dessa lista mesclada – cargos com metas associadas – define o estágio para o que denominamos de Diálogos Orientados. Mas, antes de essas conversações se iniciarem, temos mais lição de casa a ser realizada.

Próxima Etapa: Modelos de Desenvolvimento de Solução (*Solution Development Prompters*)

Como próxima etapa para o trabalho com nossos clientes, geralmente iniciamos o desenvolvimento de modelos de questionamento, que denominamos de Solution Development Prompters, ou SDPs.

Recomendamos que o departamento de Marketing assuma responsabilidade pelo desenvolvimento desses materiais e que os mantenha. Eles representam o conteúdo central do Sales-Ready Messaging de uma companhia, e conferem às organizações de vendas a capacidade de influenciar os diálogos que seus vendedores terão com os clientes. Colocado simplesmente, eles constituem uma espécie de guia para um vendedor – uma ferramenta que ele poderá utilizar para orientar um determinado cargo ou função a ter uma visão específica sobre a utilização da oferta da empresa no sentido de atingir uma determinada meta.

Diferentemente de um filme, em que o criador e o diretor exercem controle pleno sobre as interações entre os atores, nenhum diálogo entre um comprador e um vendedor se dará absolutamente de acordo com um roteiro ou um plano. Contrariamente, nossa abordagem é sobre aumentar as chances a favor do vendedor para preparar o terreno para iniciar um Diálogo Orientado. Se um profissional de vendas aborda um contato com uma idéia clara de quem é a pessoa com quem está falando, e em que ponto ele espera que a conversação termine e as probabilidades de êxito aumentam. De modo geral, o vendedor fará melhores contatos.[1]

Os Solution Development Prompters, conforme observado, são o conteúdo central do Sales-Ready Messaging de uma empresa. Assim, você pode se surpreender ao saber que as mensagens nos SDPs assumem a forma de perguntas. Por quê? Pelo fato de as perguntas afastarem os vendedores de "narrativas". Contanto que eles estejam fazendo perguntas inteligentes que seus clientes são capazes de responder, não estão vendendo (pelo menos na mente do comprador). Eles estão fazendo consultoria. Essa é uma mudança bem acolhida pelo comprador, e também para o vendedor.

Acreditamos que o papel do vendedor é se tornar um facilitador da compra, conduzindo o comprador com perguntas orientadas para sua

---

[1] A frase "melhores contatos" envolve um julgamento subjetivo, mas no Capítulo 12 lhe mostraremos um modo mais objetivo de prestar contas e avaliar contatos.

particular oferta. Os SDPs ajudam a desenvolver "visões do comprador" que tenham uma propensão a favor de suas ofertas.

Algumas pessoas têm dificuldades com o termo *propensão*, sentindo que ele implica manipulação do comprador. Discordamos. Quando falamos sobre criar uma propensão, queremos dizer que o vendedor deve fazer uma tentativa de ajudar o comprador a colocar seu objetivo definido em um contexto no qual a oferta do vendedor colaborará para que o comprador atinja sua meta. Essa abordagem é de certa forma análoga a experimentar um novo par de tênis para solucionar o problema de bolhas recorrentes. Se o tênis é adequado, ótimo. Mas se a oferta do vendedor não se enquadrar no problema definido pelo usuário, então a "oportunidade" deverá ser desqualificada.

Apresentamos agora outra analogia: digamos que você machucou suas costas, e se consultou com três médicos – um deles estudara nos EUA, outro na China e o terceiro na Suécia. Muito provavelmente, os métodos dos médicos para tratá-lo variariam enormemente, baseado em suas práticas e experiência. E, muito provavelmente, cada um deles tentaria lhe incutir certa propensão a favor de suas terapias específicas. Eles estão manipulando-o? Não. Eles estão oferecendo soluções exitosas que obtiveram em condições similares de tratamento no passado; estão tentando ajudá-lo a solucionar seu problema (muito focado no paciente). E, em última análise, você optará pelo médico baseado na confiança e na segurança que ele criou durante o diagnóstico.

Assim que você criar sua Lista de Diálogos Orientados para uma determinada oferta, estará preparado para a criação do *Sales-Ready Messaging*, sob a forma de SDPs. Você conseguirá isso pela reunião de quatro componentes: oferta, setor, cargo e meta.

Utilizando um exemplo da lista desenvolvida anteriormente, o resultado se assemelharia ao seguinte:

- Oferta: software de CRM.
- Setor: companhia ranqueada entre as 1.000 da *Fortune*.
- Cargo: CFO.
- Meta: aumentar a precisão das previsões.

A próxima etapa é posicionar suas ofertas. Com o objetivo de aumentar a precisão das previsões do CFO em mente, agora você identifica todas as características de seu software de CRM que poderiam ser utilizadas para o alcance dessa meta. Procedendo dessa forma, lembre-se de que, lá do alto, da visão panorâmica do CFO, várias características provavelmente se fundirão em uma característica dominante, e/ou que poderão existir características vitais aos usuários, mas que não serão de interesse para um executivo sênior. Recomendamos destilar suas características até chegar nas suas quatro principais.

Dito isso, eis um exemplo com as características que poderiam ser úteis para um CFO que deseje melhorar a precisão das previsões sublinhadas em itálico:

- Administração de senhas.
- Visão única através de plataformas.
- *Acesso 24 horas por dia nos 7 dias da semana.*
- Informações de contatos.
- Histórico de contas.
- Vendas cruzadas.
- *Milestones-padrão.*
- Mapeamento político.
- *Coaching eletrônico.*
- *Índices históricos de fechamento.*
- Rastreamento de *leads*.
- Indicação de *leads*.
- Análise de campanhas passadas.
- E assim por diante, de causar enjôo pelo número excessivo de características.

Esse tratamento pode parecer uma pequena etapa, mas acreditamos que seja uma etapa significativa. Ela é o começo do posicionamento da oferta de CRM de um modo orientado num diálogo específico – e está sendo feito em nome do vendedor. Da mesma maneira que um alfaiate toma as medidas de um cliente antes de efetuar um ajuste inicial, esta é uma tentativa de colocar alguma estrutura em torno da conversação esperada, identificando as partes da oferta do CRM que, provavelmente, são as relevantes para um CFO que deseje melhorar a precisão de suas previsões.

Praticamente tão importantes são as características *não* selecionadas para uma conversação potencial. Elas foram eliminadas porque têm pouca relevância potencial para o tópico da precisão de previsões. Observe, ainda, que elas provavelmente não são do interesse de um CFO sob a maioria das circunstâncias concebíveis. Discuti-las com um CFO é, provavelmente, confundir o comprador, desperdiçar tempo e/ou fazer com que um vendedor seja delegado a um nível inferior. Muito embora esse exercício até o momento tenha prestado aos compradores do mundo com função executiva um magnífico serviço, ainda há trabalho a ser feito.

Retorno ao Cenário de Uso

Permanece um problema. Se um vendedor simplesmente mencionou sem pensar um "acesso de tempo integral!" a um CFO, isso provavelmente não dará certo. Muito provavelmente, a frase teria mais significado para o vendedor que para o cliente. Nomes de características (substantivos) não ajudam os compradores a entender como elas podem ou poderiam ser utilizadas (verbos). Portanto, é necessária outra etapa para converter características em cenários de uso, conforme apresentado no capítulo anterior. Aqui novamente há quatro componentes:

- **Evento:** *a circunstância causadora de uma necessidade para a característica específica.*

- **Questão:** *perguntar em vez de narrar não parece ser uma venda ao comprador.*

- ***Player*** **(Agente):** *quem (ou que sistema) atuará para responder ao evento.*

- **Ação:** *como a característica pode ser utilizada, expressa em termos que os compradores possam entendê-las e relacioná-las com seus cargos funcionais. A descrição da ação deve ser suficientemente específica para que os compradores possam visualizar como será obtido o resultado. Os termos utilizados em um contato com um CIO, por exemplo, devem ser diferentes dos usados num contato com um CFO.*

Vamos examinar mais cuidadosamente a característica de "acesso em tempo integral!" para criar um cenário de uso para uma conversa com um CFO sobre a meta de melhorar a precisão das previsões:

- **Evento:** *ao tentar determinar o* status *de grandes oportunidades,*

- **Questão:** *ajudaria se*
- ***Player* (Agente):** *você*
- **Ação:** *pudesse acessar seu* pipeline *através de um laptop, a qualquer hora e em qualquer lugar, e revisasse o progresso face aos* milestones-*padrão, sem a necessidade de falar com pessoas de sua organização de vendas?*

Queira notar que a ação refere-se à habilidade de "acessar informações do *pipeline* via um laptop". Esse grau de especificidade e solidez é deliberado. Se ele indicasse simplesmente, "pudesse rever o progresso contra *milestones* sem a necessidade de falar com pessoas de sua organização de vendas", o CFO provavelmente não teria meios de entender como isso seria conseguido.

Em outras palavras, o vendedor estaria pedindo ao CFO: (1) imaginar como isso poderia funcionar ou (2) confiar que isso funcionaria. Mas os compradores – especialmente aqueles que aprovaram despesas com produtos e serviços no passado que tiveram desempenhos abaixo do anunciado – provavelmente são muito céticos. (Eles serão concisos na imaginação e na confiança.) E lembre-se de que queremos que todos os compradores sejam capazes de articular o que eles estão comprando e por quê, caso sejam questionados por qualquer outra pessoa na organização para explicar a oferta. "Eu posso utilizar meu laptop para acessar oportunidades específicas no *pipeline* mesmo quando estou em trânsito (viajando)", poderia dizer o comprador habilitado confiantemente.

Apresentamos agora as três outras características selecionadas para uma discussão com um CFO sobre a precisão das previsões que foram convertidas num formato de cenário de uso:

- **Evento:** *após fazer contatos,*
- ***Player* (Agente):** *você*
- **questão:** *gostaria que seus vendedores*
- **ação:** *acionassem prontamente seus laptops para reportar o progresso em relação a um conjunto de* milestones-*padrão para cada oportunidade em seus* pipelines?
- **Evento:** *sob solicitação a partir de qualquer localidade,*
- **Questão:** *seria de utilidade se*
- ***Player* (Agente):** *seus gerentes de vendas*

- **Ação:** *pudessem acessar os bancos de dados dos* pipelines *de seus vendedores, avaliar o* status *de oportunidades particulares e enviar sugestões por e-mail aos representantes de vendas para melhorar suas chances de fechar o negócio?*

- **Evento:** *numa base contínua,*

- **questão:** *seria de utilidade para você se*

- ***Player*** **(Agente):** *o sistema*

- **Ação:** *pudesse rastrear índices históricos de fechamento de cada vendedor por* milestone *do* pipeline, *e aplicá-los a todas as oportunidades de cada vendedor para fins de previsão de receitas?*

A próxima etapa seria a do encadeamento desses cenários de uso. Isso geralmente é conduzido pela ordenação na qual o comprador provavelmente os encontraria. Neste exemplo, você deseja conduzir o CFO para que ela tenha uma visão para criar uma previsão mensal precisa. A seqüência correta, portanto, é: *milestones* do *pipeline, coaching* eletrônico, índices históricos de fechamento e acesso em período integral.

Observe que a característica considerada em primeiro lugar – acesso em período integral – acaba sendo a última na seqüência. Esse tipo de reordenação é bastante comum e ilustra a importância de se abordar essa tarefa sistematicamente.

Os Modelos

Vamos formalizar este modelo – em parte para enfatizar que os vendedores necessitam de estrutura para utilizar o *Sales-Ready Messaging* para fazer contatos, e em parte para ressaltar a natureza sistemática de nossa abordagem.

A informação no cabeçalho do modelo em branco do *Solution Development Prompter* (SDP) (Figura 8.1) contém os pré-requisitos para os diálogos orientados de vendas (oferta, setor vertical, cargo, meta).

A Figura 8.2 exibe o SDP parcialmente desenvolvido que estamos construindo para o CFO de uma empresa de software cujo objetivo é melhorar a precisão das previsões. A coluna direita tem sido preenchida com os cenários de uso desenvolvidos previamente que eram relevantes para a meta do comprador.

Cargo:
Produto/Serviço:
Meta:

Como você .... atualmente?

Questões de Diagnóstico

Que soluções você considerou?

Cenários de Uso

Evento:
Questão:
Player:
Ação:

Evento:
Questão:
Player:
Ação:

Evento:
Questão:
Player:
Ação:

Evento:
Questão:
Player:
Ação:

nº, %, $, E?

nº, %, $, E?

nº, %, $, E?

nº, %, $, E?

Figura 8.1 Exemplo de Modelos de Desenvolvimento de Solução (Solution Development Prompters – SDPs)

Criando o Sales-Ready Messaging   123

Desenvolvendo Modelos de Desenvolvimento de Solução

Diálogos Orientados

Cargo: Vice-presidente financeiro
Objetivo: Atingir projeções de lucros com previsões mais precisas de receitas
Oferta: Software corporativo de SFA (Automação de Força de Vendas)

Potenciais Cenários de Uso

Milestones do pipeline →
Evento: após fazer contatos,
Questão: ajudaria se
Player: os representantes de vendas
Ação: pudessem estar preparados para reportar progresso em relação a um conjunto de *milestones-padrão* para cada oportunidade em seus *pipelines*?

Coaching eletrônico →
Evento: ao revisar o *pipeline* de um vendedor,
Questão: ajudaria se
Player: os gerentes de vendas
Ação: pudessem acessar, de qualquer localidade, um banco central de dados, avaliar o *status* de oportunidades e enviar sugestões por e-mail aos representantes de vendas para melhorar as chances de eles fecharem o negócio?

Índices históricos de fechamento →
Evento: em uma base contínua,
Questão: você gostaria que
Player: o sistema
Ação: pudesse rastrear índices históricos de fechamento de cada vendedor por *milestone* do *pipeline*, e aplicá-los ao *pipeline* para fins de previsão de receitas?

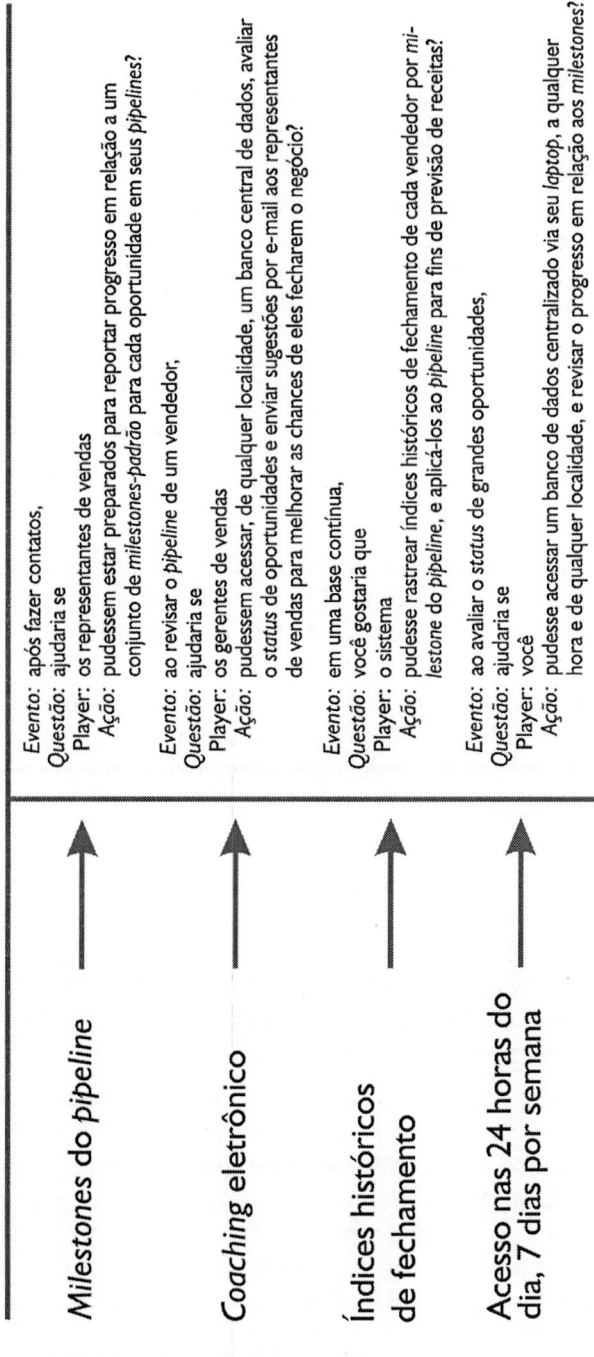

Acesso nas 24 horas do dia, 7 dias por semana →
Evento: ao avaliar o *status* de grandes oportunidades,
Questão: ajudaria se
Player: você
Ação: pudesse acessar um banco de dados centralizado via seu *laptop*, a qualquer hora e de qualquer localidade, e revisar o progresso em relação aos *milestones*?

Figura 8.2 Solution Development Prompters em Desenvolvimento

Mas o que é aquela coluna identificada como "Questões de Diagnóstico" à esquerda da Figura 8.1? Simplesmente criamos quatro cenários de uso que *provavelmente* seriam utilizados para capacitar um CFO a visualizar como ele poderia melhorar a precisão de suas previsões. Mas o teste real para esse sistema acontece quando um vendedor tenta determinar qual desses cenários de uso um CFO concordaria que seria necessário, durante uma conversação estruturada. Considere o grau de importância que o processo de diagnóstico teria na seleção de um médico no início deste capítulo. Em vendas, visto que o diagnóstico é tão crítico, faz sentido que vendedores tradicionais abdiquem dessa etapa?

Portanto, para cada cenário de uso, criamos agora as melhores práticas de questões de diagnóstico correspondentes para que o vendedor pergunte para determinar se o cliente tem necessidade do cenário de uso descrito na fórmula EQPA (evento, questão, *player*, ação). Além disso, é útil semear questões que podem ser usadas para determinar o potencial valor de um cenário de uso para o comprador.

As questões de diagnóstico são utilizadas para se ter um melhor entendimento de como o comprador está desempenhando uma função no momento – ou seja, previsões – e, idealmente, o custo de fazer o que ele está atualmente fazendo. Ao mesmo tempo, questões de diagnóstico ajudam o vendedor a construir credibilidade, da mesma maneira que um médico com o qual você se consultou pela primeira vez cria credibilidade com você ao fazer perguntas inteligentes, perspicazes, que você possa responder.

Recorra agora à Figura 8.3. Ela preenche a coluna das Questões de Diagnóstico com perguntas que um diagnosticador competente faria a um comprador. (Lembre-se: essas são boas perguntas somente se a pessoa com quem você está mantendo a conversa é capaz de respondê-las – o ponto é *não constranger* ninguém com perguntas impossíveis de serem respondidas.) Cada conversação é diferente, e *nenhuma* delas deve seguir o roteiro delineado nas Seções 1, 2, 3 e 4. Elas têm de seguir seus próprios fluxos, senão não são diálogos. Mas se você examinar essas questões, captará a idéia.

Em quantos cenários de uso um determinado CFO irá querer comprometer-se? A resposta fica entre zero e quatro. (Zero indica que você não está contatando um comprador qualificado no tocante à precisão das previsões; quatro aproxima-se do limite superior com o qual é possível lidar em uma conversação programada para durar meia hora.) Posteriormente, discutiremos um modo estruturado para os profissionais de vendas navegarem por SDPs de modo que possam conduzir o comprador a en-

Criando o Sales-Ready Messaging **125**

Cargo: Vice-presidente financeiro **Meta:** Atingir projeções de lucros com previsões mais precisas de vendas
Produto/Serviço: SPA

Como você faz previsões atualmente?

Que soluções você considerou?

Questões de Diagnóstico

Cenários de Uso

1. Como as métricas de previsão variam por região? Como elas são aplicadas? Número de representantes de vendas? Eles efetivamente apressam-se e são pressionados para prever cifras? Alguns são superotimistas? De que maneira eles reportam progressos nas vendas a seus gerentes?
n°, %, $, E?

2. Como são identificadas oportunidades desqualificadas nos *pipelines*? Como os gerentes avaliam o atual *status* de oportunidades? Como eles aplicam *coaching* aos representantes de vendas para qualificar/desqualificar *prospects*? Como são identificadas oportunidades "paralisadas", e que ações são tomadas?
n°, %, $, E?

3. Como as probabilidades de previsões variam por vendedor? Como os gerentes de vendas ajustam suas previsões para isso? Você ajusta as cifras que obtém? De que maneira? Por quê?
n°, %, $, E?

4. Uma ou duas grandes oportunidades "formam ou rompem" uma previsão? Como você rastreia esses *prospects*? Uma melhor visibilidade dessas contas seria proveitoso?
n°, %, $, E?

Evento: após fazer contatos,
Questão: ajudaria se
Player: os representantes de vendas
Ação: pudessem estar preparados para reportar progresso em relação a um conjunto de *milestones-padrão* para cada oportunidade em seus *pipelines*?

Evento: ao revisar o *pipeline* de um vendedor,
Questão: ajudaria se
Player: os gerentes de vendas
Ação: pudessem acessar, de qualquer localidade, um banco central de dados, avaliar o *status* de oportunidades e enviar sugestões por e-mail aos representantes de vendas para melhorar as chances de eles fecharem o negócio?

Evento: em uma base contínua,
Questão: você gostaria que
Player: o sistema
Ação: pudesse rastrear índices históricos de fechamento de cada vendedor por *milestone* do *pipeline*, e aplicá-los ao *pipeline* para fins de previsão de receitas?

Evento: ao avaliar o *status* de grandes oportunidades,
Questão: ajudaria se
Player: você
Ação: pudesse acessar um banco de dados centralizado via seu laptop, a qualquer hora e de qualquer localidade, e revisar o progresso em relação aos *milestones*?

Figura 8.3 Exemplo de Modelo de Desenvolvimento de Solução (Solution Development Prompter – SDP)

tender porque ele está tendo dificuldades de atingir um objetivo (questões de diagnóstico) e o que é necessário para cumpri-lo (questões de cenário de uso).

Assim, agora completamos o primeiro SDP. Seriam criados SDPs extras para cada objetivo remanescente no menu para os CFOs. Após isso, esse mesmo processo seria repetido para cada cargo/menu que é específico de uma oferta e um cargo vertical. O resultado final é o Sales-Ready Messaging para capacitar vendedores a terem diálogos orientados com os cargos funcionais necessários para vender, financiar e implementar um sistema corporativo de CRM.

Observações Finais

Trata-se de um esforço muito grande? Absolutamente. Mas acreditamos que o resultado vale muito o empenho. Se adequadamente preparado, os SDPs oferecem um posicionamento mais consistente das ofertas por todos os vendedores, e deverão ajudar nos seus esforços de vendas como um todo.

Algumas outras observações acerca da criação de SDPs:

- São mais fáceis de serem preparados após você ter criado os primeiros, pois os cenários de uso tendem a ser reutilizáveis para vários diálogos orientados.
- Embora o Marketing deva ser responsável pela criação e manutenção dos SDPs, essa tarefa ainda requer envolvimento significativo do departamento de Vendas.
- O real teste de um SDP é se ele pode ser utilizado na efetivação de um contato. Se ele não puder, os vendedores devem dar retorno construtivo de como ele precisa ser modificado.
- Nos níveis executivos, antecipe que um vendedor tem apenas de 15 a 20 minutos para ter uma conversa. Isso significa limitar o número de cenários de uso a um máximo de quatro (talvez com um quinto de reserva).
- Um único cenário de uso poderá requerer a integração de diversas características do produto.
- Os SDPs são classificados por mercado vertical, cargo funcional, objetivos e metas de negócios. Portanto, eles são muito mais voltados

para discussões gerenciais do que para apresentações de produtos. Se você estiver comercializando uma oferta complexa com 847 características, eventualmente algum funcionário na organização gostará de saber sobre todas elas – e talvez um número até maior – na discussão de potenciais melhorias futuras. Os SDPs não serão proveitosos nesses contatos, que geralmente são associados a uma devida diligência.

No entanto, estimularíamos esse ponto em sua mente ao fazer uma pergunta-chave: "Em que ponto do ciclo de compra essas discussões detalhadas sobre características estão sendo realizadas?" Se elas estiverem sendo realizadas nas primeiras reuniões em uma venda corporativa, é possível que possa levar meses de trabalho para que se chegue na frente da pessoa correta. É muito melhor ter essas reuniões de "devida diligência" se realizando após você ter gerado interesse nos níveis executivos/ de negócios.

- Sempre que possível, os SDPs devem orientar os vendedores para os cenários de uso que representam os pontos fortes da empresa em relação à concorrência que: (1) são participantes da conta na atualidade, ou (2) provavelmente serão convidadas a competir em um período posterior.

- Os SDPs devem ser desenvolvidos para ofertas além do produto. Como exemplo, as empresas de software devem criar modelos para a venda de serviços profissionais e consultoria em uma base contínua. Trabalhamos com uma empresa que comercializa copiadoras e impressoras que tem um SDP para posicionamento de *leasing* (que é mais rentável para eles do que uma venda direta).

- Da mesma maneira que seu mercado e suas ofertas mudam, os SDPs são dinâmicos – não estáticos – e devem ser mantidos e atualizados no decorrer do tempo. O Sales-Ready Messaging é mais uma jornada que um destino.

- Os anúncios de novos produtos ou serviços devem ser acompanhados pela (até mesmo precedidos pela) preparação dos SDPs.

- Na preparação dos SDPs pode ser necessária a cooperação de terceiros. Muitas pessoas que trabalham em uma empresa ficam tão envolvidas com a mesmice de suas ofertas que encontram dificuldades para elaborarem SDPs; inversamente, pessoas que desconhecem as ofertas de uma empresa geralmente têm maior facilidade para isso. Se o objetivo final é o de facilitar um diálogo com um executivo que desconheça suas ofertas, você pode descobrir que contratar uma pessoa de fora para estimular as mentes de seus vendedores mais perspicazes constitui um bom investimento.

- Com os vendedores orientados para atingir os níveis mais altos, a qualificação torna-se mais fácil. A maioria dos executivos seniores não desperdiça seu tempo ou o tempo de seu *staff*. Se eles indicam ou delegam você a outras pessoas após entenderem como atingir um objetivo, então eles estão seriamente inclinados a avaliar sua oferta.
- Alguns de seus clientes consideram que ao contatar em altos níveis, os SDPs podem abarcar múltiplas ofertas. Isso é uma mudança de comercializar produto após produto nos níveis mais inferiores. Em alguns casos, um único cenário de uso no nível de um tomador de decisão pode cobrir toda uma oferta. O contato no nível inferior seguinte provavelmente consistirá de um SDP completamente separado para se ter uma discussão mais detalhada.
- Ao elaborar SDPs, às vezes é impossível estabelecer diferenciais competitivos. Considere por um momento vários representantes de vendas comercializando sistemas de CRM. Para facilitar a análise, suponhamos que todos eles oferecem aplicações de cliente-servidor. Se os vendedores estiverem contatando nos níveis mais altos (CEO, CFO) e tendo discussões conceituais, as conversas (e, portanto, os SDPs para qualquer uma dessas empresas de CRM) seriam similares. Os diferenciadores devem ser introduzidos nos níveis ligeiramente inferiores.

Capítulo 9

Papel do Marketing na Criação de Demanda

EM CAPÍTULOS ANTERIORES, estivemos defendendo uma nova postura psicológica para o Marketing. O Marketing, conforme dissemos, deveria pensar de si próprio como sendo o departamento de apoio (*front end*) do processo de vendas e não apenas o seguimento (*back end*) do desenvolvimento do produto. Por quê? Por acreditarmos que este é um pré-requisito para trabalhos de coordenação mais próximos com as Vendas.

O Marketing desempenha uma função de grande importância, e esta compreende muitas atividades que estão além do escopo deste livro. Portanto, à medida que examinarmos o papel do Marketing na criação de demanda, vamos explicitar o limite de nosso escopo. Pretendemos focar no suporte direto do Marketing aos vendedores na tentativa de criar demanda para compradores qualificados no sentido de gerar *leads*[1] e introduzir novas oportunidades nos "funis" dos mesmos. Nós *não* analisaremos, por exemplo, os trabalhos do Marketing na construção de reconhecimento e qualidade de marcas, nem em seu plano estratégico para ofertas futuras.

Leads e Prospects

A maioria dos departamentos de Marketing, de uma maneira ou outra, aloca uma grande parcela de seus orçamentos na criação de demanda para suas ofertas. Em certas organizações, não se espera dos vendedores

---

[1] *Lead* – correspondente às informações relativas ou provenientes de possíveis compradores (*prospects*) interessados em efetuar compras de produtos e/ou serviços de uma determinada empresa. Portanto, o *lead*, em termos gerais, nos segmentos de Marketing e/ou Vendas, significaria um *contato*, uma *indicação* ou uma *oportunidade*.

muitos esforços no que se refere à prospecção e ao desenvolvimento de negócios. Nesses casos, eles são dependentes de *leads*, um termo nebuloso que reflete (1) o relacionamento mal definido entre Vendas e Marketing, e (2) uma falta de entendimento sobre o que é um bom *prospect*.

Vamos iniciar com esse segundo tópico. A sua empresa aborda a criação de demanda sistematicamente? Se sim, vocês estão aprendendo o bastante acerca de sua base de clientes para influenciar como eles vêem utilizando suas ofertas para atingir metas, resolver problemas ou satisfazer necessidades?

Apresentamos agora um exercício que possivelmente você queira tentar. Descubra, em termos gerais, todo o potencial de seu território, distrito, região, ou mercado-alvo total. Por potencial, queremos dizer o número total de pessoas ou entidades que poderiam beneficiar-se da utilização de suas ofertas. Assim que você tenha estabelecido esse número, estime que porcentagem das pessoas ou organizações daquele universo está atualmente conduzindo avaliações de ofertas comparáveis com a sua.

O que queremos dizer com uma avaliação? Aqui estão cinco importantes critérios que sugerem que uma autêntica avaliação está em andamento:

1. Os compradores identificaram um objetivo de negócios que desejam atingir ou um problema que querem solucionar que você acredita poder ser tratado por sua oferta.
2. Estão envolvidos um ou mais tomadores de decisão.
3. Requisitos estão documentados.
4. Uma decisão de compras será tomada no período de seu ciclo médio de vendas.
5. Foi reservada verba para o projeto.

Quando eles fazem esse exercício, a maioria dos vendedores conclui que somente uma pequena porcentagem de seus potenciais *prospects* atende esses critérios. (A maioria das pessoas constata que entre 0% e 10% de seu mercado potencial estão atualmente avaliando.) Em outras palavras, não há muitas avaliações em progresso no mercado.

Ao mesmo tempo, no entanto, eles descobrem algo muito interessante: a maior parte dos *prospects* que não está ativamente avaliando tem metas que são similares às dos *prospects* empenhados nessa tarefa. Esse fato levanta a questão: Por que um comprador não tentaria melhorar uma importante variável de negócios? Nossa experiência sugere que existam três respostas genéricas:

- A companhia ou o comprador não está ciente de que é possível melhorar a variável de negócio.
- A companhia ou o comprador está ciente de que a variável pode ser melhorada, mas não a considera como sendo prioritária (inclusive a questão da prioridade orçamentária).
- A companhia ou o comprador falhou nas tentativas anteriores de atingir a meta, e está relutante em tentar novamente.

Assim, se a ampla maioria de seu mercado-alvo não está buscando mudanças, isso significa más notícias, certo? Sim e não. Será uma má notícia se sua organização for apenas reativa. Mas, poderá ser uma boa notícia se sua organização tiver uma atitude proativa – ou seja, como estimular os compradores a começarem a considerar mudanças. Duas vantagens surgem na mente imediatamente:

- Há um imenso grupo inexplorado de *prospects* no mercado.
- Se você ajudar a iniciar uma avaliação, há toda uma chance de que, se o comprador finalmente considerar outras alternativas, você será "Coluna A" – o fornecedor cuja oferta é percebida desde o início como aquela que melhor se encaixa com os requisitos do comprador e, por conseqüência, torna-se o padrão contra o qual os outros concorrentes serão comparados e medidos.

Muitos profissionais de vendas acreditam que o melhor meio de construir um *pipeline* é descobrir e perseguir avaliações ativas. Por quê? Elas são qualificadas naquele orçamento, percebidas como essenciais, e já foi definido o período de execução. Sugerimos que o verdadeiro desafio do marketing é visar potenciais tomadores de decisão (pessoas que podem desembolsar ou alocar fundos não-orçados) que não estão avaliando a possibilidade de mudanças com seu Sales-Ready Messaging. Caso você discorde, favor manter a mente aberta enquanto você lê a próxima seção.

O Resultado Final nos Orçamentos

Tendo previamente selecionado os vendedores, várias companhias os orientam para encontrar oportunidades em que os compradores já estão com avaliações ativas em processo. Elas agem assim fazendo com que o orçamento seja uma pergunta de pré-qualificação que os gerentes de venda devem fazer. Isso é inteligente? Vamos examinar porque as empresas têm orçamentos e o que vendedores podem aprender do seu processo de elaboração.

Primeiramente, vamos confirmar porque os orçamentos são um "modo de vida" para os compradores e vendedores: executivos seniores devem prever e informar um resultado final aos investidores. As duas maiores variáveis são a receita bruta, que é teórica, e os gastos, que são mais controláveis.

Durante o ano fiscal, seria uma atitude prudente que o Diretor Financeiro concedesse, digamos, aos 20 principais executivos da empresa, permissão para despender o que eles sentissem ser necessário para gerir suas atividades na empresa? Se ele agisse dessa forma, é possível que, ao chegar no final do primeiro trimestre, pudesse ocorrer que cada gerente teria gasto US$ 1 milhão a mais que o esperado. O Diretor Financeiro (CFO) então teria a desagradável tarefa de informar ao CEO que a empresa ultrapassara seus gastos em US$ 20 milhões no lado das despesas – o que, por sua vez, indicaria que o CEO teria de alertar os investidores que as projeções de ganhos provavelmente não seriam atingidas. Assim, os orçamentos são definidos para controle das despesas de uma organização e permitir que o CEO e o CFO possam dormir durante a noite.

Se fosse dada a opção entre reportar ganhos não atingidos devido a uma queda no faturamento ou a um excedente orçamentário, a maioria dos CEOs optaria pela primeira (e com o batimento cardíaco acelerado). Até os analistas e investidores mais inflexíveis reconhecem que o CEO exerce somente um tênue controle sobre a geração de receitas. Essas mesmas pessoas, no entanto, considerariam a falha no controle de gastos como um sinal de extrema incompetência dos executivos.

A teoria é essa: os orçamentos são definidos no início do ano e recebem todo tipo de crítica e revisão, e com isso todos ficam tranqüilos. A realidade, no entanto, é muito diferente. Na vida real, as empresas preservam uma grande parcela de controle sobre como elas gastarão seu dinheiro, mês após mês ou semana após semana. Se for criada uma situação forçada em que consumir fundos não-orçados irá (1) aumentar as receitas brutas de um valor (significativamente) maior que o custo do desembolso ou (2) reduzir as despesas a um patamar similar, a maioria das empresas poderá encontrar os fundos necessários.

Assim – para retornarmos à perspectiva do vendedor – se um comprador alega que não dispõe de verba, contanto que a organização-alvo não tenha um caso financeiro intransponível ou outras restrições, o vendedor e seu gerente devem concluir que ele não está contatando as pessoas nos níveis mais altos (tomadores de decisão).

Eis aqui um exemplo real de nossa própria experiência de como fundos podem ser liberados de despesas não-orçadas: um vice-presidente de Vendas que participara de um de nossos *workshops* disse-nos após o curso que ele gostaria de conduzir um *workshop* interno para seu quadro de funcionários, mas que não poderia autorizar as verbas. Ele nos solicitou que apresentássemos uma visão geral executiva de nossa metodologia para seu vice-presidente de Marketing, seu CFO e seu CEO. Essa solicitação incluía uma viagem aérea a Utah, de modo que concordamos fazer o estudo se ele custeasse nossas despesas de viagem, o que ele concordou fazer. (O dar e receber em ação.)

Próximo do final de nossa discussão, o CEO perguntou qual seria o custo da implementação de um processo de vendas em sua companhia. Como ele já tinha uma visão de como o processo poderia ser utilizado e do seu valor correspondente, reexaminamos os preços com ele.

Após a avaliação dos custos, o CEO dirigiu-se a seu CFO, Ed, e perguntou a quanto andava o fluxo de caixa da companhia. Ed respondeu da maneira que todos os bons CFOs fazem quando argüidos sobre essa questão na frente de um profissional de vendas: "A situação está um tanto apertada." O CEO voltou-se para a vice-presidente de Marketing. "Caroline", ele perguntou, "das três feiras de negócios que planejamos participar neste ano, qual delas nos proporcionará o menor retorno?" Ela prontamente identificou a menos rentável. Imediatamente, com a concordância de seus colegas, o CEO decidiu que não participaria daquela feira, e conseqüentemente liberaria as verbas para o programa de treinamento de vendas. Ele nos disse para que resolvêssemos os detalhes e para contatá-lo caso tivéssemos quaisquer problemas e, em seguida, deixou a reunião.

Em outras palavras, quando você contata os tomadores de decisão, o orçamento em si não impede os compradores de seguir adiante. É certo que até os tomadores de decisão de maior senioridade não imprimem dinheiro, e então, se eles estabelecem uma nova prioridade, é provável que algum outro projeto possa ter que ser adiado ou cancelado. Isso é parte da razão porque tantos ciclos de compra acabam terminando sem decisão.

Portanto, os vendedores não apenas competem com seus pares, mas também competem pelo *mindshare* dos executivos de negócios, que têm de decidir qual a melhor forma de investir o capital limitado de suas empresas e como ajustar alocações, que – na maioria das vezes – já foram discutidas ao longo dos ciclos orçamentários passados.

Iniciando como Coluna B

Aludimos anteriormente às vantagens de se iniciar como Coluna A – ou seja, ser o fornecedor cuja oferta é percebida desde o início como a que melhor se ajusta aos requisitos do cliente.

Acreditamos que os vendedores que estão envolvidos ou se deparam com oportunidades em que os compradores já têm orçamento para o projeto devem supor que eles não são Coluna A. (O fornecedor que iniciou a avaliação que o conduziu a esta oportunidade é Coluna A, e ele continuará a desfrutar dessa posição a menos ou até que um outro fornecedor seja capaz de mudar os requisitos do comprador.) Portanto, na criação de demanda, acreditamos ser de vital importância motivar as organizações que atualmente não estejam buscando mudanças a iniciar esse processo de busca.

Vamos examinar como aumentam suas chances quando você for Coluna A relativamente às Colunas B, C, D, e assim por diante; as pessoas as quais nos referimos às vezes como fornecedores "medalha de prata". Você alguma vez já notou que somente um fornecedor recebe o pedido (medalha de ouro)? Aos outros quatro lhes é dito: "Gostamos muito de sua proposta, mas lamentamos dizer que fechamos o negócio com um outro fornecedor. Você foi nossa segunda opção." Eis a seguir um cenário que pode ser familiar.

Um vendedor está sentado em sua mesa, indeciso se trabalha em relatórios de despesas vencidas ou se faz alguma prospecção via chamada fria, quando toca o telefone. Um *prospect* de seu território inicia a conversa:

> *Aqui quem fala é Ray Jones, gerente de projetos da Companhia XYZ. A razão de minha ligação é que tomaremos uma decisão de compra dentro do próximo mês. Eu já consegui a aprovação orçamentária para o projeto. Recebemos boas informações sobre sua empresa e produtos e gostaríamos de oferecer-lhe uma oportunidade de fechar o negócio conosco. Necessitaremos de uma demonstração, cotação de preços, referências e de uma proposta assim que possível. Você deve ficar ciente de que esta é, em última análise, minha decisão, de modo que não há condições de procurar por outras pessoas dentro de minha organização. Quando poderemos reunir-nos o mais breve possível para discutirmos esses itens?*

Na esteira de uma ligação desse tipo, o vendedor mais tradicional se sentiria feliz por ter sido convidado a competir pelo negócio. A reunião seria programada para uma data a mais próxima possível, o gerente do vendedor seria informado de que havia uma "ótima oportunidade" no funil, e que essa chance apareceria na próxima previsão do vendedor. Os preços, as referências, a demonstração e a proposta seriam acelerados para satisfazer o cronograma apertado do *prospect*. Todas as pessoas no departamento de Vendas estariam sentindo-se um pouco atordoadas.

Antes de nos permitirmos ficar *demasiadamente* empolgados, vamos examinar a seqüência dos eventos que muito provavelmente precedeu a ligação recebida pelo vendedor. (Esta é uma composição, baseada em um grande número de histórias parecida com outras que costumamos ouvir.) Trata-se de um *prospect* "quente"?

Seis meses atrás, o Vendedor A descobriu um requisito para um produto jamais considerado pela Companhia XZY, o que significava que não havia verba definida para esse propósito. O ciclo de vendas se iniciou num nível inferior da organização. Após meses de trabalho e estudo, foram construídos uma base de apoio e um caso de negócio surpreendente para o produto do Vendedor A, que custa US$ 100 mil. O defensor interno (campeão) da proposta conseguia visualizar o valor da compra do produto, mas necessitava obter aprovação para um gasto fora do orçamento.

Após a apresentação do caso de negócio e de um atrativo retorno sobre o investimento, o CFO diria: "Você trabalhou muito nessa avaliação, e certamente parece que os benefícios excedem em muito os custos. Que outros fornecedores você considerou?". O defensor interno responderia que, na verdade, nenhuma outra alternativa foi considerada. "Bem", continuaria o CFO, "nossa política corporativa é a de nunca considerar apenas um fornecedor para uma compra dessa magnitude. Obtenha outras cotações de modo que possamos fazer comparações entre produtos e preços. E, a propósito, não traga vendedores para se reunirem comigo. Em quanto tempo você pode fazer essa análise e retornar para mim?".

Após essa reunião, o defensor interno da Companhia XYZ sabe da urgência que existe para completar a análise solicitada. Para conseguir a alocação de verbas, ele deve conduzir a análise com a devida atenção e cuidado em relação às outras opções. Mas, com que grau de objetividade sua avaliação será feita? Sem dúvida que ele deseja que a recomendação de seu fornecedor inicial seja a alternativa escolhida. Afinal de contas, o Vendedor A iniciou o ciclo de vendas, mostrou um expressivo e potencial retorno, e gastou meses desenvolvendo um relacionamento. O defensor interno da proposta pode confessar ao Vendedor A que foi exigido dele procurar outros competidores, e solicitar seu conselho sobre quais deles considerar. O que talvez ele não consiga entender totalmente é se o Vendedor A também previu o fato de que seu *prospect* seria instruído para procurar outros concorrentes, e tenha pré-comunicado e orientado a lista de requisitos para jogar com os pontos fortes de seu produto.

Qual seria o aspecto dessa lista (veja a Figura 9.1)? A coluna de requisitos à esquerda é preenchida primeiro: uma descrição detalhada do único produto avaliado até o momento. A Coluna A fica bem à direita dessa coluna. Ela é preenchida completamente e – sem causar surpresa – é praticamente a cópia exata da coluna de requisitos. À direita da Coluna A, estão as colunas em branco reservadas para o preenchimento dos Concorrentes B, C e D. O defensor interno agora está pronto para ligar e convidar os candidatos à "medalha de prata" para lançarem suas ofertas, contanto que eles possam reunir todos os números até a data limite.

Como se dará a comparação entre os concorrentes? Se o produto do Vendedor A for competitivo no tocante ao preço, os Concorrentes B, C e D têm poucas chances de obter o negócio. Se os Vendedores B, C e D solicitarem pela oportunidade de se reunir com o CFO – o que poderia mudar potencialmente os requisitos – isso lhes será negado. Mesmo se um deles tiver sucesso em agregar novas características à lista de requisitos, ainda podem ser utilizados fatores de ponderação para assegurar que a Coluna A seria a vitoriosa. Se for introduzida uma oferta de preço mais baixo, pode ser dada uma oportunidade "por baixo do pano" ao Vendedor A para que ele "reajuste sua proposta" depois do recebimento de todas as cotações. Em outras palavras, os Concorrentes B, C e D foram convidados para competir, perder e finalmente ajudar o defensor interno a fechar o negócio com o fornecedor preferido por ele desde o início. Na maioria dos casos, a recompensa para as Colunas B, C e D é a medalha de prata.

A seguir, o defensor interno do fornecedor Coluna A marca uma reunião de acompanhamento com o CFO. Embora seja mostrada uma variedade de alternativas, há uma clara escolha. A realocação de dinheiro para a Coluna A é aprovada. Agradece-se aos fornecedores B, C e D pelo pronto atendimento, eles são elogiados por terem feito um excelente trabalho, e lhes é passado que foi uma decisão difícil, mas que não foram selecionados nessa oportunidade. Todos os três são informados de que ficaram como segunda opção, e que se surgirem propostas futuras eles serão convida-

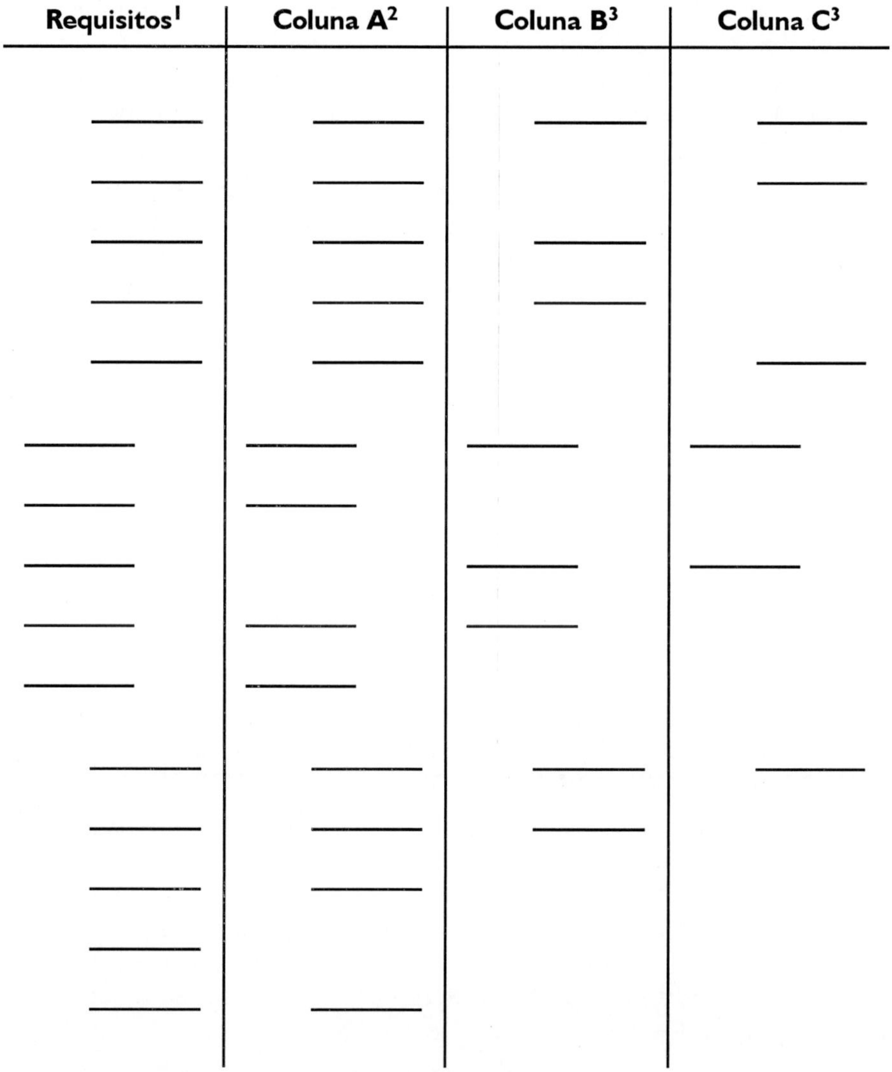

Papel do Marketing na Criação de Demanda **137**

Requisitos[1]	Coluna A[2]	Coluna B[3]	Coluna C[3]
___	___	___	___
___	___	___	___
___	___	___	
___	___	___	
___	___		___
___	___	___	___
___	___		
___		___	___
___	___		
___	___		
___	___	___	___
___	___	___	
___	___		
___	___		
___	___		

[1] Normalmente, variam de acordo com o comprador.

[2] Fornecedor cuja oferta é a que melhor atende aos requisitos. Pode mudar durante um ciclo de vendas.

[3] O fornecedor vitorioso geralmente é conhecido antes de os outros serem convidados para apresentar suas ofertas.

Figura 9.1 Avaliação do Fornecedor

MICHAEL T. BOSWORTH • JOHN R. HOLLAND

dos a participar. Os fornecedores que perderam o negócio removem a Companhia XYZ de suas previsões como uma perda competitiva, sentindo – corretamente em muitos casos – de que eles poderiam ter virado a situação a seu favor, apenas se tivessem tido acesso à conta mais cedo.

Em resumo: quando lhe é informado inicialmente em um ciclo de vendas que o orçamento foi aprovado, você *sempre* deverá pressupor que seus concorrentes definiram os critérios. O *prospect* já iniciou a avaliação dos valores comparáveis dos produtos ou serviços oferecidos, e obteve estimativas de custos. Se não fosse esse o caso, de que forma eles poderiam possivelmente saber antecipadamente qual o montante de dinheiro a ser orçado?

Ao ser contatado por *prospects* com orçamentos pré-aprovados e com prazos curtíssimos para apresentar demonstrações, preços, referências e propostas, deve servir como alerta de que está sendo solicitado que você preencha uma coluna. Se a resposta à pergunta "Existe um orçamento?" for positiva, os gerentes de vendas podem querer fazer uma pergunta adicional: "De que concorrentes o *prospect* conseguiu os números para obter a aprovação das verbas?"

Nos entendimentos com nossos clientes, tentamos fazer com que eles foquem nas vantagens de ser Coluna A, em vez de serem medalhistas de prata. Uma forma de fazer isso é pedir-lhes para voltar atrás e verificar quais as concorrências que foram ganhas ao longo do tempo e estimar o percentual de negócios ganhos que representaram situações nas quais começaram o negócio como Coluna A.

A maioria das pessoas termina nos fornecendo um número na faixa de 80%. Visto de maneira inversa, isso significa que eles têm uma chance superior a 400% de sucesso se puderem proativamente fazer com que as pessoas busquem por mudanças. Na verdade, cada um dos vendedores deve sondar para preencher seus funis, mas não esqueçamos que o Marketing tem um papel crítico a desempenhar como área de apoio ao processo de vendas.

Nesse ponto, é importante notar que o ciclo médio de vendas percebido para uma empresa pode ser ilusório. Mesmo se você estiver falando nos níveis mais altos, e for Coluna A, é necessário um período razoável de tempo para se chegar ao ponto de ter um pedido passível de fechamento. Quando você estiver entrando em um negócio na qualidade de um potencial medalhista de prata, a boa notícia é que esse processo terá um ciclo de vendas curto (o Coluna A já fez a maior parte da venda). A má notícia é a que o ciclo de vendas provavelmente terá um final insatisfatório.

Marketing e *Leads*

Se você deseja iniciar um ciclo de compra em que ainda não haja participantes, é necessário obter o *mindshare*. Com os tomadores de decisão, conforme sugerido nos capítulos anteriores, isso geralmente não será conseguido lidando com suas ofertas. O que sugerimos, contrariamente, é lidar com questões de negócios para gerar curiosidade e interesse.

Falar sobre negócios oferece às organizações o benefício de aumentar os pontos de entrada nos níveis mais altos nas organizações com potencial para comprar, gerando ciclos de vendas mais curtos e um acesso mais rápido aos compradores do mercado convencional. Afinal, estes agora têm sido informados sobre a utilização dos produtos ou sobre resultados em potencial em vez de iniciarem o ciclo de vendas com suas ofertas.

Que questões? Bem, vamos rever a Lista de Conversas Dirigidas – contendo um menu de metas por oferta, setor vertical e cargo – que criamos no capítulo anterior. Utilizando essa ferramenta, agora gostaríamos de apresentar uma definição de um *lead* passível de ser acordada entre os departamentos de Vendas e Marketing, porque os três componentes de uma oportunidade são os mesmos de uma Lista de Conversas Dirigidas:

- Setor vertical.
- Cargo (ou função).
- Meta de negócio identificada.

Em nosso modelo, uma organização (ou vendedor) não pode começar a vender a menos que um comprador com Conversas Dirigidas expresse uma meta que possa ser atingida ou um problema que possa ser tratado com uma oferta. Quando isso acontece, você tem um *lead* legítimo que tanto Vendas como Marketing podem concordar como sendo qualificado. Para empresas que não têm qualquer definição-padrão para um *lead*, qual a importância de se ter um processo de rastreamento de índices de fechamento?

Agora gostaríamos de discutir as várias avenidas que a maioria dos grupos de marketing utiliza nos dias de hoje numa tentativa de gerar interesse – folhetos e materiais promocionais, feiras e exposições, seminários, *websites* etc. – e de como essas diferentes abordagens podem ser melhoradas (ao lidar com objetivos comerciais ou problemas nos negócios) ou substituídas.

Folhetos e Materiais Promocionais

Da mesma maneira que vendedores tradicionais se sentem compelidos a utilizar uma técnica de "atirar no escuro" no contato com *prospects*, assim o faz a maioria dos folhetos e materiais promocionais. Muitos deles são apenas baseados em especificações do produto, geralmente com alguns gráficos e com amostras de termos nebulosos (integrável, robusto, sinérgico, de ponta etc.) colocados de modo a torná-los ligeiramente mais compreensíveis.

Mas isso é tolice. Quando você vai a uma pescaria, escolhe uma localidade específica, tipo de isca, tipo de anzol e método (pesca de passagem de rede, de arremesso de anzol, e assim por diante), tudo baseado na espécie de peixe que você está tentando apanhar, correto? Por que você não faria tanto ou até mais quando fosse "capturar" alguns *prospects*?

Apresentamos agora um exercício útil. Apanhe uma peça de material promocional de apoio que provavelmente será enviada a um *prospect* e folheie suas páginas. Ao proceder dessa forma, pergunte a si mesmo:

- Que nível da organização gostaria de ler esse material?
- Este nível consegue alocar fundos não-orçados?
- Que questões de negócios o material tenta realçar?
- Que ação se pretende provocar?

Sim, há sempre uma função para informações técnicas expressivas - mas isso é algo com o qual você quer lidar, numa tentativa de obter um ponto de entrada em uma organização potencial? Na maioria dos casos, a resposta é negativa. Folhetos contendo muitos detalhes técnicos são mais apropriados para (1) responder a uma pergunta profunda de um *expert*, (2) informar àqueles que não são os tomadores de decisão de suas ofertas, e (3) reforçar a credibilidade que você construiu de outras formas.

Outro método geralmente implacável é fornecer belas pastas lustrosas aos vendedores tradicionais, ou seja, pastas largas nas quais são inseridos folhetos, cartas e cartões comerciais. Em muitos casos, quando um *prospect* pergunta, "Você pode me enviar mais informações?", os profissionais de vendas convencionais começam a retirar material impresso de suas gavetas. O resultado? Cinco dólares em cópias impressas e três dólares para a postagem. Ao final, os compradores sentem que receberam informações excessivas e, portanto, não lêem muito (ou alguma parte) do material. (Ouvimos a mesma história em todas as vezes que fazemos acompanhamento dos vendedores de nossos clientes). Isso, por sua vez, aciona a resposta clássica oriunda do(a) assistente do *prospect*: "Estou seguro de que ele tenha visto o material, e, se houver algum interesse, certamente lhe retornará com uma ligação."

Não recomendamos que se coloque esse *prospect* em sua previsão de vendas. Será que ele faz parte da mesma?

Certamente, o Marketing pode reduzir essa exposição em um certo grau ao ser seletivo sobre os tipos de material que produz. Mas, além disso, sugerimos que, quando eles recebam solicitações sobre informações, os vendedores devam responder com o pedido de uma breve conversa para um melhor entendimento da área de interesse do cliente, de modo que eles possam enviar somente o material pertinente. Não é ofensivo tomar uma atitude explícita sobre isso: "Temos um grande número de ofertas com diferentes recursos e preferimos não submetê-lo a um excesso de material. O que, exatamente, você quer conhecer?" Outra alternativa é perguntar ao comprador: "O que você espera obter?"

Aqui estão algumas possíveis alternativas para especificações técnicas e para folhetos:

- Menus de metas ou problemas de negócios.
- Casos de Sucesso.
- Amostras de resultados de custo/benefício atingidos por clientes.

Observe que os menus de metas ou problemas de negócios podem ser extraídos diretamente de uma Lista de Conversações Dirigidas, conforme descrito no último capítulo. A questão da abordagem do menu, certamente, é permitir que os vendedores utilizem exemplos de problemas comuns nos negócios para conduzir o comprador para uma discussão. Geralmente, é mais fácil para o comprador dizer: "Ei – nós temos esse mesmo problema!" do que dizer: "Deixe-me descrever esse estranho problema que nós, e somente nós, parecemos ter".

Os Casos de Sucesso são uma das técnicas mais antigas na profissão de vendas. Por razões compreensíveis, os compradores sentem muito mais conforto se eles não estiverem entre os primeiros a comprar a oferta do vendedor. Lembrando-se do conceito de utilização do produto e das Conversas Dirigidas, considere o formato do Caso de Sucesso do CustomerCentric Selling na Figura 9.2.

Note que os dois primeiros componentes (Pessoa-chave e Meta) saem de uma Lista de Conversações Dirigidas.

1. Pessoa-chave (setor/cargo)	Da Lista de Conversações Dirigidas.
2. Meta	Do menu de metas.
3. Razão contribuinte	Antes de implementar sua oferta, cite uma razão pela qual não possam atingir sua meta. Essa razão deve ser oriunda da parte esquerda do SDP da Pessoa-chave.
4. Funcionalidade correspondente	Opte pela funcionalidade do lado direito do SDP que trata da razão correspondente citada.
5. Declaração de funcionalidade	Declare que você ou sua companhia fornecem a funcionalidade.
6. Resultados quantificados	Compartilhe os resultados quantificados obtidos e não se esqueça de vinculá-los às metas discutidas.

Figura 9.2 Componentes de um Caso de Sucesso

Quando um vendedor consegue que um cliente compartilhe uma meta, o próximo elemento é uma "razão contribuinte" para a incapacidade de o cliente atingir a meta. Essa razão é naturalmente alinhada com uma funcionalidade. A declaração de benefício agora possibilita que o vendedor finalmente afirme, "Nós lhe fornecemos esse recurso" e, em seguida, termine com o benefício real proveniente do uso da oferta pelo cliente.

Na Figura 9.3, reproduzimos um Caso de Sucesso verdadeiro de um usuário do CustomerCentric Selling.

"Trabalhamos com um *(vice-presidente de Vendas de uma empresa de software)*[1] que desejava *(melhorar a precisão de suas previsões)*.[2] Prever foi difícil porque *(qualificações variam por vendedor e de não haver método-padrão para avaliar o progresso de uma oportunidade)*.[3] Seus vendedores atualizavam as previsões quando pressionados pelo tempo no final do mês. Ele disse que necessitava de um método para *(definir milestones para toda a companhia, de modo que, após efetuarem seus contatos, os vendedores podiam-se cadastrar em um* website *e estar preparados para atualizar o status de oportunidades em relação a um sistema-padrão de graduação)*.[4] *(Nós lhe provemos esse recurso)*.[5] Nos últimos seis meses, *(sua precisão de previsão aumentou 35%)*.[6]"

1. Pessoa-chave (setor/cargo). 2. Meta. 3. Razão contribuinte. 4. Funcionalidade correspondente. 5. Declaração de funcionalidade. 6. Resultados quantificados.

Figura 9.3 Estabelecendo Credibilidade: O Caso de Sucesso

Esse cliente particular comercializa uma significativa quantidade de produtos e serviços para aumentar a produtividade nas operações de manufatura, e a Pessoa-chave e a Meta foram originados de sua Lista de Conversações Dirigidas. A razão contribuinte é alinhada com uma de suas principais funcionalidades: sinais de alerta antecipados. Após sua equipe de vendedores transmitir uma declaração de benefício, ela então pode terminar pela quantificação do verdadeiro benefício financeiro.

Observe que esse Caso de Sucesso foi construído e publicado pelo Marketing, e utilizado pelo departamento de Treinamento quando do treinamento dos vendedores, e finalmente utilizado pelo vendedor no contato com os potenciais novos *prospects*. Esse é o tipo de colaboração que conduz ao sucesso nas vendas.

A terceira alternativa para adicionar aos materiais promocionais padrões listados acima é uma demonstração dos resultados de custo/benefício obtidos pelos clientes. Os resultados podem ser ferramentas extremamente poderosas, porque permitem que clientes ou *prospects* falem com outros clientes, sem qualquer tipo de intermediação do profissional de vendas.

Feiras e Exposições

Até esse ponto, deve ficar claro que não aprovamos que vendedores lidem com ofertas. Assim, é possível adivinhar como nos sentimos sobre os modos como muitos vendedores – especialmente fornecedores de tecnologia – exibem suas mercadorias em feiras e exposições. Produto, característica; produto, característica; e assim por diante. Basta dizer que, em praticamente todos os casos, há sempre espaço para melhorias. A exceção, é certo, pode surgir no caso de uma oferta para o mercado pioneiro, em que apenas colocar seu produto na frente de compradores desse nicho de mercado – e deixá-los descobrir como utilizá-lo – pode ser uma abordagem válida de curto prazo para obter ajuda no entendimento de como sua oferta pode colaborar com um comprador no sentido de ele atingir uma meta, resolver um problema ou satisfazer uma necessidade.

Mas suponhamos que você não está buscando Inovadores ou Pioneiros. Assim, para começar: Exatamente o que você está tentando realizar ao participar em uma feira de negócios? Está tentando gerar oportunidades? Muitos departamentos de Marketing "batem no peito", numa expressão de triunfo, após uma feira de negócios gerar 500 *bingo cards* (pretensos 500 cartões de visita que serão aproveitados na totalidade) solicitando informações. No entanto, o desafortunado vendedor que fizer o acompanhamento desses supostos contatos logo descobrirá que 95% ou mais deles são inúteis. Percebe-se que a maioria é consultor apenas na tentativa de atualizar suas idéias, alunos da faculdade interessados na tecnologia ou em busca de oportunidades de emprego, pessoas que apenas estão admirando as novidades, aficionados por bugigangas, e assim por diante – em outras palavras, pessoas que podem ficar intrigadas por suas ofertas, mas que não têm o poder de compra.

Se você levar em consideração o custo total de sua participação em uma feira de negócios (incluindo todos os funcionários) e dividi-lo pelo número de *bingo cards* gerados, poderá ficar chocado de como esses contatos são dispendiosos – especialmente à luz do fato de que muitos, ou a maioria deles, não são oportunidades efetivas. E isso fica pior: segundo o Gartner Group, um contato pessoal feito por um vendedor de empresas de alta tecnologia custa mais de US$ 400, quando todos os custos são levados em consideração. Conseqüentemente, se você contatar apenas em um de cada cinco desses contatos *bingo cards*, terá perdido um montante equivalente a US$ 40 mil!

Lembre-se, ainda, de que seu contato inicial torna-se seu ponto de entrada em uma organização. No caso de uma venda corporativa, a entrada no nível do usuário é quase sempre garantia de um longo ciclo de vendas. Você provavelmente consumirá muito tempo ao longo do caminho com pessoas que não podem dizer sim, mas podem dizer não.

Sugerimos adotar uma abordagem diferente para as feiras e exposições. Do mesmo modo que as companhias podem se diferenciar com um processo de vendas, acreditamos que elas possam fazer o mesmo no que diz respeito às feiras e exposições. Na busca de compradores do mercado convencional, considere a redução de sua participação em feiras de negócios tradicionais. Selecione feiras nas quais a participação de executivos seja mais provável.

Reserve um estande pequeno e resista à tentação de abarrotá-lo com equipamentos. Utilize com destaque citações e testemunhos de clientes, ou menus de metas ou problemas, para atrair visitantes para uma Conversação Dirigida (que não necessariamente estejam pensando em mudanças) a pararem, entrarem em seu estande e compartilharem um objetivo de negócios. Essa estratégia coloca seus funcionários numa posição de começar a fazer perguntas inteligentes que o *prospect* é capaz e tem vontade de responder.

Se demonstrações forem apropriadas, sugerimos perguntar aos *prospects* interessados se eles gostariam de ver as ofertas. Caso eles concordem, preencha um cartão com (1) suas metas e (2) os recursos que eles gostariam de ver. Leve-os a um local reservado, em que eles possam beber refrigerantes e sucos e fazer ligações telefônicas. Quando eles estiverem prontos, visitarão o reservado e darão o cartão a um de seus funcionários, que poderá, então, personalizar a demonstração em função dos recursos específicos que o comprador está interessado em ver.

Seminários

Em um território recém-conquistado, ou no caso de uma nova apresentação, um seminário pode ser um método efetivo para "começar a encher" os *pipelines*. Os seminários exigem tempo e dedicação para serem coordenados, mas eles oferecem uma oportunidade de venda de "um para muitos" e, portanto, não podem ser relegados ao segundo plano. Assim, a meta deve residir em estruturá-los de tal maneira que forneçam o máximo benefício. Novamente, a meta final nesse ponto – igualmente com as ferramentas e as técnicas sugeridas anteriormente – é o de conseguir que os compradores que não estão pretendendo mudar compreendam os benefícios potenciais da mudança e iniciem uma avaliação. Seu grupo de *prospects* cresce e você se posiciona como Coluna A.

Uma das primeiras etapas importantes é reunir um grupo de participantes que tenham algo significativo em comum; por exemplo, eles atuam no mesmo setor, ou fazem praticamente o mesmo trabalho. Uma boa maneira de fazer isso é dar destaque a um de seus clientes – preferencialmente de uma empresa familiar – que detenha a mesma posição e deseje compartilhar um problema que sua oferta os ajudou a solucionar. Quando isso funciona, resulta numa situação em que todos saem ganhando: seu cliente fica lisonjeado, os participantes conseguem facilmente se relacionar com o material apresentado por alguém com credibilidade, que fala a mesma linguagem, e você obtém acesso a um grupo de *prospects*.

Coisas pequenas contam muito. Programe seu seminário para ser a primeira atividade feita numa manhã – antes de as pessoas irem ao trabalho – e limite-o entre uma e duas horas. Prepare seu convite cuidadosamente: é muito importante definir a agenda do dia e as expectativas. Se você espera atrair uma platéia de executivos, invista dinheiro suficiente em convites para que eles sintam que se trata de um evento voltado para eles mesmos.

Considere a preparação de um menu de metas ou problemas que provavelmente serão relevantes a esse público-alvo, e inclua esse menu – e um envelope pré-endereçado – com o convite. Estimule-os a realçar os tópicos que eles gostariam que fossem cobertos durante a sessão. (Você ainda poderá querer postar esse menu em seu *website*, de modo que os convidados podem destacar seus pontos de interesses eletronicamente.)

Você poderá tabular os resultados antes do seminário, e assim maximizar seu alinhamento com a platéia.

O acompanhamento é tão ou mais importante quanto o convite. Ligue para as pessoas que convidou, e pergunte se elas pretendem participar, se examinaram o menu e se têm alguma questão a ser tratada. Acima de tudo, veja se você pode obter o compromisso para participar do evento. Em seguida, não se esqueça de ligar no dia anterior ao evento – sob o pretexto de confirmar o número de participantes em função do local do evento – e confirme se ainda planejam participar. Você não deseja ter um auditório vazio, e é certo que vale a pena contar com uma sala repleta (de pessoas de alto potencial) sob a responsabilidade de uma de suas pessoas mais confiáveis e criativas.

Inicie a sessão com um breve cenário de sua companhia – com duração não superior a 5 minutos. Se você conseguiu coletar e pré-tabular o menu das questões de negócios antes da reunião, apresente-o agora. De outra forma, elabore um menu em um *flip chart* e solicite sugestões, e em seguida utilize esse menu para estabelecer duas ou três metas de interesse geral. (Assegure a seus convidados que os problemas não tratados nessa sessão poderão ser revistos individualmente em uma data posterior.)

Em alguns casos, talvez você queira utilizar um Caso de Sucesso para "incendiar o ambiente", ou talvez você queira sondar todo o auditório para definir as razões comuns pelas quais os participantes não conseguem os resultados desejados. Após a sessão, você poderá ter demonstrações montadas (se apropriado) que são focadas nas funcionalidades específicas discutidas e apresentadas no seminário.

Seu objetivo, novamente, é consegui-los fazer com que busquem mudanças. Não cremos que a venda "um a um" seja apropriada no caso de seminários. Por outro lado, se você puder obter um cartão comercial e uma meta ou objetivo associado, isso irá preparar o terreno para uma ligação telefônica ou uma reunião de acompanhamento que pode determinar rapidamente se existe uma possibilidade a ser perseguida.

Publicidade/Propaganda

Na maior parte dos casos, a publicidade ignora a regra mais básica do CustomerCentric Selling. Ela trata as ofertas como substantivos, e não como verbos, e ignora ou subestima as questões de negócios como uma forma de gerar interesse.

Embora o tema da publicidade seja suficientemente amplo para justificar sua grandeza e autonomia, deixe-nos sugerir duas abordagens CustomerCentric Selling para a publicidade:

- Procure criar uma situação de "inveja de resultados" fazendo com que os compradores concluam que pessoas em seu próprio setor, e com o mesmo cargo funcional, estão atingindo melhores resultados pela utilização de suas ofertas.
- Utilize uma forma de "ferir e socorrer", fazendo com que as pessoas concluam que estão passando por um problema nos negócios e que elas têm um meio de controlá-lo.

Em todos os casos, tente focar nas ações que você deseja que seus compradores tomem como resultado de verem seus anúncios. As opções incluiriam visitar seu *website*, ligar para uma linha grátis, contatar um escritório local, enviar um cartão de resposta, e assim por diante.

Websites

Não precisamos insistir no óbvio: quando se trata da Web, a rosa não mais está florescendo. A expectativa amplamente compartilhada de que os sites na Web seriam capazes de vender todas as coisas a qualquer pessoa, ininterruptamente nas 24 horas do dia, sete dias por semana, está sendo demovida, em termos reais, em face de resultados medíocres. Na verdade, um volume crescente jamais antes percebido de *compras* se dá na Web, mas bem poucas vendas (ou precisa de desenvolvimento) efetivamente são realizadas. A maioria dos *websites* não passa de um folheto eletrônico. Eles lidam com o produto e o tratam como se ele fosse um substantivo. Na realidade, é até mesmo difícil apontarmos um *website* que sirva de um modelo orientado a vendas.

O que deu errado? Isso tem muito a ver com a evolução das tecnologias relevantes. Os *websites* iniciaram no formato unidimensional e estático, essencialmente por causa das limitações das velocidades dos modens e das interações entre funcionalidades. A interatividade era um sonho remoto. Com o advento da Internet de alta velocidade, essas barreiras foram superadas para muitas aplicações. Um desenvolvimento recente, configuradores de produto, pode orientar potenciais compradores, etapa após etapa, a uma recomendação de compra – em outras palavras, através de um processo grosseiramente interativo.

Conseqüentemente, embora a tecnologia tenha eliminado muitas barreiras, as interações ainda tendem a ser trabalhosas e mecânicas. Estamos ainda para ver um *website* que comece a estimular o trabalho de um profissional de vendas CustomerCentric Selling. Talvez seja incorreto esperar que uma máquina interaja com uma pessoa da mesma forma que uma outra pessoa faria, especialmente visto que os computadores ainda são amplamente limitados a enxergar o mundo sob uma perspectiva binária, de ligar e desligar. Mas os websites efetivamente detêm o potencial de ter diálogos com os clientes, e pensamos que eles deveriam começar a funcionar de acordo com esse potencial.

O Solution Development Prompter, descrito nos capítulos anteriores, é baseado essencialmente em diálogos, fundamentado numa "arquitetura de conversação". Não há uma razão inerente para que esse tipo de arquitetura não possa ser recriado no contexto da Web. Com investimentos adequados em programação, um *website* deveria ser capaz de descobrir os interesses dos visitantes da Web e, com base nesses interesses, apresentar conteúdo em uma seqüência que simule um contato de vendas.

Permanecemos otimistas. Pense no avanço que essas tecnologias conseguiram em menos que duas décadas. Mesmo com a tecnologia dos dias de hoje, acreditamos que seria possível criar um *website* capaz de desenvolver a visão de um visitante, seja para qualificar um comprador, seja – dependendo do tipo de oferta e dos custos – para acompanhar uma venda de ponta a ponta até o seu fechamento. Com a tecnologia do futuro, isso deverá ser muito mais fácil.

Cartas, Faxes e E-mails

Eles podem ser meios efetivos de criar demanda, seja cobrindo toda uma companhia, seja no território de um determinado vendedor. Se vai haver um compartilhamento das melhores práticas dentro de uma empresa, o Marketing deve prover um inventário de fácil acesso de Sales Ready Messaging, específicos para cada tipo de setor e cargo, de modo que os indivíduos não fiquem reinventando a roda. Vamos adiar essa discussão até o próximo capítulo, em que focaremos nos esforços de prospecção em um determinado território.

Redefinindo o Papel do Marketing na Criação de Demanda

Para resumir: o Marketing pode desempenhar um papel crítico na criação de demanda para as ofertas de uma companhia. Se o Marketing funcionar como linha de frente no ciclo de vendas, então suas mensagens por toda a mídia devem ser consistentes com o comportamento dos vendedores que defendemos: a saber, lidar com questões de negócios com pessoas capazes de tomar decisões e que alocam fundos não-orçados.

O Marketing deve ser o guardião do Sales-Ready Messaging, mas não se deve esperar que ele execute essa função isoladamente. O departamento de Vendas deve prover informações construtivas, continuando a refinar o material, de modo que ele reflita as melhores práticas do campo.

Marketing e Vendas devem concordar sobre as definições acerca de um *lead*. Acreditamos que um *lead* legítimo contém três componentes:

- Setor vertical.
- Cargo.
- Meta.

Há apenas um certo número de pessoas aí afora que já está buscando mudanças. As probabilidades são que eles já tenham um fornecedor preferido em mente. A geração de demanda deve fazer com que as pessoas que não estão procurando por mudanças comecem um ciclo de compra. Esse segmento representa muitas vezes o número potencial de pessoas que já está procurando, e oferece a vantagem de possibilitar que os vendedores sejam proativos e se tornem Coluna A, em lugar de serem reativos e competirem por uma medalha de prata.

As pessoas que ainda não estão procurando por mudanças não têm verbas alocadas, de modo que o foco nessas organizações deveria ser nas pessoas que tenham a autoridade para liberar verbas não-orçadas. E, como sempre, recomendamos expressamente lidar com questões de negócios e utilizações, em vez da abordagem tradicional de "dar tiros no escuro".

Conforme vimos, o CustomerCentric Selling não pode ser iniciado a menos que os compradores compartilhem uma meta ou um problema de negócio que a oferta de um fornecedor pode ajudá-los a solucionar. Quer você esteja criando campanhas publicitárias ou participando em feiras de negócios, quer esteja promovendo seminários, deve começar pensando no final: criar *leads* qualificados para as organizações de vendas.

Em resumo, poucas empresas têm uma definição operacional do inter-relacionamento entre Vendas e Marketing. As empresas que implementam o CustomerCentric Selling adotam a seguinte descrição para os papéis de cada uma das funções:

- O Marketing, através de seus programas, é responsável por conseguir que os compradores que atualmente não estão buscando mudanças considerem essa alternativa. Ele é também o guardião que zela pelas ferramentas necessárias para levar um executivo de uma meta até a visão de uma solução.

- Os profissionais de vendas executam o processo de vendas pelo uso do Sales-Ready Messaging. Ao agirem dessa forma, eles são os responsáveis pela documentação das ligações e pelas visitas de modo que os seus gerentes possam auditar e classificar (qualificar) as oportunidades no *pipeline*.

Capítulo 10

Desenvolvimento de Negócios
A Parte mais Difícil do Trabalho de um Vendedor

UM DOS MAIORES DESAFIOS enfrentados pelos vendedores é o de criar e manter oportunidades suficientes em seus *pipelines* para que possam atingir suas cotas. Quando os *pipelines* são inadequados, vários profissionais de vendas são submetidos a uma pressão intensa – quer imposta internamente (por seus próprios anseios de se sobressair), quer externamente (por seus gerentes [ou esposas]). Em muitos casos, eles fracassam porque são incapazes de gerar interesse e, conseqüentemente, não iniciam ciclos de compra com os clientes. Uma vez estando à porta, eles podem fazer um trabalho respeitável; o problema é que são incapazes de abrir a porta.

A prospecção é uma atividade que muitas organizações conduzem de modo totalmente errado. Um número grande de companhias pede a seus vendedores "saídos do forno" para aprenderem logo de início a fazer prospecções em seus territórios. À medida que eles progridem – pressupondo-se que sobrevivam – mais e mais de suas tarefas consistem em dar continuidade aos serviços para os clientes de suas carteiras. Suas responsabilidades de prospecção, portanto, decrescem ou desaparecem inteiramente. O vendedor fica com a idéia (às vezes de sua própria organização) que a prospecção está de alguma forma abaixo de sua dignidade.

Na realidade, a ampla maioria dos vendedores consideraria o mundo um melhor lugar para se viver se eles *jamais* tivessem de assumir a responsabilidade de descobrir novas oportunidades. Dada a opção de 4 horas de prospecção em contatos telefônicas frios (sem grandes possibilidades de sucesso) ou a de ter um canal-fonte, muitos profissionais de vendas experientes optariam pela última alternativa. Mas essa atitude revela falta de visão. Primeiro, eles já demonstraram que têm algum talento na prospecção; de outro modo, eles teriam sido despedidos há muito tempo. A companhia precisa que essas habilidades sejam utilizadas de forma contínua. E segundo, pelo menos é como vemos isso, as habilidades gerais de um vendedor se deterioram se ele perde a capacidade de gerar interesses de pessoas estranhas. Terceiro, nossa definição de prospecção é fazer com que compradores (inclusive os clientes existentes), que não estavam procurando por mudanças, procurem-nas.

Neste capítulo, examinaremos os diferentes meios com que os vendedores podem agregar *prospects* – incluindo telemarketing, referências e comunicações escritas. Além disso, sugeriremos técnicas para tornar o processo de prospecção mais focado no cliente e, portanto, mais bem-sucedido.

A Psicologia da Prospecção

As dificuldades de prospecção surgem em duas condições: "não poder" e "não conseguir". Cada condição requer uma resposta diferente.

De forma contínua, a maioria dos gerentes de vendas avalia se um *pipeline* contém oportunidades suficientes que possibilitem a um determinado vendedor atingir suas cotas designadas. Essa análise é, de modo geral, feita sem considerar o *mix* de novas contas em função de negócios extras. Se um *pipeline* é escasso, os gerentes de vendas tentam focar na quantidade de atividade de prospecção, geralmente sem assistir os vendedores na melhoria da qualidade de suas atividades. Decorrido um período de tempo, se um gerente determina que um de seus vendedores não está gerando *prospects* suficientes, a reação automática é forçar para que uma maior porcentagem de seu tempo seja gasta na sondagem de novas oportunidades. E, em alguns casos – a saber, casos de "não conseguir" – este é o melhor procedimento: obrigar mais atividade e monitorar o comportamento de prospecção subseqüente com mais rigor.

No entanto, determinar que alguém despenda mais tempo em uma determinada tarefa, traz pouco benefício se o indivíduo não contar com as habilidades exigidas para cumprir o que se espera. E isso gera o problema mais comum: "não poder". De modo geral, os vendedores são pessoas orgulhosas e altamente motivadas; na realidade, em muitos casos, o desejo de superação precede à motivação financeira. Assim, os resultados sem brilho na atividade de prospecção são devidos, na maioria das vezes, às deficiências nas habilidades. E resultados fracos decorrentes de habilidades fracas rapidamente incutem e reforçam a noção de que a sondagem é uma tarefa enfadonha. Em outras palavras, "não posso" transforma-se em "não consigo".

Em um trabalho recente com um cliente, fomos contratados para assistir um vice-presidente de Vendas na revisão do *pipeline* de todos os 18 vendedores da companhia. Marcamos uma reunião de 45 minutos com cada um dos vendedores, tendo também a participação do vice-presidente. Pediu-se antecipadamente a cada vendedor que eles estivessem preparados para discutir suas três oportunidades principais.

Durante cada discussão, perguntamos – em momentos e maneiras diferentes – como o vendedor tivera o primeiro conhecimento sobre cada oportunidade. Em um total de 54 oportunidades, em seus *pipelines* coletivos, quatro delas tinham sido proativamente prospectadas. Resultava que, em muitos casos, as atividades completas de prospecção do vendedor eram limitadas a ligar para o Marketing e fazer uma pergunta intencional: "Onde estavam os contatos resultantes da última feira de negócios?" Isso abriu os olhos do vice-presidente de Vendas, que não tinha idéia alguma de como era pequena a prospecção proativa que vinha sendo feita pela sua equipe de vendas.

O desempenho de vendas é amplamente movido pela natureza humana. É muito comum que um vendedor tenha um trimestre muito fraco em seguida a um trimestre espetacular. Por quê? Porque param de prospectar assim que seus *pipelines* pareceram razoavelmente saudáveis. Isso reflete a natureza humana: atividades menos atraentes são adiadas para serem feitas no dia seguinte. Quantas vezes você listou as coisas que tinha a fazer e descobriu, no final do dia, que executara apenas as tarefas que menos detestava? É a mesma coisa com a atividade de prospecção. Os vendedores são extremamente criativos para encontrar motivos pelos quais estão tão ocupados e deixar de fazer prospecções.

Qualquer pessoa que tenha tentado isso concordará com uma coisa: fazer prospecções pode ser uma experiência humilhante. Todavia, ela precisa ser feita. Fechar negócios é uma boa notícia: você conseguiu a transação. Mas, sempre há uma má acompanhante: uma oportunidade foi removida de seu *pipeline*, e agora ela necessita ser substituída.

Em muitos casos, o primeiro local para o qual os prospectores se voltam é o telefone.

Telemarketing e Estereótipos

Já abordamos o estereótipo negativo que vendas tem como profissão. Com certa consistência, as pesquisas de opinião pública colocam vendedores e advogados nos dois níveis inferiores da escala de carreiras honoráveis. No último nível inferior, acreditaríamos, estariam os operadores de telemarketing que interrompem o jantar de sua família para vender mercadorias em sua casa. Na realidade, algumas pessoas ficam tão irritadas por serem importunadas por ligações para suas casas que adquirem *zappers* eletrônicos que identificam e selecionam ligações discadas de um computador.

Entendendo que eles têm de fazer uma ligação extremamente breve, os operadores de telemarketing recorrem a uma ou mais técnicas que lhes são passadas para captarem sua atenção e mantê-lo na conversa. Por exemplo, eles:

- Utilizam em excesso (e, freqüentemente, pronunciam mal) o seu nome.
- Perguntam: "Como está o seu dia?"
- Iniciam com: "Eu não estou pretendendo vender-lhe nada."
- Fazem perguntas vazias, como: "Como você gostaria de obter um retorno maior sobre seu dinheiro?".
- Falam ininterruptamente durante os primeiros 90 segundos (se você lhes conceder todo esse tempo).

Como nada que escrevermos conseguirá eliminar totalmente os operadores de telemarketing – e uma vez que você pode estar a ponto de se tornar efetivamente um desses profissionais – examinaremos alguns exemplos de diálogos, e analisaremos sobre o que funciona – e o que não funciona – sob a ótica do vendedor CustomerCentric Selling. Você atende o telefone e ouve:

> *Aqui quem fala é Tom Robinson da Acme Heating. Está tudo bem com você nessa noite? (breve pausa) A Acme tem orgulho de sua notável reputação no tocante aos serviços ao cliente. Comercializamos uma linha completa de caldeiras de calefação e receberíamos com prazer a oportunidade de passar cerca de 30 minutos discorrendo sobre seus requisitos. Estaremos em seu bairro na noite da próxima quarta-feira. O horário das 19 ou o das 20 horas seria apropriado?*

Não tão ruim para você cerrar os dentes – provavelmente –, mas há várias coisas que os *prospects* poderiam considerar merecedoras de objeção nessa abordagem, que, de forma geral, reduzem a probabilidade de o vendedor conseguir esse encontro. Por exemplo:

- O roteiro contém uma pergunta pessoal dissimulada na segunda sentença. Eles estão telefonando para vender algo a você – eles efetivamente se preocupam com como você está se sentindo?
- A seguir, é dada uma opinião tendenciosa a respeito do serviço aos clientes. Todas as companhias dizem que seus serviços são maravilhosos?
- O roteiro menciona um produto particular (uma caldeira). Quais são as chances de você estar pensando sobre a aquisição de uma nova caldeira – em outras palavras, de você já estar procurando por uma mudança? Lidar com produtos aumenta a probabilidade de o comprador lhe perguntar os custos no início da conversação (supondo-se que *haja* uma conversação). Seria virtualmente impossível que o vendedor desse uma resposta interessante, dadas as variáveis do tamanho da casa, isolamento, a óleo *versus* a gás, e assim por diante. E conforme vimos em outros contextos, sem a definição prévia do potencial valor de uma oferta, virtualmente qualquer cifra parecerá alta. É claro que o vendedor pode simplesmente ser evasivo sobre o preço, mas isso pode ser mortal, particularmente no início da ligação.
- O roteiro assim elaborado exerce pressão ao solicitar, presunçosamente, por um encontro em dois horários convenientes para o vendedor – e procede dessa forma sem ter gerado um interesse potencial.

O objetivo desse roteiro é obter aquele encontro. Sugerimos, contudo, que o roteiro poderia ser muito mais efetivo se houvesse uma tentativa inicial de obter o *mindshare*. Sim, há uma chance de que alguma pessoa esteja sentada lá fora tremendo de frio, e pensando sobre como seu atual equipamento de calefação necessita ser substituído. Mas, em praticamente todos os casos, há pouco cuidado no trato com produtos (a caldeira). Suponhamos que façamos uma tentativa de aumentar nossas chances fazendo um pré-contato de planejamento e pesquisa. Ao revisarmos as recentes transações imobiliárias, pesquisando na prefeitura de uma cidade, soubemos que uma determinada casa tinha sido comprada nos últimos dois meses, e que fora construída em 1937. Aqui segue um roteiro diferente, que tenta gerar interesse em 30 segundos, ou menos tempo:

> *Aqui quem fala é Tom Robinson da Acme Heating. Estamos trabalhando com proprietários de casas no distrito de Park View Estates desde 1979. Uma preocupação recorrente de pessoas que adquirem casas antigas é o alto custo da calefação. Tenho colaborado para que meus clientes reduzam os custos de energia e ficaríamos gratos se tivermos uma oportunidade de discutir algumas questões com você.*

Observe que suprimimos a pergunta pessoal. A opinião sobre o serviço ao cliente foi substituída por um fato que auxilia o proprietário da casa chegar à conclusão de que a Acme é uma empresa estabelecida e de reputação. Em vez de mencionar uma caldeira, tentamos obter o *mindshare* fazendo referência ao "alto custo para calefação de casas mais antigas". Essa abordagem mantém um amplo e potencial campo de discussão na mente do *prospect*; o problema dele pode ter relação com isolamento, um aquecedor de água ou manutenção do queimador, ou outros tópicos, todos os quais recaem na categoria de "custos energéticos". O roteiro desvia-se de uma discussão prematura sobre preço, e termina de um modo que dificulta uma resposta do tipo "sim" ou "não".

Algumas Técnicas Básicas

O roteiro é extremamente importante, bem como o modo como você o transmite. A seguir, apresentamos algumas técnicas básicas de comunicação para se ter uma prospecção telefônica de êxito. Elas se aplicam a todos os tipos de telefonemas para vendas, de modo que as mantenha em sua mente quando ler as seções posteriores deste capítulo.

Conforme você provavelmente já descobriu, quando estiver fazendo prospecção, é importante que não pareça que você esteja lendo um roteiro. Portanto, é preciso internalizar esse roteiro. (Isso não é o mesmo que memorizá-lo; quando dizemos "internalizar" estamos querendo dizer individualizar, ou torná-lo de sua criação.) Pratique transmitindo-o em seu próprio *voicemail*, em seguida ouça o que você disse para avaliar sua mensagem. Quando realmente fizer as ligações, utilize um telefone com um fio longo, um telefone celular ou com fone de ouvido ou qualquer outro dispositivo que lhe permita andar de um lado para outro e fazer gestos. Sua voz e mensagem tendem a ser mais naturais e animadas quando você está em movimento que quando você está sentado em sua mesa.

Uma outra sugestão é sorrir. Apesar de não termos pesquisas que suportem a noção de que sorrir melhorará seus resultados, sorrir não fará nenhum mal. As pessoas podem "ouvir" seu sorriso. Você se sentirá melhor. Portanto, por que não tentar sorrir?

Gerar Interesse Incremental

Estudos revelam que, em média, os operadores de telemarketing têm menos que 20 segundos para gerar o interesse inicial. Esta janela pode ser menor ou maior, dependendo de quão vendedor é o operador e do grau de tolerância da pessoa chamada.

Sob a luz dessa estatística racional, o objetivo inicial de um roteiro telefônico deve ser o de estabelecer curiosidade na mente do comprador sobre como tratar de uma necessidade, atingir uma meta ou resolver um problema. Conforme será visto, recomendamos a tentativa de gerar interesse incremental com o roteiro inicial para obter o *mindshare* e ver se você (na qualidade de vendedor) pode ganhar outros poucos minutos para descobrir uma meta. Se você conseguir êxito nessa empreitada, então poderá querer ver se a necessidade pode ser mais desenvolvida durante a ligação telefônica. (A maioria dos profissionais de venda comete um erro quanto tenta marcar um encontro no menor tempo possível.)

Agora, gostaríamos de mudar um pouco o cenário. Imaginemos que você seja um vendedor telefonando para o escritório de seu *prospect*. Isso significa que você está tentando interromper o dia do *prospect* na empresa, e não sua vida pessoal, que em vários casos é mais fácil (mas ainda assim com alguma dificuldade) de ser consumado.

Nossa definição de prospecção é a tentativa de provocar as pessoas que não estavam considerando mudar a passar a pensar nessa alternativa. Conforme vimos nos capítulos anteriores, se os gastos já foram planejados, então não há orçamento disponível. Portanto, nossa meta é iniciar contatos em níveis suficientemente mais altos para liberar verbas (criar orçamento). Suas chances de sucesso serão melhoradas se você utilizar um "rifle" em vez de uma "espingarda"; abordagem essa que seja específica para um determinado cargo, questão de negócio e tipo de setor.

Demonstramos essa abordagem no Capítulo 8 quando criamos um menu de tópicos para uma oferta de CRM. Ao examinar cargos, nossa abordagem seria a de iniciar contatos com *prospects* nos níveis de CEO ou CFO, porque em muitos casos faltaria a um vice-presidente de Vendas ou a um CIO a capacidade de obter fundos não-orçados.

Suponhamos que escolhemos como alvo os CFOs de empresas de software. A próxima etapa é selecionar o que acreditamos ser a questão de negócio com a mais alta probabilidade de estar sendo enfrentada por um CFO. Isso pode ser feito de maneira ampla, com a condução de uma análise sobre as tendências do setor, mas personalizando-a após a visita ao *website* da empresa ou fazendo algumas pesquisas para melhorar os índices de acerto.

É verdade que há um constante risco de "paralisia por análise" em vendas. Alguns vendedores relutam tanto em fazer contatos frios que acabam gastando todo seu tempo pesquisando. (Em suas listas de coisas para fazer, a pesquisa é uma opção mais atrativa que a prospecção.) Você simplesmente não pode dar-se ao luxo de esperar até conhecer as datas de aniversário de todos os diretores, ter analisado os quatros últimos demonstrativos anuais e ter calculado os associados "índices de insucesso". Passado certo ponto, é melhor apenas mergulhar no *prospect*, tendo maquinado algumas conjeturas inteligentes.

Ao verificarmos o menu dos potenciais objetivos de negócios de um CFO, sem ter um conhecimento específico sobre uma companhia-alvo, nossa inclinação seria a de selecionar "precisão de previsões de faturamento" a partir do menu. Numa amostragem de 100 CFOs, quantos você acha que estão satisfeitos com a precisão da previsão mensal apresentada por seus executivos seniores de vendas? A opção por essa questão de negócio provê um alcance mais amplo de potencial aceitação. E, embora eles não estejam satisfeitos com os métodos atuais de previsão, a maioria deles concluiu que não há um melhor método de conduzir isso, e não tem pensado mais em como melhorar as previsões.

Através da prospecção por telefone, constatamos que você terá um maior índice de sucesso se conduzir a conversa com uma questão de negócio, mostrando a base da questão e finalizando com a meta correspondente. Portanto, a meta de "melhorar a precisão de previsões" do menu de objetivos deve ser mudada para o problema das "previsões imprecisas". Além disso, você precisa ter um problema mais específico, mostrando uma razão (para a qual você tem um cenário de utilização) que o CFO possa estar passando por aquela dificuldade. Como um sistema de CRM oferece a capacidade de capturar índices de fechamento por vendedores, isso representa uma razão altamente provável de ser a causa das previsões imprecisas.

Nesse ponto, então, segue o roteiro sugerido:

Aqui quem fala é John Busby da Companhia XYZ. Tenho trabalhado com empresas de software desde 1995. Uma preocupação recorrente que outros executivos financeiros compartilharam comigo é o de previsões imprecisas de faturamento provocadas por índices variáveis de fechamento de seus profissionais de vendas. Ajudamos outras empresas a melhorar a precisão de suas previsões, e gostaríamos de discutir algumas abordagens com você.

A experiência sugere que quando uma pessoa num ambiente de negócios atende o telefone, você dispõe de 30 segundos ou menos para gerar interesse inicial com seu roteiro. (Observe que você ganha um pouco mais de tempo em uma ligação residencial.) Por essa razão, não sugerimos perguntar como a pessoa está (você será percebido como dissimulado), ou se este é o momento apropriado, ou não (dada essa abertura, os clientes dirão que "não").

Mantendo-se adepto da filosofia do "rifle", e abandonando a da "espingarda", a companhia ou setor deve ser mencionado. Mesmo fornecedores dotados de ofertas horizontais fazem a maioria de seus negócios com compradores do mercado convencional, que não desejam ser os primeiros, significando que eles querem saber com quem sua empresa faz negócios no mesmo segmento de mercado. Também incluímos o cargo da pessoa que estamos contatando. Sugerimos evitar a denominação de "vice-presidente" porque em alguns setores (particularmente o bancário e o de serviços financeiros) existe uma variedade de níveis de vice-presidentes, e um vice-presidente sênior pode ficar ofendido se você falar de "trabalhar com vice-presidentes". Procure utilizar o termo *executivo* seguido pela sua função (de Vendas, de Marketing, Financeiro, de Tecnologia da Informação, e assim por diante). Virtualmente, todas as pessoas dentro das organizações gostam de ser referidas como executivos.

A parte mais importante do roteiro é o texto relativo ao tema em questão. Para que você possa ler o roteiro em 30 segundos ou menos, a questão deve ser concisa (não superior a 20 palavras). Note-se que os melhores índices de sucesso que temos visto, têm sido atingidos quando se lida com um problema, incluindo uma razão para o mesmo que aponte para um de seus cenários de utilização. Considere como o roteiro seria muito menos atraente se fosse assim: "... outros executivos financeiros têm compartilhado comigo a imprecisão das previsões de faturamento".

Pinçar algumas palavras no relato do problema e a razão que está por trás dele podem afetar drasticamente os índices de sucesso.

MICHAEL T. BOSWORTH • JOHN R. HOLLAND

Aqui segue uma rápida descrição sobre um recurso que as organizações de vendas não se preocupam muito em explorar: seus clientes. Um dos melhores meios de verificar que seus menus de metas/problemas e roteiros de prospecção estão dirigidos é o de pedir a uma pessoa com cargo correspondente pertencente à sua base de clientes uma revisão informal e alteração. (Esse é um favor que, naturalmente, você somente pediria a um cliente satisfeito.) Duas – e possivelmente três – coisas boas poderão resultar disso. Primeiro, e a mais importante, você pode obter uma noção valiosa sobre a melhor forma de abordar as contrapartes do cliente. Segundo, você lisonjeia o cliente ao solicitar e valorizar sua opinião. E terceiro, se as circunstâncias permitirem, você poderá perguntar se o cliente consegue pensar em *prospects* da vida real em quem os menus e roteiros poderiam ser testados.

Alguns Cenários Comuns

Acreditamos que se o roteiro inicia uma conversação com o *prospect*, ele foi bem-sucedido. Assim, discutiremos as respostas mais prováveis que você deve obter, e como tratá-las. Lembre-se de que você não pode iniciar a venda a menos que o comprador compartilhe uma meta ou admita um problema que você pode ajudá-lo a tratar. A seguir, estão algumas respostas potenciais de compradores:

1. *O comprador não mostra interesse.* "Eu não tenho esse problema e/ou não estou interessado." Pode ser que a pessoa esteja ocupada, de mau humor, não teve sua atenção despertada pelo tema, não gosta de vendedores, não enfrenta aquele problema, e assim por diante. A coisa mais importante a ser lembrada nessa situação é não admitir que a rejeição seja pessoal. Isso é mais fácil se você conduz as prospecções utilizando um roteiro e um plano, em vez de improvisar. (Não é de *você* que eles não gostam; é do seu roteiro.)

Quando você obtiver essa resposta, ofereça os outros itens do menu específicos para aquele cargo. É possível fazer a transição referindo-se da forma abaixo.

Outros problemas que os executivos financeiros com quem tenho trabalhado estão enfrentando incluem:
- Baixas margens devidas ao aumento dos custos de vendas.
- Aumento dos custos de Marketing para a geração de oportunidades.
- Perda da receita de vendas cruzadas pelo fato de a TI não poder oferecer uma visão única dos clientes.

Você gostaria de saber como ajudamos nossos clientes a tratarem algumas dessas questões?

Essa pergunta com resposta "sim" ou "não" termina em um dos dois modos. Ou o comprador está curioso sobre um ou mais desses itens, caso em que você pode iniciar uma conversação, ou o comprador diz que ele não está interessado. No último caso, agradeça a pessoa por seu tempo despendido, desligue a ligação e faça sua próxima chamada. Tenha em mente que os trabalhos de prospecção podem ser feitos em vários níveis diferentes na mesma organização. Ainda que uma ou mais pessoas que você contatou não estejam interessadas, se você tiver menus e roteiros para os outros cargos dentro dessa organização, é possível continuar seus esforços no sentido de iniciar um ciclo de compra naquela conta.

2. *O comprador mostra interesse imediato em discutir uma questão do menu.*

3. *O comprador expressa um interesse relativo e solicita para que você lhe envie mais informações.* Vendedores inexperientes tendem a visualizar isso como um sinal positivo. Os mais experientes são mais céticos: eles crêem (por boas razões) que esse é um modo conveniente e razoavelmente educado de fazer com que os vendedores os deixem em paz. Quando chegar a hora do acompanhamento, o *prospect* (ou mais provavelmente, o(a) assistente) dirá que ele revisou o material e dará retorno se houver interesse. Nossa sugestão é: persiga esses contatos sistematicamente, mas não prenda a respiração antecipadamente em função de uma resposta positiva.

Quando você recebe uma solicitação para enviar informações, faça um favor tanto ao *prospect* como a você mesmo indicando que você tem um conjunto extenso de ofertas, e que gostaria de ter uma melhor idéia das áreas específicas de interesse do *prospect* para que o material enviado seja orientado quanto às suas necessidades. Ou isso abrirá espaço para uma conversa (que é o seu desejo), ou o *prospect* pedirá para que você somente envie a informação. Nessa circunstância, acreditamos que você ainda tenha mais sondagens para fazer, pois o comprador não compartilhou um objetivo de negócio com você. Em vez de enviar um conjunto completo de folhetos quadricolores, considere enviar algo na linha de uma carta, fax ou e-mail de prospecção orientado para fazer o comprador considerar a procura de mudanças. (Discutiremos essas ferramentas em seguida.)

Nos casos em que os compradores expressam interesse, mas não sinalizam explicitamente o objetivo mencionado em seu roteiro, seu objetivo contínuo é o de mantê-los envolvidos. Isso representa a continuidade de uma conversa – seja agora, seja mais tarde. "Agora" significa estender sua conversa telefônica, o que representa, por sua vez, que você pergunte se é uma hora apropriada para tanto. "Mais tarde" significa uma ligação telefônica ou um contato pessoal.

Até o ponto que você controla essa escolha, é possível pensar cuidadosamente sobre como utilizar melhor o seu tempo. Muitos vendedores pedem de imediato uma reunião pessoal, mas essas reuniões podem ser demoradas. Você deve considerar a posição da pessoa com quem está falando, o porte da organização com potencial para comprar e o período de tempo necessário para ter um contato pessoal. Dadas as sutilezas e as formalidades envolvidas em encontrar alguém pela primeira vez, você constatará claramente que pode obter mais resultados em uma conversa telefônica de 15 minutos do que em uma reunião de 30 minutos.

Se uma ligação telefônica num futuro próximo é a próxima etapa acordada, certifique-se de que o compromisso seja agendado nos calendários das pessoas – seu e do *prospect* – e que seja disponibilizado um tempo para esse propósito. Em geral, não é adequado concordar com "conversamos terça-feira à tarde". A tarde de terça-feira chegará, e a ligação telefônica poderá ser prejudicada por algum outro assunto – a menos que um horário específico já esteja devidamente reservado.

Suponhamos que o *prospect* esteja curioso e agora tenha tempo para continuar. Lembre-se de que um ciclo de compra ainda não foi iniciado porque não foi compartilhada uma meta. Há mais trabalho a ser feito. A frase de transição poderia ser:

> *Pode ser proveitoso que eu lhe informe o trabalho que fiz com outra executiva financeira de uma empresa de software que desejava melhorar a precisão de suas previsões. Essa foi uma questão difícil, pois os índices de fechamento variavam muito entre os vendedores. A cada mês, essa executiva constatava que ela tinha de dar um desconto nos números que obtinha do departamento de Vendas porque eles eram por demais otimistas. Ela queria capturar índices de fechamento por vendedor em diferentes partes do ciclo de vendas de maneira contínua, de modo que, mensalmente, eles pudessem ser aplicados contra os números brutos para criar uma previsão. Oferecemos essa funcionalidade. Como resultado, sua precisão de previsão de faturamento teve um aumento de 54%.*

Você reconhecerá essa abordagem como um Caso de Sucesso, descrito em capítulos anteriores. O Caso de Sucesso é usado para criar credibilidade tanto para o vendedor como para sua empresa. Ele ainda pretende provocar alguém que não está buscando por mudanças a compartilhar uma meta. Parte desse esforço é realçar uma área da qual o cliente não tinha consciência, não tinha considerado, ou ainda acreditava que ela fosse inatingível.

Após compartilhar o Caso de Sucesso, é o momento de dar ao *prospect* uma oportunidade para ele falar. O alcance das respostas idealmente tem sido limitado a uma área que o vendedor gostaria de focar, com a intenção final de fazer o cliente compartilhar uma meta ou um problema de negócios. Com cerca de 90 segundos de ligação, você adquiriu o direito de perguntar: "A precisão de previsões é um tópico que você gostaria de discutir?". Se o cliente responder afirmativamente, você verá como prosseguir no próximo capítulo. Se ele responder que "não", agradeça-o pelo tempo despendido e termine a ligação.

Até o momento em nossos cenários, temos oferecido aos vendedores o luxo de serem capazes de falar diretamente com o cargo-alvo. Infelizmente, isso não ocorre com a freqüência que os profissionais de vendas gostariam. Muitos vendedores restritos a territórios confiam quase que exclusivamente no telefone quando procuram descobrir novas oportunidades, e embora esse recurso ofereça a vantagem de se ter um tempo e trabalho menores, estudos sugerem que ele não é um meio muito efetivo de contatar executivos.

Portanto, acreditamos, os vendedores devem cobrir seus territórios com métodos adicionais, além das ligações telefônicas. Esses métodos incluem a utilização sistemática de referências, cartas, faxes, e-mails, recomendações e palestras de forma contínua.

O Poder das Referências

Clientes satisfeitos, conforme anteriormente mencionado, representam um enorme ativo potencialmente inexplorado. Pessoas que tomaram uma decisão de compra têm uma tendência natural de concluir que fizeram uma opção inteligente, que pode ser posteriormente validada se outros tomarem a mesma decisão. Considere isso: é raro obter uma resposta negativa quando você pergunta às pessoas de como elas gostam de seus caríssimos carros novos (mesmo se elas não tiveram uma experiência tão grande com eles). Até clientes insatisfeitos querem validar suas opções, de modo que os satisfeitos tendem a ser mais propensos a ajudarem um fornecedor a ter mais sucesso em encontrar novas contas.

Há três razões comuns pelas quais os fornecedores deixam de colher o benefício das referências de seus clientes:
1. Vendedores deixam de pedir referências.
2. Quando as pedem, não solicitam uma referência "quente", indicando que seu cliente fará um contato inicial ou uma apresentação de alguém. Além disso, os vendedores não fazem tentativas de extrair de seus clientes que objetivos ou problemas específicos de negócios o *prospect* possa estar enfrentando.
3. Ao contatar *prospects* que foram indicados, os vendedores deixam de ir além da fala comum: "Joe Smith é um de nossos clientes satisfeitos e ele sugeriu que eu lhe contatasse." Com uma referência, assim como com todos os demais *prospects*, seu objetivo é o de fazer o *prospect* compartilhar uma meta ou um problema de negócios para que você possa iniciar a venda. Um dos melhores métodos para fazer isso é compartilhar um Caso de Sucesso com o cliente que lhe deu a indicação. Uma das circunstâncias mais fáceis nas quais se pode fazer a conexão é quando as posições funcionais do cliente e do indicado são as mesmas. Quando elas forem diferentes, certifique-se de que esteja pretendendo aludir às questões de negócios que o *prospect* está enfrentando. Vá para a reunião munido de um plano, inclusive com um menu de metas potenciais para a pessoa com quem você fará o contato.

Cartas, Fax e E-mails

Correspondência escrita antes de fazer um contato telefônico pode aumentar drasticamente sua chance de conseguir uma ligação telefônica e revelar novas oportunidades. Aqui vão algumas diretrizes que devem ser seguidas:
1. Quanto menor, melhor. Todas as cartas de prospecção com mais de uma página não serão lidas por muitos *prospects*.
2. No início da correspondência, é crítico atrair a atenção do comprador. Isso pode ser conseguido oferecendo um menu de potenciais metas ou problemas.
3. Minimize exagero e opiniões que levam o comprador a concluir que a mensagem é excessivamente "pontuada por termos de vendas".
4. Uma carta de prospecção não é o local para fazer com que o comprador entenda muito sobre sua empresa. Procure focar na geração

de curiosidade. Se você atingir esse objetivo de curto prazo e o comprador se tornar interessado, ele irá desejar saber mais dados sobre sua empresa.

5. Entenda que há uma alta probabilidade de a correspondência ser eliminada pelo(a) assistente do executivo.
6. Tenha pretensões altas (talvez mais altas que a pessoa que ocupa o cargo-alvo), porque, se o executivo ficar interessado, você poderá ser encaminhado a um nível inferior.

Nossa experiência diz que o e-mail é o método menos efetivo de fazer um contato inicial por escrito. Colocado de forma simples, se um executivo (ou assistente) não reconhece o endereço eletrônico do remetente, as chances de que a mensagem será aberta e lida são pequenas. O assunto do e-mail torna-se extremamente importante: ele deve ser bastante conciso a fim de gerar interesse, talvez até indicando que foi feita alguma pesquisa sobre a empresa-alvo, embora o espaço seja limitado.

Cartas de prospecção também têm suas limitações. Da mesma forma que a mala direta, seus maiores obstáculos consistem em serem abertas e lidas antes de serem jogadas no lixo. Muitos vendedores escrevem os endereços nos envelopes à mão e utilizam selo em vez da impressão da máquina franqueadora acreditando que as probabilidades de leitura da mensagem possam aumentar.

Vários vendedores gostam de utilizar cartas antes da ligação, pois quando eles conseguem falar pelo telefone com a pessoa, e esta perguntar: "Quem está ligando, e qual é o assunto?", eles têm uma resposta pronta: "Aqui quem fala é Dan Ahrens da Empresa XYZ, ligando para dar seguimento à minha carta datada de 18 de novembro. Posso falar com Joe?"

Essa parece ser uma boa tática, mas, na realidade, das possíveis respostas, a maioria não é favorável. As opções começam apresentando apenas uma boa resposta, conforme segue:

1. A pessoa concorda em passar a ligação para o executivo.
2. A pessoa não se recorda de sua carta.
3. A pessoa jogou sua carta fora.
4. A carta foi mal endereçada.
5. A pessoa leu a sua carta e concluiu que ela não era de interesse.
6. A pessoa "lhe dá um fora": "Estou certo de que ele a leu. Retornaremos para você caso seja de nosso interesse".

Assim, embora cartas possam ser eficazes, elas enfrentam uma variedade de obstáculos: serem abertas, lidas, repassadas, arquivadas etc. Campanhas por carta tomam tempo, incorrem em despesas com processamento e rastreamento e, normalmente, em atrasos, antes que se possa fazer o acompanhamento.

Por essas e outras razões, os fax oferecem diversas vantagens. Primeiro, considere o que ocorreu com o volume de fax que você recebe. Com o advento do e-mail, escaneamento e documentos anexos aos e-mails, o número de fax recebidos diminuiu muito. Vemos isso como uma vantagem. Fax não chegam em envelopes. Fax enviados pela manhã podem ser acompanhados ao longo do mesmo dia.

Considere o fax exibido na Figura 10.1, na página seguinte, que busca ganhar espaço para o nosso produto (técnicas de vendas do CustomerCentric Selling) na mente de uma pessoa de nome Ben Zoldan.

Muitos de nossos clientes constatam que enviar uma carta por fax é um método eficaz de aumentar as chances de se obter uma reunião com a pessoa que ocupa o cargo-alvo.

Uma das vantagens dessa abordagem é que, se o(a) assistente do executivo ver o fax, ele(ela) adquire uma clara idéia do que você gostaria de discutir. Se ele(ela) perceber que alguns itens possam interessar, o fax oferece Mensagens Dirigidas para Vendas (Sales Ready Messaging) para auxiliá-lo(a) a explicar por que se justifica uma conversa telefônica.

Prospecção mais Qualificação igual a *Pipeline*

Profissionais de vendas geralmente detestam tentar contatos com estranhos, mas as atividades de prospecção numa base contínua são essenciais para atingir ou superar uma cota determinada. Para soluções corporativas, a diferença entre um bom e um ótimo ano poderia ser resumida na conquista de dois *prospects* extras por mês que considerem mudanças.

O segundo aspecto-chave para construir e manter um *pipeline* produtivo é qualificar e quantificar a necessidade do comprador em relação à sua oferta – e esse será o tema de nosso próximo capítulo.

Para: Ben Zolden   De: Michele Khoury
Data: xx/xx/xx   Ref.: Entrevista em seu *website*

Na entrevista postada em seu *website*, você definiu um objetivo de fazer com que a Empresa XYZ dobre seu faturamento nos próximos três anos. Para atingir essa meta, você acredita que os departamentos de Vendas e Marketing Tático devam trabalhar em conjunto? Em caso positivo, eis alguns pontos que podem ser importantes para a consecução de sua meta:

1. As campanhas de marketing devem gerar interesse nos níveis dos tomadores-alvo de decisão.
2. Ao contatar nos níveis executivos, os vendedores devem lidar com questões de negócios de alta probabilidade, e não com suas ofertas.
3. Ao avaliar *pipelines*, os gerentes de vendas necessitam de um sistema consistente de graduação, para que possam desqualificar oportunidades de baixa probabilidade.
4. Numa base contínua, os gerentes de vendas devem ser capazes de avaliar seus vendedores em seis aptidões individuais a fim de identificar deficiências, e devem ser capazes de ajudá-los a melhorar nessas áreas.
5. Ao fazer seus contatos, os vendedores devem continuamente posicionar ofertas específicas em função dos cargos, dos setores e das metas de negócios por meio do Sales-Ready Messaging.

O CustomerCentric Selling ajuda os clientes a definirem e implementarem processos de vendas para tratar dessas e de outras questões. Gostaria de agendar uma reunião de 15 minutos para discutir seu ambiente de vendas, e determinar em conjunto se é justificável fazermos investigações adicionais.

Ligarei hoje às 16h30min para ter uma conversa com você.

Figura 10.1   Ganhando o Espaço na Mente

CAPÍTULO 11

Desenvolvendo a Visão do Comprador com o Sales-Ready Messaging

EM CAPÍTULOS ANTERIORES, enfatizamos a importância de se conseguir chegar no ponto em que um comprador tenha compartilhado uma meta ou admitido um problema que a oferta do vendedor Centrado no Cliente (CustomerCentric) pode ajudar a tratá-los. Esse é um evento "divisor de águas", no qual tem início um ciclo de compra. Os ciclos de compra terminam segundo uma das duas formas a seguir:

- *Toma-se uma decisão de compra.* A compra vai ser feita de sua empresa ou de outra organização de vendas.
- *Os compradores decidem não comprar.* As razões mais comuns para essa decisão é que eles concluem que a oferta proposta é arriscada ou complicada demais, que ela não pode ser justificada quanto aos custos, ou suas prioridades mudaram. O evento de "não decisão" é mais comum com os compradores do mercado convencional que com os do mercado pioneiro.

Quando um comprador revela uma meta, torna o trabalho de um vendedor muito mais fácil, pois o cliente agora vê potencial valor na melhoria de uma ou mais variáveis do negócio. Essa percepção pode criar um senso de urgência, dependendo do nível de melhoria que possa ser alcançado. Os vendedores, de modo geral, tentam avançar em seus ciclos de venda. Agora, talvez haja espaço para perceber os custos decorrentes de atrasos. Embora o comprador esteja decidindo o que fazer – mudar ou não mudar –, ele pode chegar à conclusão de que a empresa está perdendo dinheiro. Assim que uma meta for revelada, o vendedor está posicionado para iniciar o desenvolvimento da visão do comprador pelo uso das Mensagens Dirigidas para Vendas.

Paciência e Inteligência

Embora a revelação de uma meta pelo comprador seja um evento altamente positivo, ela também pode ser o catalisador que provoca uma conduta inapropriada dos vendedores tradicionais. Imagine, por exemplo, um profissional de vendas convencional fazendo um contato com um executivo da área de finanças. O executivo diz: "Nossa precisão de previsões de faturamento tem sido péssima, e essa é uma atividade que eu gostaria que melhorássemos". Que resposta a maioria dos vendedores convencionais daria nessa situação?

Se o processo de um vendedor tradicional não pressupor a existência de paciência, ele muito provavelmente tentará vender a sua visão para solucionar o problema do cliente, em vez de desenvolver uma visão do próprio cliente. Vários vendedores partem diretamente para algo com o efeito de: "Aqui está o que você necessita para melhorar a precisão das previsões!". Então, inicia-se uma troca intensa de "tiros no escuro" envolvendo características, muitas das quais o executivo não compreende, não está interessado ou, provavelmente, tampouco necessite. Achar que seria responsabilidade do fornecedor ou do vendedor atingir a meta de um comprador é ter uma oportunidade potencial perdida.

Na maioria dos casos, compartilhar a opinião de um vendedor ou tentar impor essa opinião ao comprador não funciona. Em contrapartida, quando uma meta é revelada, o vendedor tradicional precisa ter duas qualidades para dar o próximo passo CustomerCentric:

- Um conjunto de regras de questionamento que proporcione paciência artificial para evitar dar a opinião do vendedor sobre qual a necessidade do cliente.
- Inteligência artificial sob a forma de perguntas elaboradas, para: (1) entender o ambiente atual do comprador; (2) entender que partes da oferta são necessárias e (3) propor cenários de utilização ao cliente.

Esses dois componentes, integrados ao Modelo de Desenvolvimento de Solução (Solution Development Prompter – SDP), oferecem um modelo que permite aos vendedores transmitir as Mensagens Dirigidas para

Vendas. Esses modelos ajudam os vendedores tradicionais a se tornarem vendedores CustomerCentric, levando o cliente à uma visão da solução da qual ele é proprietário.

Digamos que um CFO manifeste o desejo de melhorar a precisão de suas previsões de faturamento. O método CustomerCentric de os vendedores trabalharem exibindo paciência e estruturando diálogos é perguntar: "Como você faz atualmente suas previsões?". Isso dá espaço ao comprador discutir a sua maneira atual, o que, por sua vez, possibilita que ocorram os seguintes fatos positivos:

- O vendedor consegue entender como o CFO está fazendo suas previsões no momento.
- O custo de se ter previsões fracas e/ou o benefício potencial de previsões mais precisas podem ser estabelecidos.
- Os cenários de utilização que o comprador muito provavelmente desejará e necessitará podem ser revelados e oferecidos.
- Os cenários de utilização que muito provavelmente o comprador não necessitará podem ser identificados e evitados.
- O comprador conclui que o vendedor é competente, em face de sua capacidade de formular perguntas inteligentes referentes à precisão das previsões.
- O comprador conclui que esse vendedor é diferente do estereótipo negativo.
- O vendedor habilita o comprador a decidir que cenários de utilização serão necessários.
- O comprador pode decidir se a posse desses cenários de utilização lhe possibilitaria atingir a meta de ter previsões mais precisas.

Embora poucas pessoas discordariam de que esses pontos são extremamente positivos, é importante perceber que a ampla maioria dos vendedores (90%?) será incapaz de atingi-los sem o Sales-Ready Messaging, que, em última análise, posiciona as ofertas de uma empresa. Assim que forem definidos os componentes de uma conversação (setor vertical/cargo/meta), os vendedores podem se beneficiar pela execução dos Solution Development Prompters. Os departamentos de Vendas também podem extrair vantagens, pois os resultados desses contatos se tornam mais objetivos e menos dependentes de opiniões preestabelecidas dos profissionais de vendas.

MICHAEL T. BOSWORTH • JOHN R. HOLLAND

Perguntas Apropriadas na Seqüência Correta

No final deste capítulo, faremos uma descrição passo a passo de como um vendedor usaria um Solution Development Prompter para desenvolver a visão do comprador. Primeiro, no entanto, será proveitoso pensar sobre os diferentes tipos de perguntas que podem ser feitas, e quando usar cada uma delas:

- *Perguntas abertas* exigem respostas "experimentais", possibilitando ao comprador levar a negociação para qualquer ponto. Os clientes sentem-se seguros, mas o inconveniente é que a negociação pode ser levada para uma direção indesejada pelo vendedor. A única questão aberta contida no CustomerCentric Selling é: "O que você (ou sua organização) está pretendendo realizar?". Ela permite aos clientes discorrerem sobre suas necessidades – e mais, se eles não apresentam uma meta de negócios, o vendedor conta com o menu de metas da Lista de Conversações Dirigidas como uma rede de segurança para orientar a conversação.

- *Perguntas estruturais* oferecem o melhor resultado para ambas as opções, em que o comprador ficou livre para expor, mas o vendedor estabeleceu limites sobre a direção que as respostas podem tomar. "Como é feita atualmente a sua previsão?" não é uma questão aberta, pois a resposta se referirá a um tópico que o vendedor deseja discutir: previsões. Perguntas que iniciam com a palavra *como* facilitam os contatos coloquiais de vendas. Os compradores não se sentem "vendidos" quando os vendedores fazem perguntas estruturais.

- *Perguntas fechadas* exigem respostas breves, específicas. Potenciais respostas a uma questão fechada incluem "sim", "não", "vários(as)" etc. O melhor uso das perguntas fechadas se dá após as questões estruturais, para sondar e quantificar áreas específicas. Ainda, deve ser notado que o único meio de um vendedor conseguir converter um cenário de utilização em uma funcionalidade é pela colocação de uma questão de "sim" ou "não" a um comprador e pela obtenção de uma resposta positiva.

Quando um cliente compartilhar uma meta, recomendamos iniciar com uma pergunta estrutural que comece com as palavras: "Como você .... atualmente?" Essa é uma questão lógica, segura, virtualmente garantida para fazer com que compradores descrevam seus processos correntes, representando exatamente o ponto em que o vendedor CustomerCentric deseja chegar.

Quando o cliente respondê-la, é o momento de seguir com questões diagnósticas, idealmente orientadas para os cenários de utilização proporcionados por sua oferta. Para conseguir isso, conforme anteriormente observado, aderimos ao conceito de Stephen Covey de "iniciar já com o final na mente". Essa é a razão pela qual, no Capítulo 8, desenvolvemos as potenciais funcionalidades utilizando a fórmula EQPA (evento, questão, *player*, ação) sob a forma de cenários de utilização no lado direito do Solution Development Prompter. Em seguida, elaboramos as questões diagnósticas no lado esquerdo (veja a Figura 8.1).

Essas questões diagnósticas agora são utilizadas para descobrir que cenários de utilização o comprador provavelmente (e provavelmente não) desejará. O vendedor continua o acompanhamento com o comprador fazendo perguntas em uma seqüência que flui durante o contato, toma notas detalhadas e – ao finalizar o diagnóstico – faz um resumo para ter certeza de que, tanto ele como o cliente, estão se entendendo perfeitamente.

Uma Boa Conversa

Vamos acompanhar o diálogo entre um vendedor CustomerCentric e um tomador de decisões alvo do nível de um vice-presidente financeiro/CFO. (Recorra novamente à Figura 8.3.) O tomador de decisões deseja ter mais precisão em suas previsões de faturamento, e o vendedor está utilizando um Solution Development Prompter desenvolvido para comercializar aplicações de automação de força de vendas e de gerenciamento de relacionamento com clientes (SFA/CRM):

> **Vendedor:** *Como você faz suas previsões atualmente?*
>
> **Comprador:** *Com muita dificuldade. Nosso superotimista vice-presidente de Vendas me fornece uma previsão mensal que eu tenho de reduzir em cerca de 50% somente para ficar mais próximo da realidade. Mesmo assim, muitas das oportunidades específicas previstas por ele não fecharão. Felizmente, na maior parte dos meses, fechamos alguns negócios inesperados, ou estaríamos realmente em apuros!*
>
> **Vendedor:** *Como suas métricas de previsão variam por região?*
>
> **Comprador:** *Contratamos gerentes de vendas oriundos de um grande número de companhias de porte, e todos eles parecem ter seu próprio método*

para qualificar e classificar oportunidades. Nesse ponto, não acredito que tenhamos imposto um sistema-padrão de classificação.

Vendedor: *Qual o número de vendedores e quantos efetivamente se apressam ou se sentem pressionados para fazer suas previsões?*

Comprador: *Temos um quadro de 200 vendedores e, pelo que eu saiba, eles não gostam de fazer previsões.*

Vendedor: *Você acha que aqueles que estão abaixo da cota mostram um otimismo exagerado numa tentativa de revelar um número suficiente de oportunidades em suas previsões de modo que eles, aparentemente, agem como se estivessem a ponto de serem apanhados nessa dissimulação?*

Comprador: *Isso parece lógico para mim. Seria melhor confirmá-lo com algum funcionário de meu* staff *de vendas.*

Vendedor: *Como os vendedores reportam os progressos a seus gerentes sobre as oportunidades na previsão?*

Comprador: *Eu sou levado a crer que isso não é feito de maneira constante. Os gerentes de vendas fazem perguntas à medida que a previsão está sendo elaborada.*

Vendedor: *Como seus gerentes determinam que oportunidades na previsão estão paralisadas?*

Comprador: *Não parece haver qualquer modo que seja padrão. Mesmo se os gerentes sabem que uma oportunidade está paralisada, eles parecem relutantes para remover algo do* pipeline*. Recentemente, fechamos um contrato que tinha permanecido na previsão por 13 meses! Quando eu pergunto se uma determinada oportunidade deve ser removida, meu vice-presidente de Vendas me faz lembrar de uma que levou 13 meses até seu fechamento.*

Vendedor: *Como os gerentes avaliam o* status *atual das oportunidades? Como eles fazem* coaching *com os representantes de vendas para que possam qualificar e desqualificar* prospects*?*

Comprador: *Se tivermos um método de avaliar o* status *de uma oportunidade outro que não o de chamar o vendedor e pedir a ele sua opinião sobre uma conta, isso me é desconhecido. Acredito que nossos gerentes fazem mais pressão que* coaching *– especialmente nos finais dos trimestres.*

Vendedor: *As probabilidades da previsão variam por vendedor?*

Comprador: *Baseado na experiência e na posição anual corrente de cotas do vendedor, elas variam muito. Existe um número limitado de representantes de vendas em quem temos um alto grau de confiança, quando se trata da realização com o que eles projetaram.*

Vendedor: *Como os gerentes de vendas fazem seus ajustes, e você em especial ajusta os números que lhe são passados?*

Comprador: *Eu esperaria que os gerentes levassem em conta as taxas de fechamento dos vendedores, mas isso deve ser feito de uma forma bem "descontraída". Os gerentes também trabalham sob pressão, de modo que a posição anual corrente deles em relação à cota das regiões também afeta a previsão nesse nível. Conforme mencionado anteriormente, eu habitualmente ajusto o número que obtenho de meu vice-presidente de Vendas reduzindo-o pela metade.*

Vendedor: *Se uma ou duas oportunidades importantes podem elevar ou quebrar uma previsão, como você rastreia esses* prospects?

Comprador: *Deixamos de atingir nossa meta no final do ano porque duas oportunidades importantes que estavam para serem fechadas próximas a 31 de dezembro não fecharam. Estamos agora praticamente no final de março e nenhuma delas ainda foi fechada. Desse modo, podemos dizer que sim, absolutamente, oportunidades importantes podem elevar ou quebrar os ganhos de um trimestre! Mas, a não ser que todos os executivos de nível C recorram ao vice-presidente de Vendas duas vezes por dia, não há meios para que possamos rastrear essas oportunidades significativas.*

Vendedor: *O que significaria para você ter uma melhor visibilidade sobre essas oportunidades?*

Comprador: *Na qualidade de CFO, posso lidar com más notícias muito mais efetivamente se tiver os dados disponíveis com antecipação. Se uma oportunidade importante for excluída da previsão no início do trimestre, podemos fazer alguns "apertos de cintos" e, certamente, encontraremos algumas outras fontes de receitas. Meu trabalho é extremamente mais difícil com notícias de última hora nos finais dos trimestres. Qualquer má notícia advinda de vendas no final do trimestre se torna uma desagradável discussão com o* staff *e em reuniões de diretoria.*

Vendedor: *Vamos resumir o que abordamos até o momento. Você tem dificuldades na previsão de faturamento, e isso tem afetado sua capacidade de* *atingir seus lucros projetados. Não há um padrão consistente, abrangendo toda a companhia, que pode ser utilizado na qualificação de oportunidades. Oportunidades não qualificadas têm espaço em seu* pipeline. *É difícil para os gerentes rastrearem o progresso. As taxas de fechamento variam muito entre os vendedores, e você tem sérios problemas para manter atualizados os negócios que podem elevar ou quebrar suas previsões. Finalmente, você tem que reduzir a previsão que recebe a valores que chegam a 50%. Esse é um resumo razoável?*

Comprador: *Sim, ele descreve muito bem como as coisas se processam atualmente em minha empresa.*

Vendedor: *Que abordagens você considerou para melhorar a precisão das previsões?*

Comprador: *Exceto substituir meu vice-presidente de Vendas de dois em dois anos, não estou certo de que tentamos ou pudéssemos tentar algo diferente. Diversos executivos de vendas com os quais tive contato em minha carreira me disseram que eu, simplesmente, não entendo o funcionamento das Vendas.*

Vendedor: *Baseado em nossa discussão até o momento, posso dar-lhe algumas sugestões?*

Comprador: *Fique à vontade.*

Vendedor: *Após fazer seus contatos de vendas, ajudaria se os seus profissionais de vendas estivessem preparados para reportar o progresso sobre aquele contato em relação a um conjunto de* milestones *da companhia para cada oportunidade em seus* pipelines.

Comprador: *Estou reivindicando um conjunto-padrão de* milestones *que todos pudéssemos utilizar e entender. Preparar os vendedores me parece uma boa maneira de coleta de dados após cada contato de vendas. Acredito que isso auxiliaria nosso trabalho.*

Vendedor: *Ao revisar o* pipeline *de um vendedor, seria útil se seu gerente de vendas pudesse acessar um banco de dados central seguro a partir de qualquer localidade, avaliar o* status *das oportunidades e enviar sugestões por e-mail aos representantes de vendas para que eles melhorassem suas chances de obter o negócio?*

Comprador: *Acredito que sim. Não discutimos isso, mas muitos vendedores trabalham fora de nossos escritórios ou em suas casas.*

Vendedor: *Você gostaria de contar com um sistema que, continuamente, rastreasse índices de fechamento históricos para cada vendedor por* milestone, *e as aplicasse ao seu* pipeline *para ajudá-lo na previsão de faturamento?*

Comprador: *Claro que gostaria! Possivelmente eu não teria de reduzir os números em até 50% ou mais. Seria reconfortante aplicar um pouco de ciência e lógica ao nosso processo de previsão.*

Vendedor: *Ao avaliar o* status *de oportunidades importantes, seria benéfico se você ou qualquer outro executivo de nível C pudesse acessar um banco de dados central via laptop a qualquer hora e de qualquer lugar, e revisar o progresso em relação aos* milestones *sem ter de falar com seu vice-presidente de Vendas?*

Comprador: *Sim.*

Vendedor: *Se você tivesse* milestones *atualizados após cada contato de vendas, um banco de dados acessível do* pipeline *para coaching e revisão do progresso, a habilidade de rastrear índices de fechamento históricos por* milestone *e a capacidade de acessar oportunidades capazes de elevar ou quebrar previsões via seu laptop, você acha que poderia atingir sua meta de obter faturamento com previsões mais acuradas?*

Comprador: *Sim, e me sentiria mais confiante ao participar de reuniões de diretoria se pudesse contar com um melhor controle sobre minhas previsões.*

Esse diálogo, certamente, é o que podemos chamar de ideal. Ele espelha a primeira dramatização (*role-play*) que os participantes fazem em nossos *workshops* CustomerCentric Selling. Os *coaches* dessas dramatizações, que atuam como compradores, são passivos e cooperativos na primeira tentativa, de modo que permitem aos participantes "ter um ritmo mais lento no início das conversações". As seis dramatizações subseqüentes são mais desafiadoras e realistas.

No exemplo anterior, o vendedor desfruta do luxo de ter um comprador preparado para revelar uma meta e de querer envolver-se em uma conversa franca e orientada, com o vendedor fazendo vários direcionamentos (por meio de questionamento). Nos contatos de vendas, as conversações praticamente nunca seguem um roteiro definido. Mas o SDP oferece uma diretriz para (1) diagnosticar a situação corrente do comprador com uma orientação para sua oferta e (2) desenvolver uma visão personalizada própria do cliente. Queira notar que, nesse exemplo, o cliente concorda com todas as quatro principais questões diagnósticas, e que, portanto, o vendedor ofereceu todos os quatros cenários de utilização. Ao efetuar contatos, se um cliente não concordar com uma razão pela qual sua empresa não atinge uma meta, o profissional de vendas não ofereceria o correspondente cenário de utilização.

Competindo pela Medalha de Prata?

Agora, examinaremos um diálogo mais difícil. Trata-se de uma ligação telefônica, iniciada por uma compradora de uma posição inferior, fazendo sua obrigação e diligência para justificar a compra do fornecedor Coluna A:

Compradora: *Alô. Aqui quem fala é Anita Quote da Companhia ABC. Decidimos adquirir o software de CRM. Nossa verba foi liberada e gostaríamos de tomar uma decisão em breve. Quão rápido você pode fazer-nos uma demonstração, fornecer seus preços e apresentar uma proposta?*

Vendedor: *Primeiro, você poderia informar-me qual o cargo que você ocupa na empresa?*

Compradora: *Sou analista sênior em nosso departamento de Tecnologia da Informação.*

Vendedor: *Seria melhor se eu pudesse primeiramente ter uma noção do que sua organização espera realizar com o nosso sistema de CRM.*

Compradora: *Nessa fase, não estou preparada para entrar em uma discussão detalhada. O que realmente desejo são informações sobre os preços para determinar se podemos colocá-lo em nossa pequena lista de fornecedores de CRM.*

Vendedor: *Para que eu possa fazer uma recomendação, necessito ter um melhor entendimento de seus requisitos. Algumas das companhias com as quais tenho trabalhado estavam tentando melhorar em uma ou mais das seguintes áreas:*
- *Redução dos custos de vendas.*
- *Aumento das vendas cruzadas.*
- *Melhora da precisão das previsões.*
- *Aumento de faturamento.*

São esses alguns dos objetivos que sua empresa está avaliando para aquisição do sistema de CRM?

Compradora: *Nosso objetivo principal é melhorar a precisão das previsões, mas como já disse, não disponho de tempo para termos uma discussão detalhada.*

A atitude dessa compradora é completamente diferente daquela no contato anterior com o CFO. Ela já tem uma noção do que quer. É possível que ela já se decidiu a favor de um de seus concorrentes, e está fingindo interesse, quer para satisfazer os procedimentos de análise de ofertas de sua empresa, quer na intenção de utilizar seu preço como um elemento influenciador para negociar uma melhor proposta com o fornecedor Coluna A.

No final do diálogo apresentado acima, você muito provavelmente obterá uma resposta pobre para a pergunta: "Como você faz atualmente as previsões?". No entanto, uma alternativa é perguntar: "No que se refere à previsão, que funcionalidades específicas de CRM você está procurando?" ou "De que forma você utilizaria um sistema de CRM para fazer previsões?". Essas questões estimulam a compradora a compartilhar o que ela tem determinado até o momento. Elas ainda podem extrair uma resposta que lhe informa que o Coluna A não criou as funcionalidades para ajudar a compradora a entender completamente como sua oferta poderia ser utilizada. Em algumas ocasiões – com base nas respostas da compradora e no uso de jargões do setor – é possível determinar que organização de vendas é o ocupante da Coluna A.

Após as respostas do comprador, sua missão é esclarecer a si próprio (e, potencialmente, ao comprador) quais recursos são necessários. Idealmente, é possível aumentar a lista de requisitos acrescentando uma funcionalidade que o concorrente não possua – ou que o vendedor tradicional concorrente possa ter deixado de discutir, pois ele não dispõe do Sales-Ready Messaging e foi forçado a desenvolver suas próprias potencialidades.

Ao negociar com um comprador que aparentemente não queira ter uma discussão aberta, sugerimos fazer perguntas que exigem respostas "sim" ou "não", deslocando-se para baixo da coluna direita do SDP, para determinar com quais funcionalidades o comprador concordará. As respostas mais habituais são:

- "Sim, desejamos isso", diz o comprador o que, muito provavelmente, o fornecedor Coluna A já fez daquilo um requisito.
- "Esse não é um de nossos requisitos, mas ele poderia ser de utilidade" é a melhor resposta, porque indica que você pode ter o potencial

de introduzir um requisito diferente. Quando você entra como Coluna B, a melhor maneira de melhorar suas chances de sucesso é contribuir com requisitos que o fornecedor Coluna A não satisfaz ou não tenha discutido.

- "Não, isso não é algo de que necessitamos" pode configurar uma resposta sincera, mas existem algumas outras interpretações possíveis. Pode ser que o cliente não entenda completamente o cenário de utilização, ou pode ser que você esteja contatando o defensor interno (campeão) do fornecedor Coluna A, que não deseja mudar a especificação existente. Em qualquer um dos casos, se você perceber que existe uma funcionalidade que gostaria de introduzir, nós lhe mostraremos uma maneira bastante gentil de fazer outra tentativa num contato posterior.

Ao fazer as questões EQPA, você está ganhando o direito de perguntar, "Como você está fazendo atualmente suas previsões?". Nesse estágio do contato – contrariamente a logo após ter um cliente relutante revelando uma meta –, você pode ter estabelecido suficiente credibilidade (e ganho suficiente espaço) na mente do comprador para conseguir uma resposta razoavelmente detalhada. Quando o comprador tiver terminado sua resposta, você, então, é capaz de fazer as questões diagnósticas correspondentes aos recursos acordados. Se, ao fazer as questões diagnósticas, você começar a construir um caso na mente do comprador para um recurso que foi inicialmente ignorado, é possível elaborar um mini-resumo e fazer novamente as perguntas sobre o recurso.

Criação de Visão em Torno de uma *Commodity*

Os Solution Development Prompters podem ser utilizados para facilitar virtualmente qualquer negociação de vendas. Trabalhamos com empresas que vendem o que é percebido como *commodity* e – com algumas modificações – o modelo de criação de visão funciona da mesma forma.

Digamos, por exemplo, que você seja o dono de uma firma de *courier* local que opera entregas expressas, e que você tenha os seguintes diferenciadores quando comparado às *couriers* de abrangência nacional:

- Você aceita *pallets*.
- Seus limites de pesos para pacotes são maiores.
- As retiradas de mercadorias podem ser feitas até as 20 horas.

- As entregas podem ser feitas bem cedo, a partir das 7h30min.
- Todas as remessas são feitas por terra, abrangendo um raio de cerca de 480 km.
- Você consegue fazer entregas para um edifício em construção, mesmo que ele ainda não tenha um endereço.
- Você consegue oferecer 20% de desconto em relação às *couriers* de abrangência nacional.

Nesse caso, praticamente todos os *prospects* que você está contatando já estão utilizando e são familiares com uma ou mais firmas de entregas expressas. Muitos vendedores tradicionais lidariam com o preço nessa situação, mas essa é uma abordagem perigosa. Vários compradores concluiriam que estariam recebendo um serviço inferior de um *courier* previamente desconhecido que inicia uma negociação com base em um preço menor. Outro problema com essa abordagem é que ela cria uma mentalidade de venda de uma *commodity*. Mesmo se você for bem-sucedido em gerar interesse, o comprador provavelmente pedirá que outros *couriers* apresentem suas ofertas no sentido de forçar uma competição de preços.

Nas situações de vendas como essa, é importante oferecer ao comprador uma razão para que ele esteja insatisfeito com o serviço atual. Isso pode ser feito selecionando um Caso de Sucesso que enfatize um de seus pontos fortes e um dos potenciais pontos fracos de uma operadora de abrangência nacional.

A questão seguinte ao Caso de Sucesso pode ser extremamente óbvia. Por exemplo: "Como você lida atualmente com suas entregas expressas?" é tão básica quanto ofensiva. Uma vez que a maioria das pessoas percebe que entende como utilizar um serviço de entregas expressas, uma pergunta mais apropriada seria: "O que levaria você a considerar a troca de sua prestadora de entregas expressas?".

Após obter a resposta do comprador, então é possível fazer as perguntas sobre os cenários de utilização da coluna direita do Solution Development Prompter, com cada um deles constituindo um potencial diferenciador. Os sete diferenciadores listados anteriormente vão exigir uma seleção criteriosa com base no cargo e no ramo de atividade que o vendedor estiver contatando. Uma empresa do segmento industrial poderia estar interessada na remessa de *pallets*, mas uma firma de advocacia ou um banco já teriam outras prioridades. Faça sua lição de casa neste ponto: uma empresa que fatura contra seus clientes numa base de custo mais margem pode não achar atrativo um preço mais baixo.

Suponhamos que você (novamente o representante do serviço local de entregas expressas descrito anteriormente) esteja contatando o gerente de uma firma de advocacia. Após uma breve apresentação e o relato de um Caso de Sucesso sobre outra firma de advocacia que elegera o seu serviço, o diálogo pode transcorrer conforme segue, utilizando o SDP mostrado na Figura 11.1.

Vendedor: *O que levaria você a considerar a troca de sua prestadora de serviço de entregas expressas?*

Comprador: *Estamos bastante satisfeitos com os serviços da "FBN".*

Vendedor: *A maioria das pessoas está satisfeita com a FBN, mas permita-me perguntar: Quando os advogados têm casos com prazos-limite apertados, você gostaria de dispor de retiradas em seu escritório até as 20 horas?*

Comprador: *Geralmente conseguimos fechar tudo lá pelas 17 horas, mas o horário das 20 horas seria muito interessante.*

Vendedor: *Quando seus clientes necessitam de uma ação rápida, você gostaria que eles recebessem seus documentos a partir das 7h30min da manhã seguinte?*

Comprador: *Alguns de nossos clientes gostariam de receber os contratos ou documentos nas primeiras horas da manhã.*

Vendedor: *Ao enviar documentos críticos dentro de um raio de cerca de 480 km, você se sentiria mais aliviado em ter um serviço de remessas rodoviário, podendo, assim, evitar potenciais atrasos por fechamentos de aeroportos e problemas similares?*

Comprador: *Não temos tido problemas referentes a atrasos nas remessas devido a condições climáticas adversas.*

Vendedor: *Ao remeter documentos dentro de um raio de cerca de 480 km, você gostaria de poder reduzir os custos gerais por utilizar um serviço de remessas rodoviário?*

Comprador: *Nossos clientes se tornaram muito exigentes sobre custos, de modo que estaríamos interessados na redução dos custos das remessas. Na realidade, agora que estou pensando nisso, a maioria de nossos clientes tem seus negócios baseados aqui mesmo em nossa região.*

O que ocorreu nesse caso? Você obtete uma resposta neutra no tocante ao terceiro caso de utilização, mas o comprador deu respostas positivas nos outros três.

Desenvolvendo a Visão do Comprador com o Sales-Ready Messaging   **183**

Cargo: Gerente Comercial, Firma de Advocacia **Meta:** Melhoria do serviço ao cliente nas entregas de documentos
Produto/Serviço: Serviços de Entregas Expressas

Como tem sido sua experiência com seu atual prestador de serviço?

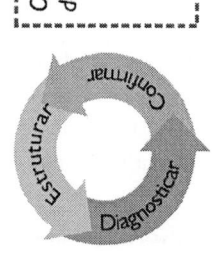

O que você considerou para trocar sua prestadora de entregas expressas?

Questões de Diagnóstico

Cenários de Uso

1. Se os seus advogados são pressionados a cumprir um prazo-limite, que opções você tem com seu serviço regular? Com que freqüência isso se torna um problema? A qualidade do trabalho de sua firma já foi comprometida por ter de atender um prazo-limite? Que problemas isso provocou?
#,%,$,E?

Evento: quando seus advogados enfrentam prazos-limites apertados,
Questão: ajudaria se
Player: você
Ação: conseguisse dispor de retiradas de documentos em seu escritório em horários tão avançados como 20 horas?

2. Com que freqüência clientes querem documentos antes das 10h30min da manhã e de que maneira você lida com esses pedidos? Você incorreu em despesas de expedição? Quantos de seus clientes gostariam de receber os documentos três horas antes?
#,%,$,E?

Evento: quando clientes precisam de uma ação rápida,
Questão: eles gostariam que
Player: sua firma
Ação: tivesse a habilidade de fazer entregas em um horário tão adiantado como 7h30min da manhã seguinte?

3. Com que freqüência problemas de logística de aeroportos provocaram o atraso de documentos? Qual a compreensão dos clientes frente a esses atrasos? Para clientes dentro de um raio de 480km, causou estranheza perceber que cancelamentos de vôos provocaram os atrasos?
#,%,$,E?

Evento: ao enviar documentos críticos dentro de um raio de cerca de 480km,
Questão: você
Player: se
Ação: sentiria mais aliviado por ter remessas feitas por terra, e portanto evitando potenciais atrasos em razão de fechamentos de aeroportos ou cancelamentos de vôos?

4. Para documentos enviados numa área que compreende 3 estados, você sente que o transporte aéreo possa ser totalmente superado? Você concordaria que o transporte rodoviário seria menos dispendioso para seu serviço de entregas?
#,%,$,E?

Evento: ao remeter documentos dentro de um raio de cerca de 480km,
Questão: você
Player: gostaria
Ação: de ter a possibilidade de reduzir os custos por tirar vantagem de um serviço de entregas rodoviários?

Figura 11.1 Modelo de Desenvolvimento de Solução (Solution Development Prompter): Vendendo Serviços de Entregas Expressas a uma Firma de Advocacia

MICHAEL T. BOSWORTH • JOHN R. HOLLAND

Após a estruturação de uma pergunta – tal como "Qual tem sido a sua experiência com os serviços da FBN?" – a fim de conduzir o diálogo para o lado esquerdo do SDP, você faria o diagnóstico frente às razões 1, 2 e 4 para obtenção de detalhes e a quantificação de como a falta de disponibilidade dos correspondentes recursos está afetando o gerente comercial e a firma de advocacia. Após resumir o diagnóstico, em seguida você resumiria a visão do comprador e buscaria o seu acordo.

Vendedor: *Para resumir, se você pudesse ter seus documentos coletados em horários tão avançados como 20 horas, entregas realizadas a partir das 7h30min, e reduzir os custos das remessas nos dias seguintes, então consideraria fazer uma experiência com nossos serviços?*

Comprador: *Certamente que ficaria interessado. Primeiro, eu quero fazer uma análise mais completa de sua empresa. Se tudo corresponder às expectativas, estaria disposto a oferecer-lhes uma oportunidade.*

Não há um modo certo ou errado de navegar por um SDP, contanto que um vendedor possa finalizar com uma pergunta para verificar a visão do comprador. Dada uma opção, preferimos a execução primeiramente do diagnóstico (parte esquerda), mas a consideração principal é a de estar alinhado com o comprador. Se um cliente já souber o que ele deseja, inicie com as questões do cenário de utilização.

O propósito do Solution Development Prompter é munir os vendedores com paciência e inteligência artificiais para determinar de que cenários de utilização o comprador provavelmente necessitará, simplesmente por fazer perguntas. Esses cenários de uso tornam-se funcionalidades quando o comprador concorda que eles serão úteis. A etapa final é ver se, pelo uso de todas as funcionalidades, o comprador pode se habilitar a atingir a meta desejada. Isso é feito perguntando: "Se você tivesse o(s) (resuma os recursos), então poderia atingir a (meta do comprador)?".

Quando for construída a visão de um cliente, você deve conferir se ele compartilhará consigo outras metas, possibilitando, com isso, sua construção de visões futuras e o desenvolvimento de valores associados. Após o desenvolvimento das metas reveladas pelo comprador, a próxima etapa é iniciar a qualificação das mesmas – um requisito crítico para o sucesso em vendas que cobriremos no próximo capítulo.

CAPÍTULO 12

Qualificando Compradores

UM BOM NÚMERO DE ORGANIZAÇÕES TEM GRANDES DIFICULDADES na previsão de seus faturamentos brutos. Acreditamos que isso reflete um problema subjacente: seus *pipelines* estão repletos de compradores não-qualificados. A maioria das organizações não possui um método-padrão para avaliar com certo nível de exatidão que *prospects* provavelmente irão comprar.

Nossa forte percepção – conforme se tornará claro a seguir – é a de que o gerente de vendas deveria desqualificar compradores com base na melhor correspondência disponível entre o vendedor e o *prospect*. A alternativa é tirar essa responsabilidade do vendedor individual, pois, do contrário, é quase que inevitável a presença de compradores não-qualificados no *pipeline*, resultando em estimativas exageradas de faturamento. Dessa maneira, como o gerente de vendas e o vendedor poderiam trabalhar em conjunto no sentido de qualificar compradores, construir *pipelines* e desenvolver previsões mais precisas?

Um pré-requisito é concordar sobre um conjunto-padrão de termos que descrevem as pessoas-chave envolvidas na tomada de decisões de compra. Isso facilita a qualificação de várias pessoas-chave que desempenham inúmeras funções em uma determinada oportunidade. Um *prospect* com todas as funções qualificadas é uma melhor aposta na hora das previsões.

Definimos as pessoas-chave (*key players*) como sendo aqueles indivíduos a quem um vendedor deve contatar para poder vender, obter recursos financeiros e implementar a oferta. Conforme seria esperado, o número de pessoas-chave é proporcional ao tamanho e à complexidade do que está sendo vendido. A seguir, nossas definições das pessoas-chave.

- Os *coaches* desejam que o vendedor feche o negócio, além de estarem dispostos a fornecer informações e a promover a venda interna. Eles têm uma autoridade limitada nas organizações, mas podem funcionar como os olhos e ouvidos para um vendedor à medida que uma oportunidade seja desenvolvida.
- Os *defensores internos (campeões)* possibilitam acesso às pessoas-chave, conforme solicitado pelo vendedor, e podem ser encontrados em qualquer nível da organização com potencial para comprar. De modo geral, quanto mais alto for o cargo ocupado por seu defensor na organização, maiores suas chances de sucesso e mais curtos os ciclos de vendas. A situação ideal é a de que seu defensor seja também o tomador de decisão (veja abaixo). Nesses casos, o comprador geralmente oferecerá acesso espontâneo a outras pessoas-chave mesmo antes de o vendedor solicitá-los, e esses contatos serão com funcionários *abaixo* dele na organização – uma boa coisa. Embora, às vezes, seja necessário o acesso de baixo para cima, a primeira opção é a no sentido oposto.
- Os *tomadores de decisão* podem fazer a seleção dos fornecedores e motivar o gasto dos fundos não-orçados, que (conforme explicado em capítulos anteriores) é crítico se um vendedor iniciar um ciclo de compra em uma organização que não esteja buscando mudanças e, portanto, não tenha verbas disponíveis para elas. Além disso, um tomador de decisão pode alocar recursos internos para a avaliação das ofertas de um vendedor. No caso das compras definidas por comitês, poderá haver múltiplos tomadores de decisão.
- Os *aprovadores financeiros* são as pessoas que devem autorizar as despesas. O papel deles varia desde a passividade, no caso de pessoas que apenas carimbam e aprovam tudo sem questionar, até o de indivíduos ativos e participantes envolvidos no processo decisório. Obter a aprovação financeira é mais fácil quando essa pessoa entende o valor de lidar com as metas que a organização deseja atingir.
- Os *usuários e gerentes dos usuários* são as pessoas envolvidas na utilização das ofertas. Para implementações que afetam um amplo grupo de pessoas em uma organização, usuários apoiadores e entusiastas podem ser decisivos para o sucesso de um vendedor. Os usuários podem ajudar nas campanhas de vendas, provendo uma força muito grande de suporte. (Em contrapartida, qualquer relutância ou ceticismo que demonstrarem pode "afundar" uma oportunidade que, de

outra forma, seria viável.) Eles, geralmente, não têm metas de negócios. Suas inquietações refletem mais o lado pessoal: procuram decidir se a oferta melhorará suas participações acionárias na empresa e se ela simplificará ou dificultará suas vidas. É quase impossível para um vendedor interagir com todos os potenciais usuários, mas conseguir a aceitação de (pelo menos) alguns formadores de opinião – incluindo, por exemplo, os gerentes dos usuários – pode ser uma etapa crítica na efetivação da venda.

- Os *implementadores* são as pessoas responsáveis pela migração do método atual à nova oferta. Geralmente, a maior preocupação deles não é com o objetivo corporativo. Eles serão medidos por suas habilidades em integrarem a nova oferta dentro dos prazos e segundo o orçamento, e preferem fazer negócios com fornecedores que prestem serviços profissionais e dêem suporte contínuo.

- Os *adversários* são os indivíduos que não desejam mudanças, que querem controlar internamente a mudança ou que querem fazer negócios com um concorrente. Podem incluir, por exemplo, os defensores internos de um concorrente, pessoas cujo poder é derivado do método atual de condução dos processos, membros do quadro de TI que querem desenvolver a funcionalidade desejada na própria organização etc.

Em nossa experiência, os vendedores tendem a evitar seus adversários, o que geralmente é um erro. O objetivo de um vendedor deve ser o de converter, neutralizar ou eliminar adversários. Certamente que isso precisa ser feito com cuidado. Por exemplo, uma reunião direta com um adversário pode gerar confrontações e, mais tarde, polarizar posições opostas. Em vez disso, sugerimos convidar pessoas que o defendam nas reuniões com esses adversários – preferencialmente, um proponente com uma posição mais importante que a de seu adversário na organização.

Essas definições dos membros do comitê de compras tornam-se a base para a discussão e o desenvolvimento de estratégias voltadas a oportunidades específicas. Veja as Figuras 12.1 a 12.3. Nesses diagramas, disponibilizamos três oportunidades de dimensões diferentes e identificamos as pessoas-chave e seus cargos e metas associados. (Observe que há ocasiões em que uma pessoa-chave desempenha mais de um papel.)

Note ainda a ênfase nas metas: o ponto inicial de todo CustomerCentric Selling.

188 CustomerCentric Selling

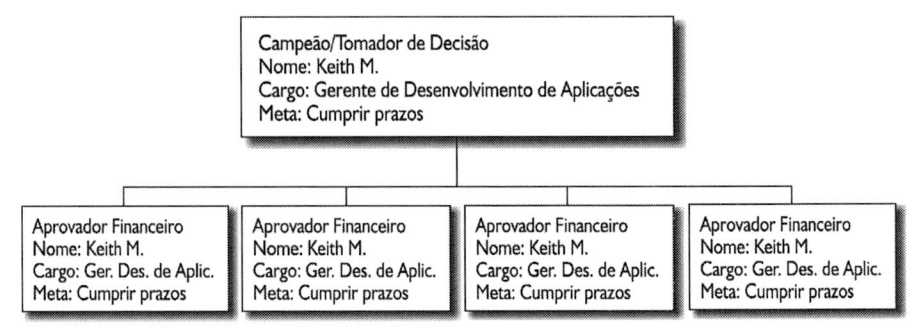

```
Campeão/Tomador de Decisão
Nome: Keith M.
Cargo: Gerente de Desenvolvimento de Aplicações
Meta: Cumprir prazos
```

Aprovador Financeiro	Aprovador Financeiro	Aprovador Financeiro	Aprovador Financeiro
Nome: Keith M.	Nome: Keith M.	Nome: Keith M.	Nome: Keith M.
Cargo: Ger. Des. de Aplic.	Cargo: Ger. Des. de Aplic.	Cargo: Ger. Des. de Aplic.	Cargo: Ger. Des. de Aplic.
Meta: Cumprir prazos	Meta: Cumprir prazos	Meta: Cumprir prazos	Meta: Cumprir prazos

Figura 12.1 Diagrama Organizacional de Oportunidades: Oportunidade de Nível Médio – US$ 35 mil

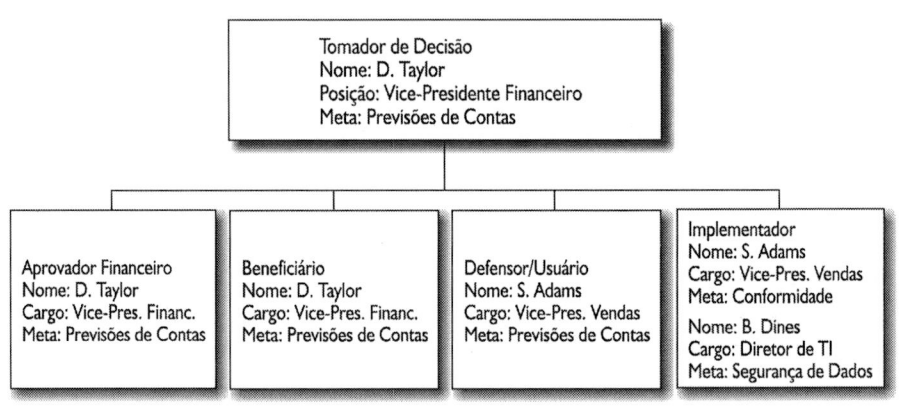

```
Tomador de Decisão
Nome: D. Taylor
Posição: Vice-Presidente Financeiro
Meta: Previsões de Contas
```

Aprovador Financeiro	Beneficiário	Defensor/Usuário	Implementador
Nome: D. Taylor	Nome: D. Taylor	Nome: S. Adams	Nome: S. Adams
Cargo: Vice-Pres. Financ.	Cargo: Vice-Pres. Financ.	Cargo: Vice-Pres. Vendas	Cargo: Vice-Pres. Vendas
Meta: Previsões de Contas	Meta: Previsões de Contas	Meta: Previsões de Contas	Meta: Conformidade
			Nome: B. Dines
			Cargo: Diretor de TI
			Meta: Segurança de Dados

Figura 12.2 Diagrama Organizacional de Oportunidades: Automação de Processo de Vendas (SPA) – US$ 250 mil

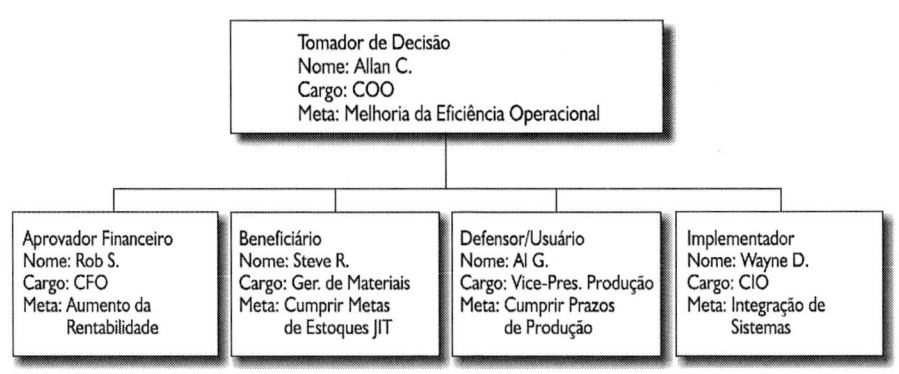

```
Tomador de Decisão
Nome: Allan C.
Cargo: COO
Meta: Melhoria da Eficiência Operacional
```

Aprovador Financeiro	Beneficiário	Defensor/Usuário	Implementador
Nome: Rob S.	Nome: Steve R.	Nome: Al G.	Nome: Wayne D.
Cargo: CFO	Cargo: Ger. de Materiais	Cargo: Vice-Pres. Produção	Cargo: CIO
Meta: Aumento da Rentabilidade	Meta: Cumprir Metas de Estoques JIT	Meta: Cumprir Prazos de Produção	Meta: Integração de Sistemas

Figura 12.3 Diagrama Organizacional de Oportunidades: Implementação de Planejamento de Recursos Empresariais (ERP) – US$ 2 milhões

Essa abordagem pode dar a noção de se ter muito trabalho. Mas, se tomarmos um organograma simples de uma empresa de software e um pouco de prática, veremos que a tarefa é relativamente fácil. E, em nossa experiência, entender, preparar e atualizar organogramas simples como esse ajuda tanto o vendedor como o gerente de vendas, pois eles devem trabalhar juntos na qualificação de oportunidades.

Qualificando um Defensor Interno (Campeão)

Um elemento-chave do processo de qualificação é identificar e reforçar um campeão. Quando o vendedor está tendo contatos em níveis mais altos da organização, o campeão geralmente se auto-indica. Ele, de modo geral, facilitará acesso espontâneo às pessoas-chave. É certo que, com maior freqüência, ele terá de ser perguntado sobre os tipos de acordos do CustomerCentric Selling com os compradores.

Após um contato com um potencial campeão, pede-se que o vendedor responda às perguntas da Figura 12.4.

> Origem da oportunidade?
>
> Nome, cargo e empresa?
>
> Meta(s) do comprador?
>
> Situação atual?
>
> Que outra(s) pessoa(s) queremos que esteja(m) envolvida(s)?
>
> Visão(ões) do comprador?
>
> Pessoal/valor em moeda corrente para a pessoa/organização?
>
> Funções do comprador?
>
> Próxima(s) etapa(s)?

Figura 12.4 Perguntas no Contato de Vendas

Assim que as respostas às perguntas tiverem sido revisadas e aprovadas, o vendedor elabora uma Carta ao Campeão. A carta, fax ou e-mail dirigido ao campeão tem quatro papéis importantes:

- Confere um atestado de "sanidade" aos vendedores, confirmando que eles foram capazes de enunciar a meta do comprador, sua situação atual e a visão.
- Após os vendedores demonstrarem domínio desse processo, os gerentes de vendas autorizam o envio da Carta ao Campeão sem que ela seja editada. Nesses casos, ela permite que o gerente controle as realizações do vendedor em termos de *milestones*, para verificar se vale a pena ter aquele *prospect* no *pipeline*. Qualquer processo deve ter um caminho para controle, e, pressupondo-se que todos os vendedores desenvolvem visões utilizando os Modelos de Desenvolvimento de Solução (Solution Development Prompters), todas as perguntas existentes na Carta ao Campeão devem ser respondidas.
- Serve como um lembrete ao comprador sobre o diálogo que teve com o vendedor. Diferentemente dos folhetos dos representantes de vendas, essa carta minimiza as chances de o comprador ficar confuso se ele estiver avaliando ofertas de outras empresas.
- Facilita as vendas internas ao fornecer mensagens dirigidas para vendas aos *prospects* (as palavras dirigidas ao seu campeão para que ele explique ou defenda seus interesses). Por essa razão, muitos vendedores preferem enviar a Carta ao Campeão no dia do contato por e-mail, e efetuar o acompanhamento via correio regular. Nossa preferência é pelo e-mail, que pode ser encaminhado com facilidade às outras pessoas-chave.

Apresentamos um exemplo de Carta ao Campeão na Figura 12.5. Acreditamos que o gerente de vendas deva estar envolvido na redação ou, pelo menos, na elaboração desses tipos de contatos até que ele ganhe a confiança de que o vendedor possa executar essa tarefa sem a sua ajuda. Contar com uma meia dúzia de bons modelos de carta em uma gaveta deve construir a confiança de ambas as partes.

Dedique um minuto para ler os três primeiros parágrafos de nossa carta-exemplo. Nessa parte, encontram-se resumidas as metas, a situação atual, a visão e o valor para o campeão. (O quadro localizado no canto direito superior não faz parte de uma Carta ao Campeão numa situação real.) Queira observar que todas as respostas às perguntas se originam da execução do processo CustomerCentric Selling. Os vendedores tradicionais necessitam tanto de um guia (*milestones*) como de instruções explícitas (um processo de vendas definido acompanhado de Mensagens Dirigidas para Vendas – Sales-Ready Messaging).

A/c: WendyKomac@xyz.software.com
De: Dbranfman@spa.com
Assunto: Ref. à nossa conversa

> *Milestones* de Qualificação
> 1. Meta(s)
> 2. Situação atual
> 3. Visão(ões)
> 4. Valor
> 5. Acesso às Pessoas-Chave

Cara Wendy,

Grato pelo interesse demonstrado na SPA.com. O propósito desta carta é resumir meu entendimento sobre a nossa conversa inicial. Você me informou que sua meta principal é melhorar as projeções de faturamentos graças a uma previsão de vendas mais acurada.

Hoje em dia, as métricas de previsões variam entre os escritórios, muitas oportunidades não-qualificadas ou paralisadas permanecem nos *pipelines*, as taxas de fechamento variam consideravelmente entre os vendedores e os ganhos têm sido impactados quando não há fechamento das oportunidades previstas mais importantes. Você me disse que as perdas nos ganhos para o outro trimestre poderiam afetar as estimativas em até 20%, e acredita que poderia melhorar a precisão das previsões se contasse com as seguintes funcionalidades:

- Após os contatos de vendas, seus vendedores estariam preparados para reportar o progresso contra *milestones-padrões* utilizados pela empresa.
- Ao revisar os *pipelines*, seus gerentes de vendas poderiam avaliar o progresso e enviar sugestões por e-mail independentemente de seus locais de trabalho.
- O sistema poderia rastrear continuamente os índices de fechamento de todos os vendedores e aplicá-los para as previsões de faturamentos.
- Quando um trimestre depender da efetivação ou perda de uma oportunidade, você e os demais executivos-seniores gostariam de ter a possibilidade de monitorar o progresso contra *milestones* antes de finalizarem suas projeções.

Você me informou que estava interessada em dados complementares sobre a SPA.com. Baseado em minha experiência, sugiro que nossas próximas etapas sejam:

1. Confirme que você está de acordo com meu sumário sobre nossa conversa inicial.
2. Consiga entrevistas por telefone ou pessoais com seu vice-presidente de Vendas, o gerente de Operações de Vendas e o CIO, que estariam envolvidos na implementação do SFA..
3. Resuma nossas descobertas ao grupo e determine se será apropriado termos uma outra avaliação.

Entrarei em contato com você na terça-feira, 7 de janeiro, às 9 horas da manhã, para revisarmos esta carta e discutirmos nossas próximas etapas. Se essa data não lhe for conveniente, queira me informar uma outra opção. Fico à disposição de você e de sua organização.

Atenciosamente,

Dave Branfman
Executivo de Contas Sênior
SPA.com

Figura 12.5 Carta (E-mail) ao Campeão do Controle do Ciclo de Vendas: Qualificando o(a) Comprador(a)

Anteriormente neste livro, insistimos na importância da consistência das mensagens. O que muitas organizações deixam de perceber é que um grande número de vendas ocorre enquanto o vendedor não está presente na organização com potencial para comprar. Como isso é possível? Após um contato de vendas bem-sucedido, vários compradores tentam compartilhar seus entusiasmos com outras pessoas na organização. Na realidade, quanto melhor o contato, maior a probabilidade da ocorrência desse fato.

Mas qual o grau de confiança que você deposita de que suas mensagens serão precisamente transmitidas? Considere o tempo que um vendedor leva para se tornar proficiente no relato de ofertas de modo que elas façam sentido para os mais diversos tipos de compradores contatados. Muito provavelmente, esse é um trabalho intensivo, de período integral, que durará vários meses. Qual o nível de preparação de um comprador que passa 45 minutos com um vendedor para recriar o entusiasmo que ele sentiu sobre a visão de utilizar uma oferta para, no final, cumprir uma meta ou resolver um problema?

Considere um exemplo da vida real. Você participa de um evento, e a atração, após o jantar, é um palestrante motivacional (que muito provavelmente já conduziu essa mesma fala muitas e muitas vezes durante os últimos meses ou anos). Você é enlevado pelo palestrante e seu tema, e – no retorno para casa – tenta transferir esse entusiasmo à sua esposa. Coisa difícil de fazer, certo? Muito provavelmente, essa é uma daquelas situações em que "você tinha de estar lá", e provavelmente você ache que seu entusiasmo feneceu um pouco nesse momento. Afinal de contas, talvez o palestrante não tenha sido tão bem assim...

Portanto, as mensagens são muito importantes em sua correspondência desde o primeiro encontro com um potencial campeão. Transmita os roteiros necessários ao defensor interno de modo que ele funcione como seu representante.

Agora veja o quarto parágrafo de nossa carta-exemplo, que inicia com: "Você me informou que estava interessada...". Uma das partes mais importantes da Carta ao Campeão e que requer habilidade surge próximo do final, quando o vendedor procura ir adiante na investigação sobre a oportunidade. Esse é o ponto em que o vendedor tenta obter a concordância do campeão para ter acesso às pessoas-chave. Que pessoas-chave? Os cargos variarão, dependendo da complexidade da oferta, do número de pessoas que serão afetadas durante a implementação, da dimensão dos gastos propostos e do tamanho da organização-alvo. Uma outra variável pode ser o estado da economia. Sob condições financeiras adversas, mesmo negócios extras com clientes existentes da carteira podem requerer mais aprovações, em níveis mais altos, que em pedidos anteriores. Uma regra básica é rever sua Lista de Conversações Dirigidas.

Em face dessas razões, os gerentes de vendas devem estar envolvidos nessas decisões, pelo menos até que o vendedor tenha demonstrado a capacidade de ter esse tipo de resolução. O gerente de vendas não deveria hesitar em voltar a participar dessas decisões caso houvesse mudanças nas circunstâncias, quer da parte do vendedor, quer da parte do comprador.

Essa abordagem – de pedir acesso às pessoas-chave na Carta ao Campeão – alivia o vendedor do fardo de ter que solicitar acesso durante um contato ou uma ligação. Ao mesmo tempo, no entanto, ela assegura que, definitivamente, passamos por essa etapa crítica. Alguns vendedores tradicionais ficam muito preocupados sobre captar e manter oportunidades em seus *pipelines*, e, portanto, revelam hesitação para fazer perguntas difíceis sobre qualificação. Isso não é aceitável. Uma oportunidade não se torna real até que o acesso a todo o comitê de compra tenha sido concedido e documentado, o que nos conduz à próxima etapa.

Acompanhamento da Carta ao Campeão

Assim que a Carta ao Campeão for enviada, é preciso que o profissional de vendas faça o acompanhamento dessa comunicação de modo a obter a concordância do comprador sobre os seguintes pontos:

- A carta resume precisamente a(s) conversação(ões).
- O comprador está disposto e é capaz de prover acesso aos cargos solicitados.
- Após entrevistar todas as pessoas-chave, haverá uma chance de ganhar consenso de que será garantida uma avaliação posterior.

Uma vez que o vendedor tenha conferido esses pontos e possa elaborar a Carta ao Campeão, o gerente de vendas poderá, então, qualificar esse *prospect* com um C. Conforme enfatizaremos outra vez mais adiante, a gerência de vendas deve realizar a qualificação do *pipeline* – e das previsões em geral. *Não* deve ser responsabilidade do vendedor, que historicamente são otimistas e motivados por seus desejos, de ter o gerente acreditando que tudo está indo bem em seus *pipelines*, independentemente de suas condições reais.

Haverá épocas em que o contato de acompanhamento para verificar os teores da Carta ao Campeão não seguirá de acordo com o plano (Se isso fosse uma constante, haveria menos razão de se redigirem Cartas ao Campeão). Recuo do comprador ou desacordos devem ser resolvidos se o *prospect* for considerado viável.

O comprador pode questionar ou discordar dos teores da carta, caso em que se faz necessária uma discussão para esclarecer certos pontos. Se a discussão for bem-sucedida, a Carta ao Campeão deve ser modificada para refletir todas as mudanças necessárias. O vendedor qualifica um campeão após obter a aceitação da carta revisada pelo comprador.

Em algumas ocasiões, o pedido do vendedor para ter acesso às pessoas-chave pode ser contestado ou negado. Nos parágrafos seguintes, apresentamos as razões mais comuns pelas quais o acesso é negado – pelo menos inicialmente –, e sugerimos algumas maneiras de controlá-las.

1. *Os compradores indicaram que irão vender a oferta internamente.* Essa relutância pode ser um indicador de que você é o Coluna B (concorrente a uma medalha de prata), especialmente se o comprador iniciou o contato. O *prospect* pode ter sido instruído a receber os preços, mas não concede acesso a outras pessoas. Ou, contrariamente, os compradores podem querer simplesmente manter controle e receber todo o crédito por introduzirem o conceito aos demais.

Em nossa experiência, qualquer uma dessas condições reduz enormemente suas chances de sucesso, tanto na venda como na previsão.

Sugerimos esclarecer que o seu defensor interno (campeão) é bem-vindo para acompanhá-lo nas reuniões com as pessoas-chave sempre que ele considerar apropriado. Isso pode ajudar a tratar da questão do desejo de a pessoa manter controle e exposição. Constatamos, ainda, que é efetivo assinalar (exatamente) que você e o *prospect* gastaram somente um pequeno período de tempo discutindo suas ofertas, e que é injusto colocar o fardo de vender a oferta internamente sobre os seus ombros.

2. *Os compradores dizem que o envolvimento das pessoas-chave é desnecessário.* Nesses casos, o vendedor pode e deve apontar problemas potenciais de implementação se não houver a participação de todos desde o início. Outra opção é indicar que, a menos que as pessoas-chave estejam cientes

de uma avaliação, tanto o *prospect* como o vendedor podem acabar "inventando a roda", dando seqüência a uma iniciativa não-aprovada.

3. *O comprador está cético e indica que é cedo demais para envolver outras pessoas.* Dependendo da complexidade de sua oferta, essa pode ser uma preocupação válida. Até esse ponto, você (muito provavelmente) tinha tido somente uma ou duas conversações com o potencial campeão sobre suas ofertas. Talvez esse seja o momento para realizar uma sessão de prova ou demonstração com uma clara e direta condição de troca, ou seja: "Se a prova lhe satisfizer, então você me concederá acesso às pessoas-chave específicas apontadas?".

Quando tentar obter acesso às pessoas-chave, o vendedor deve ser gentil, porém persistente. Isso é importante. Ele simplesmente não pode ser relegado a um segundo plano. Não dialogar com essas pessoas deixa os vendedores e a empresa vulneráveis a longos ciclos de vendas, sem decisões, concorrentes à medalha de prata, e outras coisas ruins.

Se o acesso estiver muito distante, é importante descobrir o que efetivamente está ocorrendo: o campeão é incapaz ou não está disposto a prover acesso? Se um *prospect* for incapaz de obter acesso aos tomadores de decisão, o vendedor precisa perguntar quem poderia promover esse acesso. Se um *prospect* persiste na má vontade em conceder acesso, o gerente de vendas deve ser envolvido para decidir se devem continuar competindo pela venda.

Qualificando Pessoas-chave

Assim que um campeão concorde em dar acesso a pessoas-chave, devem ser agendados contatos pessoais ou por telefone. Idealmente, o defensor e o vendedor reunidos devem elaborar a estratégia da seqüência desses contatos. De modo geral, um campeão pode preparar uma pessoa-chave para um contato, e – em alguns casos – pode querer acompanhar o vendedor em certos contatos. Essas reuniões tendem a gerar resultados mais favoráveis se o seu campeão tiver enviado cópias das correspondências trocadas com o vendedor.

Quando um campeão identifica um potencial adversário, sugerimos contatar essa pessoa por último e solicitar para que o campeão participe dessa reunião.

A boa notícia é que os contatos com pessoas-chave podem ser menos desafiadores que os contatos iniciais com potenciais defensores internos, pois alguns obstáculos já foram transpostos. As pessoas-chave podem ter a percepção de que vendedores incompetentes ou dissimulados não conseguiriam obter acesso. Na realidade, as possibilidades de contatos bem-sucedidos com pessoas-chave são, de modo geral, influenciadas pelo poder que seu campeão detém na organização.

O objetivo nos contatos com tomadores de decisão e pessoas-chave é fazer uma breve apresentação da sua organização, resumir os contatos prévios feitos com a empresa, dar ao comprador uma oportunidade de compartilhar suas metas, diagnosticar cada uma delas, construir visões e estabelecer valores. Por essas razões, a preparação é de vital importância. Uma ótima preparação o afastará de uma série de armadilhas. Por exemplo, há alguns comportamentos estereótipos "típicos de vendas" que podem levar os compradores a tirarem conclusões desfavoráveis sobre um vendedor que eles estão encontrando pela primeira vez. Parte de seu trabalho, portanto, é demonstrar ao comprador que você não faz parte do estereótipo do vendedor tradicional.

Novamente, uma ótima preparação ajuda. Sugerimos que você chegue preparado com uma "introdução", um resumo das reuniões referentes à conta até o momento (metas, situação atual, visões), além de um menu de metas potenciais, Casos de Sucesso e correspondentes Modelos de Desenvolvimento de Solução (Solution Development Prompters) para cada meta potencial referente ao cargo que está sendo contatado.

Os vendedores devem desenvolver a introdução da visita com suas próprias palavras, mas ela deve ser concisa e baseada em fatos (e não em opiniões). Apresentamos, agora, um exemplo de uma introdução de visita – normalmente feita após as apresentações e de ter sido estabelecido um certo nível de relacionamento.

> *Hoje, gostaria de apresentar brevemente a Companhia XYZ, resumir as reuniões que tive com os outros membros da organização, discutir seus objetivos e determinar em conjunto se existem áreas nas quais nossas ofertas teriam valor para vocês.*
>
> *A Companhia XYZ possibilita que as organizações utilizem nossas ofertas para a redução dos ciclos de projetos de engenharia, com isso abreviando o tempo de chegada no mercado. Nossa empresa foi fundada em 1995, e no ano passado atingimos um faturamento de US$ 95 milhões. A lista de nossos clientes inclui a Boeing, a Hewlett-Packard e a IBM.*

> *Fui apresentado à sua empresa por Larry Firth, vice-presidente de Produção. Ele gostaria de diminuir a quantidade de sucata (meta) pela redução no número de alterações recorrentes de engenharia. Ainda me reuni com Kevin Hale, vice-presidente de Engenharia, que indicou que desejaria reduzir os ciclos de projetos de engenharia devidos a defeitos nos produtos (metas). Isso dá uma noção atualizada das reuniões que tive até o momento. Talvez você possa dizer-me, na qualidade de CFO, o que deseja realizar?*

Nesse ponto, exatamente como na conclusão do roteiro de prospecção por telefone, seu objetivo é persuadir o comprador a revelar pelo menos uma meta específica do negócio para o qual você conta com um SDP (Solution Development Prompter). (Para ter a percepção de como tratar as respostas possíveis, revise o capítulo anterior.) Ao visitar uma pessoa-chave, no entanto, lembre-se de que pode ocorrer outra situação. Às vezes, os executivos seniores somente querem se reunir com o vendedor e entender as negociações para se manterem atualizados. Uma vez que têm a capacidade de conectar os pontos por si próprios, eles não têm que necessariamente revelar uma meta durante a reunião.

No exemplo anteriormente citado, quando o CFO entender que sua equipe acredita que eles podem reduzir a quantidade de sucata, abreviar os ciclos de projetos de engenharia e minimizar os *recalls*, esses dados podem ser suficientes para que o vendedor ganhe o apoio do CFO para a viabilização do projeto. É sempre válido perguntar: "O que vocês estão querendo realizar?" Mas, se a pergunta não conseguir extrair uma meta, não force. Uma etapa seguinte sensível é narrar um Caso de Sucesso e/ou fornecer um menu de metas para o CFO. Se mesmo assim não houver uma resposta positiva, o vendedor deve articular uma saída educada. Isso inclui agradecer o CFO pela oportunidade concedida para mantê-lo atualizado sobre o progresso das negociações, informando a ele que será feita uma reunião após todas as pessoas-chave terem sido entrevistadas para obter consenso para dar prosseguimento à avaliação da oferta, além de um convite final para que o CFO participe da reunião.

Quanto mais cedo possível no ciclo de compra, conforme sugerido no cenário anterior, o vendedor deve conduzir reuniões com todas as pessoas-chave. Isso atinge uma série de objetivos:

- Todos entendem o potencial benefício pessoal e da organização.
- Conseguir o envolvimento de todos, de modo geral, pode resultar em maiores retornos e, com isso, justificar transações potencialmente maiores.

- Contar com diversos pontos de contato na organização significa que, provavelmente, você não tenha que iniciar tudo novamente se uma pessoa for despedida, promovida, deixar a companhia ou morrer.
- Se houver um adversário forte, ele será identificado com bastante antecedência. Se ele for poderoso e não puder ser neutralizado, o vendedor (em concordância com o gerente de vendas) pode decidir pela saída do processo em vez de percorrer uma longa distância e perder, trazendo somente uma medalha de prata para a organização.
- Novamente, essa é uma confirmação da realidade. É altamente improvável que um *prospect* conceda essas entrevistas a alguém que não seja o Coluna A.

Como no contato com o campeão, essas reuniões com as pessoas-chave devem ser documentadas. Sempre que uma nova meta for compartilhada, poderá ser elaborado o equivalente a uma Carta ao Campeão, embora a solicitação de acesso às pessoas-chave deva ser eliminada.

Qualificando RFPs

Abordamos ligeiramente o tema das RFPs – *Request for Proposals* (Solicitações de Proposta) no Capítulo 5. Os vendedores ainda recebem RFQs (Solicitações de Preço) e RFIs (Solicitações de Informação). Assim, neste livro, iremos referir-nos a elas coletivamente como RFPs.

As RFPs representam um particular desafio quando chegamos no ponto da qualificação dos compradores. Conforme observado, elas tendem a ser recebidas sob duas formas:

- Aquelas que foram "dirigidas" para você, pois você era Coluna A.
- Aquelas que foram "dirigidas" para um outro fornecedor que é Coluna A, e para a qual você está sendo solicitado para servir como medalha de prata.

Na realidade, haverá uma "bala perdida" quando o remetente da RFP desconhecer os requisitos e, portanto, ainda não estabeleceu um fornecedor favorito. Constatamos que essa situação é rara, e elas na maioria das vezes passam a ser como expedições de pesca – seja para as companhias descobrirem o que há disponível lá fora no mercado, seja para o departamento de TI receber treinamento grátis para gerar especificações que resultem em projetos desenvolvidos na própria empresa. Temos constatado que muitas dessas situações se transformam em longos ciclos de vendas, com alta probabilidade de não ser tomada decisão alguma.

Pela sua natureza, as RFPs retardam o processo de compra. Elas são práticas mais comuns entre os clientes do mercado convencional. As empresas utilizam várias justificativas para defender o tempo e o trabalho envolvidos na emissão de RFPs:

- As empresas descobrem quais são as ofertas disponíveis.
- Os fornecedores discutem sobre os concorrentes, possibilitando uma escolha com mais informações.
- As empresas obtêm os requisitos de uma devida diligência.
- As empresas obtêm assessoria/consultoria grátis.
- As empresas podem fazer uma avaliação da submissão de certos fornecedores.
- Os fornecedores concorrem entre eles.
- As empresas aparentam que são justas com todos os fornecedores.

Como um aparte, muitas organizações mantêm longas e calorosas reuniões sobre seus custos de vendas. Surpreendentemente, no entanto, poucas calculam o que efetivamente custa gerar e monitorar RFPs numa situação envolvendo vários fornecedores. Considere uma organização que emita uma RFP a seis fornecedores, com a intenção de trazer à baila uma guerra de preços para uma transação de US$ 75 mil que tem o potencial de possibilitá-los fazer uma economia de US$ 5 mil por mês. Falando de maneira conservadora, o tempo gasto para gerar, publicar, distribuir e conceder um tempo apropriado para que os fornecedores respondam à RFP acrescentaria 90 dias ao processo. Suponhamos ainda que haja um custo de mão-de-obra de US$ 3 mil relativo aos recursos requeridos para interagir com seis fornecedores (novamente, essa é uma estimativa conservadora). Sem referir-se ao tempo e trabalho necessários para efetivamente redigir a RFP, que pode envolver mão-de-obra cara, apresentamos agora uma estimativa dos custos embutidos:

(demora de 3 meses) × (US$ 5 mil/economias mensais potenciais)	= US$ 15 mil
(6 fornecedores) × (custo de US$ 3 mil/fornecedor)	= US$ 18 mil
Custo total do processo de RFP	= US$ 33 mil

Com base nesses números, a RFP deve possibilitar à companhia emissora negociar um preço de US$ 42 mil (US$ 75 mil – US$ 33 mil) com o medalha de prata apenas para atingir o ponto de equilíbrio (*break even*).

Tendo observado esse problema sob a perspectiva das organizações que solicitaram propostas, vamos considerá-lo sob a perspectiva de um fornecedor. Durante os últimos 12 meses, quantas RFPs sua companhia respondeu, onde você era reativo *versus* proativo (significando que você ficou surpreso quando recebeu o documento requisitando sua proposta)? Agora, estime sua taxa de fechamento de negócios nessas "oportunidades". Se essa taxa for aceitável, sinta-se à vontade para pular os próximos parágrafos.

Trabalhamos com um cliente que tinha um departamento inteiro cuja única responsabilidade era responder a RFPs. A resposta, em média, levava 80 horas de trabalho – e as 145 respostas da empresa a RFPs não-solicitadas durante os últimos 12 meses tinha resultado em exatamente três fechamentos de negócios. Talvez sua taxa média sobre RFPs não-solicitadas seja melhor que 2%. (Esperamos que sim.) No entanto, esse dado provavelmente não é satisfatório. O fato dificultoso é que se você participa com as regras pré-ditadas por seu concorrente, aumentam suas probabilidades de receber uma medalha de prata. Numa análise, a maioria das empresas constata que responder a RFPs em que outros fornecedores têm a preferência pelo negócio é uma prática não-lucrativa.

Dessa maneira, vamos propor uma alternativa qualificadora.

Ao emitir uma RFP, as organizações desejam algo dos fornecedores: a saber, uma coluna (A ou – mais provavelmente – algo próximo de A) na planilha de trabalho. Sugerimos que você ofereça uma coluna em troca de acesso a uma pessoa-chave. Se a organização que solicitara a proposta não lhe conceder esse acesso, esse é um claro sinal de que o relacionamento será insatisfatório para você.

A mensagem, quer uma oportunidade seja descoberta proativa, quer seja descoberta reativamente, é eliminar a entrada em seu *pipeline*. Os gerentes de vendas (a menos que eles decidam fazer uma exceção) devem requerer acesso documentado às pessoas-chave antes de autorizarem os recursos necessários para competir. Você prefere obter o primeiro ou o segundo lugar?

No próximo capítulo, abordaremos o desafio de administrar uma seqüência de eventos ao longo da vida de uma venda – o processo de uma organização de vendas equivalente ao de gerenciamento de projetos.

Capítulo 13

Negociando e Gerenciando uma Seqüência de Eventos

NESTE CAPÍTULO, abordaremos o desafio de transformar o ciclo de vendas de um campo misterioso – como ele é considerado por alguns vendedores e compradores – em um processo racional e sistemático.

Mas, inicialmente, para introduzirmos o assunto, imaginemos que um vendedor tenha trabalhado em uma grande oportunidade durante quatro meses. Além disso, vamos supor que foi contratado um consultor de vendas especializado no CustomerCentric Selling para analisar cada oportunidade no *pipeline*, e que ele solicite ao vendedor em questão para estimar quando a referida oportunidade será fechada. Para fins desse exemplo, vamos supor também que o consultor de vendas saiba quem é o tomador de decisão nessa transação e que ele possa pedir-lhe para que indique uma data em que a venda pode ser concretizada. Qual a probabilidade de que a data prevista pelo comprador seja posterior à do vendedor?

Algumas observações:

- A maioria dos fechamentos é motivada pela agenda da organização de vendas, com pouca ou nenhuma consideração pelo comprador. Muitas organizações que trabalham sob pressão para atingir metas mensais, trimestrais ou anuais recorrem a "investidas rápidas" para o fechamento dos negócios com base nessas pressões internas.

- A grande maioria dos fechamentos ocorre antes de o vendedor ganhar o direito de solicitar o negócio. Quando vendedores tentam fechar pedidos antes de os clientes estarem preparados, eles correm o risco de serem percebidos como o vendedor "ousado" tradicional – ou pior, de afugentarem completamente o cliente.

- Se um vendedor fecha um pedido antes de o comprador estar preparado, a concessão de descontos é a saída mais comum para dar ao comprador uma razão para que ele feche prematuramente. Nessas iniciativas adiantadas de fechar, uma grande parte da negociação é feita com pessoas que não tomam decisões. Isso pode ser humilhante para compradores que não podem comprometer-se. Em algumas instâncias, a oferta do desconto aos não tomadores de decisões torna-se o ponto inicial para uma efetiva negociação.

Em nossos *workshops*, perguntamos ocasionalmente aos participantes: "Como você sabe quando uma transação é passível de fechamento?". Na maioria das vezes, há um prolongado silêncio, pois as pessoas percebem que essa questão não é facilmente respondida com as atuais abordagens.

Na realidade, muitas organizações (compradores e vendedores) visualizam o ciclo de vendas como uma série aleatória de eventos que, às vezes, resultam em pedidos. Os profissionais de vendas forçam os compradores a percorrerem o ciclo de vendas sem obterem consenso ou comprometimento. Muitos vendedores não solicitam e, portanto, não conseguem, o acesso às pessoas da organização-*prospect* necessárias para vender, financiar e implementar a solução recomendada. Quantas "oportunidades" em seu atual *pipeline* têm, ao menos, uma meta do comprador documentada?

Exatamente como um bom jogador de xadrez que pensa antecipadamente nos vários movimentos que vai fazer com suas peças, o vendedor deve fazer o mesmo quando tentar facilitar o processo de compra. Apesar do fato de que cada vendedor aparenta ser único, com base no montante da transação e no porte da organização-*prospect*, há muitas etapas comuns no processo de compra que têm uma alta probabilidade de recorrência.

Ao concordar e aderir a uma clara Seqüência de Eventos, o vendedor fornece a documentação que permite à gerência de vendas continuar o acompanhamento e a qualificação de oportunidades. Semelhantemente à qualificação descrita no capítulo anterior, essa técnica elimina as opiniões superotimistas da previsão e minimiza o fenômeno de vendedores "venderem" a seus gerentes a idéia de que seus *pipelines* estão ótimos. Ao elaborarem suas previsões, os gerentes de vendas devem contar com o benefício de um documento que revele uma Seqüência de Eventos planejada para cada potencial venda, e que progresso foi obtido nessa seqüência.

Pela documentação das atividades de venda e do ganho de comprometimento com as seqüências dos eventos, os gerentes de vendas podem desempenhar uma função vital na decisão sobre que oportunidades merecem estar em cada *pipeline*. Tão logo uma oportunidade não pareça passível de fechamento, o gerente de vendas deve discutir abertamente com o vendedor a melhor maneira de alterar o panorama da decisão. Se a conjunção desses esforços não conseguir descobrir um modo de fazer essa transformação, eles devem abandonar essa oportunidade. A alternativa é permanecer atuando nela com uma alta probabilidade de terminarem com várias medalhas de prata.

Quando documentado por meio de uma Seqüência de Eventos claramente definida, o processo de controle de um ciclo de vendas começa a guardar similaridades com o do gerenciamento de projetos. O processo de decisão inserido em um ciclo de vendas tem seu início e fim definidos e – conforme observado acima – a organização de vendas tem a capacidade de avaliar o progresso e as probabilidades de sucesso durante todo o ciclo.

Há ainda outro benefício: quando o vendedor gerencia o ciclo de vendas de maneira extremamente profissional, os clientes provavelmente irão inferir que a implementação da organização de vendas também será profissional. Essa percepção pode possibilitar aos compradores uma maior comodidade com uma determinada companhia, e especialmente com as empresas relativamente pouco conhecidas que comercializam ofertas complexas. Acreditamos que os vendedores e as empresas que eles representam podem transformar o modo como vendem em uma vantagem competitiva e em um diferenciador.

Conseguindo o Comprometimento

A primeira etapa, certamente, é obter a promessa da organização compradora de que ela irá seguir com a avaliação da oferta.

Conforme observado no capítulo anterior, acreditamos que, antes do comprometimento com um ciclo de compra, um vendedor deveria reunir-se com todas as pessoas-chave para entender suas questões, determinar se sua oferta é adequada para o ambiente do comprador, estabelecer o potencial valor e ganhar consenso que uma avaliação formal faz sentido. As pessoas-chave devem entender o que há lá para eles. Elas devem, então, chegar a alguma espécie de consenso e acordo sobre (1) as etapas necessárias para se chegar a uma decisão e (2) o cronograma de trabalho para uma avaliação geral.

Agora, é tempo de seguir com o processo. Para sua consecução, o profissional de vendas tem de orquestrar a reunião com todas as pessoas-chave.

Esta é a reunião em que, no capítulo anterior, você convidou o CFO para que ele participasse. O vendedor precisa revisar o progresso até o momento e verificar se o comprador sente que existe um potencial benefício que autorize uma investigação extra. Finalmente – e mais importante –, o vendedor necessita obter o compromisso para prosseguir com o processo.

Em algum ponto desse processo, o vendedor pode tentar forçar na direção do comprometimento salientando um fato que deveria ser óbvio, mas que freqüentemente não é: gastando tempo na avaliação dessa oferta específica, o comprador está comprometendo seriamente seu tempo, seus recursos e seus esforços. Certamente que o vendedor tem muitas coisas em jogo, mas o cliente também tem dinheiro na mesa, e essa pilha de fichas está crescendo. (Naturalmente, o vendedor pode estar preparado para, também, apontar ao comprador o custo incorrido se o processo não seguir adiante.)

A busca de comprometimento beneficia a organização de vendas sob vários aspectos. Primeiro, ela continua com o processo de qualificação. (Se essa oportunidade for fadada ao fracasso, é preferível descobrir o mais cedo possível.) Segundo, a organização de vendas deseja modelar ao máximo o ciclo de vendas. Colocado de forma simples, você preferiria assinar um contrato de aluguel elaborado pelo proprietário do bem ou um elaborado por você mesmo?

A busca do comprometimento nem sempre é bem-sucedida. Um representante de vendas de uma empresa de software nos contou recentemente sobre suas tentativas de obter aprovação numa oportunidade avaliada em US$ 100 mil em que estava trabalhando. O vice-presidente de Engenharia e o CIO eram a favor de empenhar os recursos necessários para o trabalho com esse fornecedor. O vice-presidente de Produção, no entanto, tinha um histórico de acompanhamento que revelava dificuldades na implementação da tecnologia, além de ele próprio possuir a fama de ser um potencial oponente. Com toda a certeza, durante a reunião marcada para se obter consenso, haveria um desfecho desfavorável para o fornecedor, pois esse oponente argumentara efusivamente e, em última análise, fora bem-sucedido no convencimento de todos de que aquele "não era o momento apropriado" para se considerar a aquisição de um novo software.

Assim, nossa recomendação – agendar uma reunião para obter a aprovação da organização – seria uma má idéia? Achamos que não porque cremos que, em vendas, o aparecimento prematuro de más notícias é, na realidade, o prenúncio de boas notícias. Você preferiria saber que a "oportunidade" é um sonho no *pipeline* no primeiro mês, ou daqui a seis meses, após você ter gasto muito tempo e recursos e de ter prosseguido em suas previsões como se ela tivesse uma alta probabilidade de fechamento?

Mantendo Comitês de Compra sob Controle

Após obter consenso do comitê de que o valor da potencial solução garantirá investigações posteriores, há boas chances para que se inicie a qualificação da oportunidade. A primeira coisa que o vendedor deve perguntar à comissão é o que ela *gostaria* de ver para avaliar a oferta. Isso normalmente envolve pedidos de demonstrações, pesquisas nos locais de trabalho, propostas etc. Todos esses itens consumirão uma grande parcela de tempo e trabalho da organização de vendas. Compradores conservadores do mercado convencional também possuem a habilidade de solicitar coisas com as quais um vendedor não deseja (ou lhe falta a autoridade para) se comprometer. Exemplos seriam uma garantia de devolução em dinheiro, um período prolongado de teste livre de ônus sem qualquer exposição etc. Embora no início de suas tratativas com uma empresa o vendedor possa ter de fazer concessões, à medida que a oferta se torna madura e que uma base instalada for definida, essas solicitações se tornam inapropriadas. Como um vendedor reage a esses pedidos?

Uma opção é enfrentá-los, potencialmente respondendo: "Jamais estaremos dispostos a fazer isso para vocês". Sob a ótica de que você acabou de obter o consenso para continuar levando em consideração suas ofertas, trata-se de uma hora inadequada para assumir uma posição dura como essa. Lembre-se de que você tem um ou alguns tomadores de decisão participando com seus subordinados em uma reunião. É provável que o executivo sênior queira confrontar o vendedor. Uma alternativa é meramente reconhecer que você ouviu a solicitação sem concordar com ela ou dela discordar.

Assim que o *prospect* tiver a oportunidade de responder sobre os pontos que a gerência gostaria de verificar para avaliar suas ofertas, o vendedor agora tem a oportunidade de compartilhar um exemplo de um modelo de Seqüência de Eventos, revelando as etapas regulares que compradores anteriores tiveram de cumprir no sentido de tomar uma decisão sobre as ofertas. Felizmente, isso funciona como um esboço para um acordo final sobre as etapas e um período de tempo aproximado para o cliente chegar a alguma decisão.

Um exemplo típico é o exibido na Figura 13.1.

Data	Controle	Evento	Faturável	Responsabilidade
28 de maio	✓	Demonstrar as funcionalidades aos membros do comitê		SPA.com
11 de junho		Pesquisar o sistema atual	US$ 20 mil	SPA.com
11 de junho	✓	Desenvolver o plano de implementação com o departamento de TI		Ambas
11 de junho		Compartilhar os resultados da pesquisa e apresentar uma estimativa de custos		SPA.com
18 de junho	✓	Promover a análise de custo/benefício		Ambas
18 de junho		Definir a métrica de sucesso		Ambas
18 de junho		Apresentar os contratos para uma revisão legal		SPA.com
4 de julho	✓	Obter a aprovação legal dos contratos		Ambas
11 de julho		Fazer uma visita à empresa		Ambas
18 de julho	✓	Entregar a proposta		SPA.com
25 de julho		Iniciar a implementação		Ambas

ESBOÇO

Figura 13.1 Seqüência de Eventos do Software XYZ

O vendedor pode finalizar a reunião desarmando qualquer idéia equivocada no caso em que o comitê tenha solicitado coisas com as quais ele não pode comprometer-se, agradecendo a todos pelo tempo e indicando que retornará com a lista para o escritório e proporá o que percebe como a melhor forma de prosseguir. Se ficar claro que há somente um tomador de decisão, a sugestão seria prometer enviar um esboço à essa pessoa para fins de revisão. Após essa etapa, poderiam ser feitas as alterações que se fizerem necessárias antes de enviar cópias para os outros membros do comitê de compra.

Depois de negociar os recursos internos que a empresa está disposta a se comprometer, o vendedor pode enviar uma carta de encaminhamento e um esboço da Seqüência de Eventos. Deve ser agendada uma ligação telefônica ou uma reunião de acompanhamento com o tomador de decisão, para assegurar que essa pessoa realmente teve a oportunidade de revisar o documento. O vendedor, então, perguntará se são necessárias algumas mudanças. Nesse estágio, seria marcante qualquer solicitação inadequada (ou seja, uma garantia de devolução de dinheiro) pela sua ausência no esboço da Seqüência de Eventos. Isso significa que ocorrerá uma das duas coisas. Uma possibilidade é a de que o comprador não questionou aquele ponto, caso em que você poderá prosseguir. A outra seria a de o tomador de decisão objetar o fato de que não foi oferecido o benefício de uma garantia de devolução de dinheiro.

O vendedor, então, poderia perguntar qual a razão pela qual querem uma garantia. É provável que o cliente explicará que o motivo desse pedido é para diminuir os riscos associados à decisão. Nesse ponto, o vendedor (se ele não for, na realidade, um de seus primeiros clientes) poderia responder que, como 53 outras empresas já implementaram essa aplicação, a companhia não estaria numa posição de oferecer uma garantia, mas o *prospect* poderia visitar um de seus clientes que já implementara a solução com êxito. Se o cliente insistir numa garantia, o vendedor poderá ter que determinar se ele não é um "encrenqueiro", fato que poderá levar o ciclo de compra a uma pesarosa parada. Embora esse não seja o resultado desejado, a maioria concordaria que é melhor descobrir esse ponto agora do que no final do ciclo de vendas. Como já dito, más notícias sempre são prenúncio de boas notícias.

Quando o vendedor ligar para dar seguimento, é um mau sinal se um tomador de decisão concordar com a Seqüência de Eventos sem solicitar mudanças. Isso pode ser um indicativo de que o documento não foi revisado ou de que o *prospect* não estava levando o compromisso a sério.

A reação normal é alterar datas ou confrontar alguns itens. Seu objetivo é ser capaz de remover a palavra ESBOÇO do documento, mas é mais efetivo se o comprador fizer as mudanças porque ele assume certa posse do ciclo de compra. Alguns de nossos clientes deixam propositalmente algumas datas em branco de modo que o comprador é forçado a fazer algumas alterações.

Ganhando Visibilidade e Controle dos Ciclos de Vendas

Em qualquer situação, se e quando a Seqüência de Eventos tiver sido negociada com êxito junto ao tomador de decisão, sugerimos que nesse momento todos os membros do comitê recebam cópias da Seqüência de Eventos. O comprador e o vendedor contam agora com uma abordagem acordada para tomarem uma decisão de compra. Os compradores consideram confortante (e inusitado) trabalhar com um vendedor que já pensou em perguntar a respeito e negociar as etapas que conduzem a uma decisão de compra. Nesse ponto, o vendedor conseguiu a aceitação do comitê de compra para a duração aproximada do ciclo de vendas.

No que diz respeito ao controle do ciclo de compra, o comprador e o vendedor compartilham o poder de veto em cada ponto de controle. Para expressar em outras palavras, cada uma dessas etapas representa uma oportunidade para qualquer uma das partes abandonar a avaliação.

Por que uma das Partes Desistiria?

Considere por um momento as razões potenciais pelas quais um comitê de compra optaria pela desistência de uma avaliação negociada: uma mudança nas prioridades, uma aquisição, uma reorganização, retorno insuficiente sobre o projeto proposto, referências que não conferem, pesquisa mostrando que a oferta não se enquadraria muito bem às necessidades da empresa etc.

Agora, prepare-se, pois começaremos a listar razões para que um fornecedor opte pela sua retirada de uma Seqüência de Eventos em curso. Alguns vendedores tradicionais não conseguem compreender as circunstâncias que os forçariam efetivamente a eliminar uma oportunidade de seus *pipelines*. Apresentamos neste momento algumas razões potenciais para que um fornecedor se retire do processo: as expectativas do cliente podem ser excessivas, a oferta talvez não tenha a utilidade apropriada para a empresa, a transação pode não ser rentável, a revisão pode revelar que o *prospect* não é digno de crédito etc.

Embora todas essas razões sejam válidas, a melhor razão para a retirada do processo é quando você conclui que não poderá obter o fechamento dessa oportunidade. O gerente que deseja que seu *staff* de vendas concorra para ganhar, e não para mantê-lo ocupado, normalmente deverá tomar essa decisão. Assim que você tiver certeza de que não é Coluna A e que não poderá mudar a lista de requisitos, é hora de encontrar uma oportunidade diferente para ser trabalhada. Vendedores tradicionais, desejando permanecer até o final (e manter seus *pipelines* repletos) às vezes precisam ser "removidos" do *"prospect"*.

De modo geral, a Seqüência de Eventos funcionará como um mapa orientador, mas com a tendência de ser um documento que expressa a realidade. Ou seja, cerca de uma vez por mês pode ser necessária uma revisão para refletir quaisquer alterações que precisem ser feitas em virtude dos eventos ou do seu *timing*. Disponibilizado esse processo, os gerentes de vendas desfrutam de diversos benefícios potenciais:

1. Eles podem fazer *coaching* com os vendedores em cada uma das etapas do processo.
2. Podem planejar a alocação dos recursos.
3. Cada ponto de controle com que o comprador posteriormente concordar valida seu comprometimento e aumenta a probabilidade de um final bem-sucedido.
4. Os gerentes de vendas têm a habilidade de avaliar (desqualificar) oportunidades se elas não mostrarem a possibilidade de fechamento.
5. É improvável que os compradores que procuram por participantes das Colunas B, C ou D se empenhariam em uma Seqüência de Eventos com um medalha de prata.
6. É muito mais fácil prever datas de fechamento, pois os compradores concordaram com datas provisórias para a entrega da proposta e tomada da decisão. Esse procedimento ajuda a evitar que os vendedores tenham a tendência de fechar com base em suas agendas.

A negociação do ciclo de vendas ainda aborda um problema que, virtualmente, todos os vendedores enfrentam: desconhecer quando uma oportunidade é passível de fechamento. Acreditamos que o momento apropriado do fechamento é quando uma Seqüência de Eventos tiver conseguido a satisfação do cliente e do vendedor. Nossos clientes aprendem que cada etapa na Seqüência de Eventos é um pequeno fechamento e que solicitar ou obter o pedido é uma conclusão lógica.

Embora estejamos examinando o tema dos ciclos de compra, uma das situações mais assustadoras ocorre quando um comprador do mercado convencional está sendo solicitado para se responsabilizar por um gasto volumoso (digamos US$ 500 mil) voltado a uma aplicação que nunca foi implementada antes. Muitas das pessoas-chave consideram o potencial impacto em suas carreiras se os resultados previstos não forem obtidos. A Seqüência de Eventos pode ser utilizada para diminuir os riscos provendo uma abordagem do tipo "pagamento com base no progresso". Por esse sistema, queremos dizer que os gastos de US$ 500 mil podem ser desmembrados em montantes menores (estudo de viabilidade, projeto preliminar, protótipo, e assim por diante) que são eventos faturáveis. Após cumprir cada um deles, o comprador e o vendedor avaliam em que ponto se encontram, e determinam se devem, ou não, dar prosseguimento ao negócio.

Remodelando o Conceito de Vender

No início do livro, articulamos nosso desejo de remodelar o conceito de vender ao ajudar um comprador a atingir uma meta, resolver um problema ou satisfazer uma necessidade. Essa definição se aplica ao relacionamento entre comprador-vendedor. Em um nível mais alto, cremos que a abordagem da Seqüência de Eventos dá poderes aos nossos clientes de estender essa filosofia sob a perspectiva de empresa à empresa. A negociação das etapas no ciclo de compra habilita todos os membros do comitê de compra (a organização-*prospect*), e todos os membros da organização de vendas, a participarem do projeto com o propósito estabelecido de determinar se as ofertas podem satisfazer às necessidades gerais do *prospect*. Quando isso parecer impossível, qualquer uma das partes pode desistir de desembolsar recursos extras.

Compradores do Mercado Convencional

Em capítulos anteriores, descrevemos o fenômeno dos compradores do mercado convencional. Os ciclos de vendas com esses tipos de compradores na maioria das vezes se movem em um ritmo mais lento do que os envolvendo os compradores do mercado pioneiro. Essas decisões pertinentes ao mercado convencional são, quase que invariavelmente, tomadas por comitês que consistem de várias pessoas, que na maioria são capazes de rejeitar o projeto, dizendo "não", mas sem a autoridade para dizer "sim". Os compradores do mercado convencional são, de modo geral, governados por um ou dois dos seguintes princípios:

1. Eles estão querendo comprar, mas lhes falta o forte compromisso para comprar. Os vendedores nessas situações podem começar a investir recursos na oportunidade, na esperança de que serão bem-sucedidos. Nesses casos, eles correm o risco de dar treinamento grátis. Essas situações podem ser relativamente cômodas para os compradores do mercado convencional, pois os fornecedores executam virtualmente todo o trabalho na medida em que o comprador está obtendo exposição a novas abordagens. A menos que razões convincentes para agir sejam descobertas pelo vendedor, o resultado provavelmente será de não termos qualquer decisão. Os motivos mais comuns para esse resultado são:

   - O vendedor jamais negociou uma Seqüência de Eventos com todas as pessoas-chave.
   - Metas ou problemas de negócios nunca foram identificados.
   - O comprador não entende plenamente o que está adquirindo ou de que forma o produto ou o serviço seria utilizado.
   - Não há uma relação custo *versus* benefício convincente.
   - O comitê de compra demonstrava preocupação sobre a capacidade do *staff* para implementar a recomendação.

2. Se, por alguma razão, um comprador do mercado convencional der um passo sério na direção de tomar uma decisão, essa é uma garantia virtual de que ele pesquisará os custos da transação contatando outras empresas que comercializem produtos similares. Em alguns casos, se não houver ofertas comparáveis no mercado, a decisão de compra acabará sendo abruptamente suspensa. Os compradores típicos do mercado convencional desejam comparar ofertas de, no mínimo, duas ou três empresas diferentes. Ao atuarem assim, suas mentes apontam para que é prematuro demais para aceitar o risco de prosseguir com o projeto. Eles, provavelmente, adiarão uma decisão a menos ou até que a oferta chegue a um ponto em que diversas empresas estiverem concorrendo naquele espaço e a oferta mostrar o potencial de se tornar, de fato, o padrão.

MICHAEL T. BOSWORTH • JOHN R. HOLLAND

Pressupondo a existência de mais alternativas, os compradores do mercado convencional se sentirão compelidos a convidar pelo menos três empresas para avaliar suas demandas e fazer alguma recomendação. Referimo-nos a esse processo como "administrar um concurso de beleza". Embora esteja em uma posição vantajosa por ter sido o fornecedor que provocou o início do ciclo de vendas (Coluna A), muitas coisas desfavoráveis podem começar a ocorrer. Apesar do fato de uma companhia precursora ter uma oferta superior, os compradores do mercado convencional estão aptos a avaliar empresas estabelecidas há mais tempo. Mesmo se o vendedor tiver ofertas inferiores, fazer negócios com uma organização conhecida diminui potencialmente a exposição ao risco e oferece uma segunda conjectura se o projeto deixar de atender às expectativas. No setor de tecnologia, durante anos a IBM pouquíssimas vezes foi considerada como a detentora das ofertas mais inovadoras ou baratas. No entanto, ela representa a opção mais segura. Muitas transações são ganhas por serem aparentemente a alternativa mais segura. Em certas situações, convidar duas ou três diferentes empresas para a apresentação de suas ofertas confundirá os compradores do mercado convencional, que sempre têm uma "não decisão" à espreita, guardada nos bastidores, se os eventos evoluírem para um final um tanto opressivo.

CAPÍTULO 14

Negociação:
O Obstáculo Final

AS NEGOCIAÇÕES ABORDADAS NESTE CAPÍTULO focam nas conversações que (1) seguem o processo de avaliação e (2) precedem a aprovação formal do cliente para dar continuidade ao processo. No entanto, várias das idéias contidas neste capítulo têm suas raízes no conceito de dar e receber, ou permuta *(quid pro quo)*, que os vendedores CustomerCentric Selling normalmente utilizam ao longo do ciclo de vendas.

Infelizmente, quando se chega à negociação, não há soluções milagrosas. O vendedor precisa estar preparado e tem de se ater ao plano de jogo. Um deslize pode provocar um dano significativo. Se, por exemplo, o profissional de vendas falhar em não estabelecer valor e não conquistar a confiança das pessoas-chave como parceiro, o comprador tem a vantagem quando chegar o momento da negociação. Se o vendedor manteve-se em uma posição inferiorizada durante o ciclo de vendas, oferecendo tudo que o cliente solicitara sem receber nada em troca, quem você acha que terá o controle quando entrar em pauta a questão dos preços?

Aderir aos tópicos delineados neste livro nem sempre é uma tarefa fácil, e a pressão da negociação pode provocar o retorno do vendedor ao comportamento convencional. Mas, isso pode ser duplamente prejudicial. Se durante o ciclo de vendas, um vendedor adotara a abordagem de ajudar o comprador a atingir uma meta, resolver um problema ou satisfazer uma necessidade, e em seguida muda repentinamente para tentar persuadir, convencer e forçar o fechamento do negócio, o comprador provavelmente se sentirá manipulado e começará a mover o vendedor para o modelo do conhecido estereótipo negativo.

Compradores e Vendedores Tradicionais

Consideremos as posições, as expectativas e os relacionamentos entre compradores e vendedores em uma negociação tradicional, começando com a posição de ambas as partes no início das negociações.

As equipes que disputam jogos em seus domínios, como é de conhecimento da maioria dos fãs de esportes, têm uma vantagem evidente. Negociações são, de modo geral, conduzidas nas premissas dos *prospects*, de modo que esses encontros, para os vendedores, são "jogos na casa do oponente". Portanto, o vendedor está em desvantagem desde o início. A maior parte das circunstâncias envolvendo uma negociação favorece o comprador. Ele, por exemplo, senta-se numa cadeira forrada de couro, que tende a ser ligeiramente mais alta do que a cadeira de tecido ocupada pelo vendedor. O comprador é o anfitrião, oferecendo todas as comodidades para as pessoas; ao vendedor cabe apenas aceitá-las ou declinar desses confortos.

Os compradores desejam exatamente concluir uma potencial reunião de fechamento sem consumar a transação. Na realidade, às vezes eles preferem que isso ocorra. Os compradores de carros experimentados entendem que, em certas ocasiões, a melhor maneira de determinar se eles conseguiram obter a melhor oferta é deixar o *show-room*. (Observe que os vendedores de carros trabalham em suas próprias instalações, o que muda um pouco a dinâmica.) Se eles notam que o cliente abandonou a negociação, talvez também estejam vendo a venda escapar por entre seus dedos – e, apressadamente, iniciam negociações num nível inferior.

Dado esse fenômeno, muitos compradores preferem negociar no curso de várias reuniões. O ponto de partida de cada reunião após a primeira é o último preço (reduzido) da reunião anterior. Compradores experientes têm plena ciência das pressões trimestrais sofridas pelas organizações de vendas, e podem programar a reunião de fechamento para que ela coincida com esse ciclo.

Compradores têm o luxo de saber que, independentemente de a negociação vir a ser confrontadora ou pessoal, pedir desculpas somente depende de uma ligação telefônica – se essa for a questão, eles podem acabar fechando o negócio com o vendedor com o qual estavam batalhando. De modo geral, eles não têm uma grande questão pessoal em jogo. Os vendedores, em contrapartida, vêem colocadas suas comissões, vaidades e trajetórias de carreira sob risco – questões estas que se amplificam no caso de transações de grande monta, quando se aproxima o final de um trimestre. O comprador pode administrar o processo com paciência, comodidade, pelo fato de que, para ele, faz pouca diferença se o contrato for fechado em 20 de dezembro ou 10 de janeiro. Ele pode relaxar e perceber a ansiedade do vendedor para que o negócio seja fechado imediatamente.

Compradores experientes sabem que preço estão dispostos a pagar e têm um plano proativo para chegar naquele valor, ou mesmo em um inferior. Os vendedores – querendo fechar o negócio, e pressupondo que o valor negociado será menor do que o inicialmente solicitado –, tendem ser evasivos em suas respostas às estratégias implícitas e aos comentários explícitos do comprador. Compradores inteligentes têm, ao menos, três fornecedores competindo, sabem qual o seu preferido e raramente revelam seus planos. Eles tentam manter todos os fornecedores paranóicos, e estão convencidos de que o preço forçará a decisão final. Os fornecedores muito raramente têm a certeza de que são Coluna A, que é exatamente o desejo do comprador.

Conforme enfatizado em capítulos anteriores, a essência do CustomerCentric Selling é modelar diálogos entre compradores e vendedores. Não surpreendentemente, visualizamos as negociações exatamente da mesma forma. Certamente, as conversas sobre questões de negócios (estruturadas por cargo/setor vertical/meta) são muito diferentes das conversas usadas nas negociações. Mas, a boa nova é que esse tipo de conversação é mais fácil de ser prevista e de ser estruturada como um roteiro. Você tem a tentativa de um comprador de obter o melhor negócio possível e de um vendedor buscando fechar a transação e (na teoria) conseguir o preço mais alto que puder.

Portanto, vamos examinar uma negociação como um diálogo que o vendedor conquistou o direito de ter, pois ele percorreu todas as etapas necessárias do ciclo de vendas e, além disso, comportou-se de maneira consistentemente profissional. Embora você raramente saiba que será a pessoa selecionada para fechar o negócio, os vendedores CustomerCentric Selling podem ter a sensação de saber que o comprador já aprovou sua proposta ao se comprometer em cada ponto de controle na Seqüência de Eventos.

As Seis Palavras Mais Caras

Compradores esperam obter descontos. Os vendedores esperam dar descontos para fechar o negócio. Compradores pressionam os vendedores sobre os preços. Estes últimos esperam ser pressionados. Trata-se de um ritual primitivo comum de compra.

Assim, não deve ser surpresa alguma quando, no início das negociações, o cliente solicita ao vendedor o "melhor preço possível", ou usa termos com essa conotação. Uma das respostas mais triviais, menos apropriadas e mais custosas que um vendedor pode dar a um pedido desse tipo é: "Até que ponto nós devemos chegar?". Essas seis palavras passam ao comprador as seguintes impressões:

- O vendedor não está no controle da situação.
- O vendedor já admitiu que é necessário e apropriado conceder descontos.
- O vendedor goza de amplos limites e autoridade para dar descontos.
- O ponto forte do vendedor não é a negociação, dada a sua fraca abertura dos trabalhos.

Advogados acostumados a interrogar testemunhas hostis aprendem a jamais fazerem uma pergunta para qual não saibam a resposta. O mesmo preceito é válido para os vendedores que iniciam uma negociação. Independentemente se a resposta de um comprador a essa pergunta for ou não razoável, a questão em si possibilita-o firmar certas posições que o vendedor será forçado a tratar. Compradores inteligentes definem um valor bem abaixo do que eles estão dispostos a pagar.

Aqui estão alguns erros comuns cometidos pelos vendedores (geralmente com o apoio e a direção da gerência sênior das companhias que representam) durante o processo de negociação. Alguns já serão familiares dos capítulos anteriores; outros não.

- Na ausência de uma Seqüência de Eventos acordada, a tentativa de fechamento é programada para servir à agenda do vendedor, e não à do comprador. O modo mais comum de fazer os compradores fecharem antes do que desejam é atraí-los com descontos.
- Os vendedores tentam fechar com os não-tomadores de decisão. Isso pode ser humilhante para um "comprador" que, na realidade, é um mero mensageiro. Além do mais, qualquer desconto oferecido torna-se o ponto de partida para futuras negociações, se e quando o tomador de decisão estiver envolvido.
- Vendedores que comercializam ofertas outras que não *commodities*, acreditam erroneamente que podem negociar sua entrada na Coluna A tratando o preço como a única variável. Idealmente, a negociação deve ser efetivada *após* o cliente ter decidido comprar de um determinado fornecedor.

- Muitos vendedores têm dificuldades de tolerar o silêncio durante as negociações. Compradores inteligentes ficam quietos por alguns segundos após solicitar o preço a um vendedor, ou após receber o pedido para concluírem uma compra. No processo de fechamento, vários vendedores têm uma perda marcante em suas habilidades para ouvir, compreender e responder (um fenômeno que denominamos de *vapor lock**, ou dispersão)
- Muitos vendedores ficam (desnecessariamente) defensivos. Defender ou explicar o preço durante uma negociação é, de modo geral, contraproducente. Nessa fase, o comprador está meramente desempenhando o seu papel. Ele apenas deseja o melhor acordo, e realmente não está interessado se, ou não, seus preços resultam em lucros suficientes à sua empresa.
- Os vendedores comprometem seu poder dizendo coisas como: "Esse é o melhor preço que eu posso fazer para você". Essa declaração em si pode impossibilitar o fechamento naquele dia. Compradores perspicazes perguntam quem na organização pode oferecer um preço melhor – e, de maneira incisiva, instruem o vendedor para voltar acompanhado daquela pessoa na próxima reunião.
- Os vendedores que não estão atingindo suas cotas não deveriam negociar transações de grande monta sem o envolvimento de seus gerentes. O jogo de "bom tira" (vendedor)/"tira ruim" (gerente) pode ser jogado para benefício próprio dos vendedores.

Estávamos recentemente ministrando um *workshop*, e um dos participantes – vamos chamá-lo de Bill –, parecia inquieto desde o primeiro dia. Em um dos intervalos, perguntamos se ele estava bem. Bill nos contou que, na sexta-feira daquela semana, um comprador tomaria a decisão sobre uma transação de grande interesse para sua empresa. Ele havia cotado US$ 960 mil, mas seu *coach* lhe informara que a empresa orçara a oferta em US$ 850 mil – preço esse que Bill estava preparado para atender. O CIO era o tomador de decisão e tinha requisitado uma nova cotação. Ocasionalmente, o gerente de Bill também atuava como *coach* no *workshop*, de modo que, durante o almoço, aproveitamos a oportunidade para fazermos um *brainstorming*, procurando orientá-los sobre como Bill e seu gerente deveriam prosseguir nessa oportunidade.

---

* NT: O "*vapor lock*" tem o significado de uma dispersão, ou melhor, falta de concentração de uma pessoa.

Durante o *workshop*, Bill viria a entender que ele era Coluna A, tendo iniciado a oportunidade com uma "chamada fria". No entanto, ele mostrava preocupação, pois o fornecedor Coluna B tinha sido chamado e era o líder reconhecido do setor naquele nicho específico de mercado. Baseado em nossa análise, Bill e seu gerente concordaram sobre um plano de ação, que Bill implementou a seguir antes do fim do intervalo do almoço. Primeiro, ele contatou o CIO e lhe informou que não apresentaria uma cotação revisada. Bill, ainda, pediu para que ele e seu gerente pudessem ter uma reunião com o CIO, programada para as 16 horas daquela sexta-feira, e sua solicitação foi aceita.

Essa era uma boa notícia. Nossa percepção era de que, se eles não estivessem propensos a fechar o negócio, seria improvável que o CIO abrisse um espaço em sua agenda em um horário tão avançado no mesmo dia em que a decisão supostamente seria tomada. Após fazer a ligação telefônica, Bill aparentava, no seu retorno ao *workshop*, que estava livre de todo o peso do mundo. Ele e seu gerente concordaram sobre um plano de ação apropriado e agora estavam perseguindo-o – algo que, evidentemente, não tinham feito com muita freqüência no passado.

O *workshop* terminou na quinta-feira, e pedimos a Bill que voltasse a estabelecer contato conosco para nos informar sobre no que resultaram as negociações. Na segunda-feira, Bill nos ligou e disse que tinha fechado o pedido, na sexta, por US$ 960 mil. Ele admitiu novamente que estivera preparado, e até ansioso, para reduzir US$ 110 mil da oferta e, provavelmente, reduziria ainda mais se lhe parecesse a atitude correta. O resultado foi que os US$ 110 mil "caídos do céu" foram diretamente para os resultados de sua empresa.

Embora as palavras "sempre" e "nunca" raramente sejam aplicadas às vendas, essa situação (e outras similares) nos leva a concluir que os vendedores devem sempre negociar como se fossem Coluna A. Por que violamos nossa própria regra dessa maneira? Na situação que acabamos de descrever, o que aconteceria se Bill fosse o Coluna B e tivesse recolocado sua oferta em US$ 850 mil? Esse valor teria sido utilizado para negociação de um melhor preço junto ao Coluna A – o fornecedor preferido.

Quando recusamos rever nossas ofertas, aconteceria uma das duas coisas: o fornecedor Coluna A iria acabar fechando o negócio sob quaisquer condições, ou o comprador restabeleceria o contato com Bill, pois ele era o fornecedor de preferência. Assim, quando lhe solicitarem qual o seu limite inferior de preço, sugerimos que perguntem ao comprador se (1) você é o fornecedor de preferência e (2) o preço é o único obstáculo remanescente para o fechamento do negócio. Se as respostas não forem afirmativas, sugerimos que peça a ele para que retome os contatos com você, se e quando você for o fornecedor de preferência, ponto esse no qual a negociação poderá ser retomada.

O comportamento convencional de vendas dita que se você estiver perdendo, deverá oferecer o máximo possível de descontos. Ou você conseguirá sozinho o fechamento do negócio – ao posicionar-se como o Coluna A – ou forçará seu concorrente a reduzir significativamente o preço. Discordamos de ambos os aspectos dessa tática. O "desespero" de oferecer descontos no final do ciclo de compra raramente assegura o negócio. E, uma vez que todos os fornecedores estão num mesmo barco de cotações, preços irresponsavelmente baixos são ruins para todos os fornecedores.

Há uma outra razão para não conceder descontos "de última hora" se você estiver perdendo no final do ciclo de vendas. Suponha que o Coluna B ofereça preços ridículos, mas ainda perca para a Empresa LMN. No mês seguinte, há uma reversão de papéis. Dessa vez, como Coluna B, o vendedor da Empresa LMN recebe a má notícia do *prospect* de que houve a opção pelo fornecedor Coluna A. O que o representante de vendas da LMN provavelmente diria? Que tal termos algo como:

> *Apreciei a oportunidade de competir pelo seu negócio e empenhei nisso meus melhores esforços. Embora não concorde com a decisão dos senhores, entendo que devam estar fazendo o que acreditam ser o melhor para sua companhia. E ei! – agora os senhores poderão saber – que no último mês ganhamos uma concorrência do fornecedor Coluna A na MNO Inc., mas não antes de eles oferecerem um preço incrivelmente baixo. Se os senhores desejam fazer negócios com o Coluna A talvez queiram contatar Joe Jones da MNO para conseguir detalhes sobre os preços oferecidos. De qualquer maneira, desejo-lhes sucesso. Continuamos à disposição para quaisquer ações futuras.*

Em outras palavras, o desconto agressivo oferecido em uma situação de perda agora retorna para perseguir o fornecedor que passou da Coluna B para a A. Assuma que, de uma maneira ou de outra, haverá vazamento para o mercado de como sua empresa está vendendo. Se o vazamento efetivamente ocorrer, você ficará satisfeito? Você ficará bem posicionado para suas próximas negociações? O que ocorre com o valor percebido das capacidades de todos os fornecedores em seus mercados-alvo?

O Poder da Postura

Às vezes, a melhor postura em uma negociação é não negociar – contanto que você esteja numa posição privilegiada, e adote uma postura informada e sensata. Chamamos isso de *postura* (sem a conotação negativa normalmente associada a essa palavra).

Digamos que um *coach* solicite o melhor preço e o final a um vendedor. Prudentemente, ele – vamos chamá-lo de Ben – pergunta se a empresa dele foi selecionada e se o preço é o único item remanescente em aberto. O *coach* responde afirmativamente. Agora Ben pergunta: "Não é Sherry a pessoa que dá a aprovação final?". O comprador concorda e marca uma reunião entre Ben e Sherry. Sem grandes surpresas, Sherry começa a reunião pressionando Ben sobre o preço:

> **Sherry:** *Ben, obrigado pela sua presença no dia de hoje. Nossas organizações despenderam muito tempo nesse projeto e acreditamos que sua oferta conseguiu nossa aprovação. Congratulo-o pelo entendimento de nossas questões de negócios e por definir exatamente o que necessitamos fazer para melhorar nossos resultados. Meu staff está confortável com sua recomendação. Temos de dizer que uma das razões pelas quais nós estamos mesmo considerando sua oferta é a de que houve uma perda considerável de nossas margens e estamos esperançosos de que ela possa ser-nos útil. Mas, nesse contexto, US$ 250 mil é um gasto importante, e eu apreciaria que você reduzisse o valor para que possamos dar início às negociações.*

Sherry tem uma grande experiência em negociações. Dado o montante do gasto, ela já possui uma idéia de qual nível de desconto deve ser possível. A decisão pelo fornecedor já foi tomada, e agora é uma questão de obter o melhor acordo possível. Ben sabe que as cotações foram apresentadas como uma etapa da Seqüência de Eventos há três meses, e na realidade foi um ponto de controle delineado. Ao não confrontá-lo na ocasião, a compradora implicitamente concordou que sua companhia poderia fazer esse desembolso. No entanto, como esse é o momento da compra, eles querem pagar menos. Em lugar de responder com as seis palavras decisivas, Ben surpreende Sherry:

> **Ben:** *Eu não entendo, Sherry. Apresentamos as cotações há meses. Se o preço era um problema, por que essa questão não foi levantada à época?*

Sherry está um pouco confusa pela resposta assertiva (mas precisa) de Ben. Recobrando rapidamente seu tino comercial, ela contra-ataca:

Sherry: *Bem, eu percebi que as cotações estavam altas quando você as apresentou, mas estava segura de que você tinha deixado alguma margem para negociação.*

Ben: *Os preços estão baseados no nosso desconto pelo volume de compra. Há algum requisito que você queira deixar de fora?*

Sherry: *Nós precisamos de todas as funcionalidades propostas. Francamente, eu necessito que você nos conceda um desconto de 10%.*

Ben: *Se minha memória não falha, a análise de custo/benefício revela um retorno em 5 meses. Não faz sentido que comecemos agora?*

Sherry: *Bem, sim. Queremos iniciá-lo, e essa é a razão pela qual marcamos esta reunião. A análise do custo/benefício parecerá ainda melhor se você reduzir seu preço.*

Repare que, nesse diálogo, Ben foi pressionado para oferecer um melhor preço, não menos do que três vezes. A cada investida, ele manteve sua postura, utilizando perguntas que educadamente diziam "não" para cada uma das solicitações de Sherry. Cada "não" recebido por Sherry foi imparcial, e era virtualmente impossível que ela contestasse ou deixasse de concordar. A compradora já tomara a decisão pela compra, mas persistia o obstáculo emocional da necessidade de acreditar que ela estava obtendo o melhor acordo possível. Ao responder negativamente por três vezes, Ben na realidade está colaborando com Sherry na tomada de sua decisão.

Sem querer ser repetitivo, a postura, de modo geral, consiste na preparação de três perguntas que, gentilmente, rejeitam a solicitação por um melhor acordo. Elas devem ser elaboradas antecipadamente e customizadas para cada situação. Ao finalizar gentilmente essas negativas com uma pergunta, devolve-se a bola para a quadra do comprador. Nossa experiência indica que é impossível reduzir preços enquanto estivermos somente ouvindo. Apresentamos agora alguns exemplos de perguntas educadas expressando negativas:

- *Colocando pressão no comprador:* "Há algum requisito que você queira deixar de fora?"
- *Fingindo surpresa:* "Você tinha conhecimento desse custo há 2 meses. Por que agora está levantando essa questão?"
- *Lembrando o valor ao comprador:* "Pelos seus cálculos, as economias são de US$ 36 mil ao mês. Não deveríamos iniciar agora?"

- *Referindo-se às metas do comprador:* "Passamos um bocado de tempo juntos nos últimos 4 meses porque você desejava melhorar a precisão das previsões em 30%. Houve alguma mudança?"
- *Referindo-se à utilização:* "Você não disse que, após os contatos com os clientes, gostaria que seus vendedores estivessem preparados para atualizar os *milestones* dos *pipelines*, de modo que os gerentes pudessem ajudar com a qualificação, e além disso que você pudesse melhorar a precisão de suas previsões?"

Alguns compradores concordariam em seguir em frente após uma, duas ou três dessas negativas gentis. Se isso ocorrer, o vendedor recebe um pedido para toda a quantidade negociada meramente pela postura – ou seja, sem entrar em negociações. No exemplo dado até o momento, Ben ainda não atingiu o ponto em que é apropriada uma negociação. A postura oferece paciência artificial durante um período estressante e maximiza a possibilidade de uma transação mais rentável.

Negociando

Naturalmente que, em alguns casos, os clientes continuarão a pressionar para obtenção de um melhor acordo, e conseguir o pedido exigirá mais do que a postura – vai requerer uma efetiva negociação. Em uma real negociação, existem dois componentes-chave: *receber* e *dar*. Note a seqüência incomum dessas duas palavras, que é deliberada: receber, depois dar.

Conforme observado em capítulos anteriores, o vendedor deve procurar estabelecer um clima de dar e receber, ou permuta (*quid pro quo*), ao longo do ciclo de vendas. Isso é algo difícil de sustentar, uma vez que o comprador vem sendo condicionado a exercer um poder desproporcional frente a vendedores e fornecedores tradicionais. Mas, quando o vendedor está oferecendo um meio para que o comprador atinja uma meta, ou solucione um problema, ele não merece ser tratado de maneira rude. Portanto, antes de oferecer, o vendedor deve primeiramente pedir algo do comprador. Qual a razão?

Pelo fato de que:
- Se o vendedor fizer alguma concessão, o comprador a aceitaria e ainda solicitaria preços menores.
- A psicologia é convencer o comprador de que ele está obtendo o melhor acordo possível. Se o comprador tiver que fazer uma con-

cessão nos estágios iniciais, a concessão do vendedor parecerá ter um maior valor.

- Se o comprador não concordar com uma concessão, o vendedor deverá sair da negociação sem a oferta que ele estava disposto a oferecer, e sem deixar as portas fechadas.
- Obter primeiramente o comprometimento do comprador possibilita uma "concessão" condicional. Isso dá poderes ao vendedor, quer para obter um pedido, quer para abandonar a negociação sem estabelecer um valor menor que se tornaria a base para as reuniões de negociação subseqüentes.

Há um grande número de diferentes itens que um vendedor pode solicitar. Nossa sugestão é a de que eles sejam algo de valor para o vendedor de modo que force o comprador a "evitar o término" das negociações. Exemplos poderiam ser:

- Um depósito antecipado, com o restante para pagamento em 30 dias.
- Uma transação de maior monta (acelerando o pedido de futuros requisitos).
- Um prazo de *leasing* ou um contrato de manutenção mais longo.
- Um *press release* documentando resultados.
- Uma apresentação para outra divisão ou departamento.

Note-se que o vendedor não pode pedir ao comprador para se comprometer a oferecer o "receber" requerido. A questão é se seria possível para o comprador fazer o que está sendo solicitado. Por exemplo:

Vendedor: *Para que eu considere uma concessão, eu preciso algo de você.*

Comprador: *No que você está pensando?*

Vendedor: *Seria possível estender o contrato de manutenção de 1 para 2 anos, e que você fosse nossa referência para quatro* prospects *durante os próximos 12 meses?*

Comprador: *Não vejo problema na extensão do contrato de manutenção. E, pressupondo-se que nossa implementação seja bem-sucedida, certamente nossa empresa poderia servir-lhe como uma referência.*

Vendedor: *Se você estendesse o contrato de manutenção e concordasse em ser nosso modelo de referência, estou inclinado a incluir nosso módulo de previsão, avaliado em US$ 10 mil, sem nenhum custo adicional. Você gostaria de passar para o próximo ponto?*

> **Comprador:** *Isso é o melhor que você pode conseguir?*
>
> **Vendedor:** *Sim. Podemos passar para o ponto seguinte?*
>
> **Comprador:** *Faça as alterações no contrato e vamos seguir em frente.*

Em resumo, nosso método de negociação utiliza coisas que o vendedor aprendeu durante o ciclo de compra e tenta fomentar um espírito de permuta *(quid pro quo)* a fim de obter o fechamento efetivo do negócio sob condições aceitáveis.

A "Concessão" Condicional e o Fechamento

Após o comprador ter concordado que o "receber" é possível, o vendedor, então, oferece condicionalmente a sua parte e solicita o negócio: "Se você estivesse disposto (resuma o que o comprador disse que era possível), eu estaria inclinado a (ofereça a sua 'concessão'). Podemos seguir adiante?".

Depois de fazer essa pergunta, o vendedor deve esperar que o cliente fale. Apenas uma das duas coisas pode ocorrer nesse ponto: o vendedor obterá o pedido ou terá de se retirar. Se o cliente não fechar, sugerimos o afastamento, pois, nesse estágio, qualquer "concessão paliativa" recolocará o vendedor no caminho escorregadio, descendente, da negociação tradicional. O vendedor deve ainda retirar as concessões da mesa de negociação. Sugerimos terminar a reunião da seguinte forma:

> *"Isso é o que eu estava preparado para oferecer. Embora aparentemente hoje não possamos prosseguir, essa transação faz sentido para nós dois. Por que não pensamos mais um pouco sobre nossas posições? Eu lhe telefonarei na quarta-feira para verificar se poderemos chegar a um acordo".*

A disposição do vendedor de se afastar pode persuadir o comprador a prosseguir nas negociações. Quer isso ocorra, quer não, a intenção é evitar que o insucesso do fechamento se torne um empecilho, e deixar que as duas partes tentem prosseguir em uma situação em que não haja perdedores. Se a reunião de negociação é remarcada, o vendedor deve vir preparado com diferentes conjuntos de "receber" e "dar" e ver se as duas partes podem chegar a um acordo.

Quando os vendedores concedem descontos, eles estão gerando menos lucros para suas empresas. Se um vendedor dá em média, por exemplo, 15% de desconto, ele deve fechar cerca de seis transações para auferir o equivalente em dinheiro a cinco vendas sem descontos. Qualquer que seja a medida, isso é custoso. Se um vendedor estiver preparado, ele pode minimizar esses custos saindo da negociação com um melhor preço.

Maçãs e Laranjas

Uma técnica-padrão de negociação tradicional utilizada por compradores convencionais é comparar o preço de uma oferta inferior com o preço do vendedor. Se o vendedor reage a essa tática pela postura, ele, de alguma maneira, enfraquece a posição, pois a discrepância entre as duas ofertas não foi tratada.

Uma medida defensiva mais efetiva é estar preparado para citar um de seus maiores diferenciadores – ou seja, uma funcionalidade de sua oferta que a oferta inferior não possui. Como exemplo, suponha que um pacote de software de automação de força de vendas de seu concorrente, a Companhia ABC, custe 30% a menos – uma grande diferença – mas, diferentemente de seu produto, ele não rastreia dinamicamente os índices de fechamento por vendedor em cada etapa do ciclo de vendas. A discussão poderia seguir a linha:

> **Comprador:** *Gostamos de seu sistema, mas a oferta da ABC é 30% mais barata do que a sua. O que é possível me oferecer em termos de preço?*
>
> **Vendedor:** *Você poderia optar por fechar o negócio com a ABC, mas você considerou que ao ter de utilizar os índices-padrão de fechamento para cada etapa do* pipeline, *um vendedor com um baixo índice de fechamento poderia inflar a previsão bruta com a entrada de duas ou três oportunidades importantes? Você consegue ver como isso faria você perder o seu alvo?*
>
> **Comprador:** *Administraríamos esse risco usando índices-padrão de fechamento.*
>
> **Vendedor:** *Uma das coisas que discutimos foi que, quando a previsão está sendo gerada, o nosso sistema pode aplicar índices de fechamento históricos para cada vendedor em cada* milestone, *de modo que a previsão final sofra alguns ajustes. Uma de suas maiores preocupações é a precisão de previsões. Traria mais tranqüilidade a você aplicar índices de fechamento personalizados por representante de vendas?*
>
> **Comprador:** *Eu teria um maior nível de confiança.*

Vendedor: *Então, comparar nossa oferta com a da ABC não é o mesmo que comparar maçãs com maçãs, ou seja, estamos comparando coisas diferentes.*

Comprador: *Não exatamente, mas ainda assim gostaria que você reduzisse o preço de sua oferta.*

Nesse ponto, após neutralizar a comparação injustificável, o vendedor agora poderá posicionar-se com as perguntas educadas contendo negativas.

Resumo

Alguns vendedores admitem que eles nada mais são do que negociantes excepcionais – mesmo se seus métodos caírem na oferta de descontos até a aprovação do comprador. No entanto, se um ciclo de vendas for executado apropriadamente, o fechamento deve ser uma conclusão lógica e não uma venda forçada ou uma competição do tipo "queda de braço". A preparação é crítica e o vendedor deve se preparar com antecedência para percorrer as seguintes etapas, conforme necessário:

- Confirmar que você é o fornecedor de preferência, e que o preço é o único obstáculo para o fechamento do negócio.
- Não esquecer que você está negociando com um tomador de decisão.
- Evitar que aconteçam comparações entre maçãs e laranjas por você ter um diferenciador e uma pergunta situacional para acentuar a necessidade do comprador.
- Manter postura utilizando perguntas educadas, preparadas, que contenham negativas, para responder (numa proporção até maior do que três vezes) a solicitações de melhores preços.
- Perguntar ao comprador se o "receber" que você deseja é possível.
- Oferecer sua "concessão" condicional, e estar preparado para se afastar se o pedido não fechar naquele ponto – deixando, certamente, as portas abertas para rodadas posteriores, mas somente depois de retirar "a concessão" da mesa de negociação.

CAPÍTULO 15

Gerenciamento Proativo dos *Pipelines* e Funis de Vendas

MUITOS ALUNOS DE FACULDADE SÃO PROCRASTINADORES. Os dias que antecedem o prazo de entrega dos trabalhos e a chegada das provas são realmente estressantes, uma vez que eles têm que se esforçar muito para conseguir boas notas. E embora, em termos de uma experiência de aprendizado, essa condição esteja longe de ser a ideal, a maioria dos procrastinadores consegue de algum modo passar de ano raspando e, com isso, concluir seus cursos com êxito.

Os fazendeiros não podem trabalhar dessa forma. O proprietário de uma fazenda precisa planejar os trabalhos tendo em vista o próximo período de cultivo. Baseado numa programação predeterminada, que é ajustada quando necessário para refletir as condições climáticas prevalentes, o fazendeiro tem de revolver o solo, plantar, adubar, remover ervas daninhas e colher. É impossível suspender ou comprimir as etapas necessárias para transformar uma colheita numa safra.

Infelizmente, a maioria dos profissionais de vendas atua muito mais como estudantes do que como fazendeiros. Eles tratam suas cotas acumuladas do ano praticamente da mesma forma que os estudantes procrastinadores fazem com os seus semestres: confiantes de que podem "acumular tarefas", se necessário, caso fiquem aquém de suas metas anuais. Será que há uma pessoa mais otimista no mundo do que um vendedor com apenas 37% da cota cumprida adentrando no último trimestre? (Ainda temos de encontrar uma pessoa como essa!) A maioria dos vendedores retardatários se convence de que, de alguma maneira, os números ilusórios serão atingidos no final do ano. A onda de esperança permanece viva até a última semana, ou duas semanas anteriores, quando finalmente admitem para si próprios que aquele ano é uma causa perdida, e que é tempo de "se dedicar" aos seus pedidos para começar a obter bons resultados no próximo ano.

Os vendedores simulam a eletricidade: eles seguem a trajetória da mínima resistência. A procrastinação é uma armadilha fácil de se cair. E a protelação a respeito da posição da cota acumulada anual é reforçada pelo desejo do vendedor de ter o maior número possível de possibilidades no funil. Sim, se você acrescentar todos os itens listados, o número resultante pode se aproximar do produto interno bruto de algum pequeno país da América Central. No entanto, uma análise mais detalhada revela que muitas das "oportunidades" relacionadas na maioria dos *pipelines* têm poucas chances de fechamento. Isso enfatiza a necessidade de os gerentes classificarem os funis com um olho voltado para (1) o estabelecimento de níveis apropriados de atividade e (2) a desqualificação de itens de baixa probabilidade.

Conforme observado no capítulo anterior, distinguimos entre gerenciamento de *pipelines* e de funis. Os *milestones* (pontos de controle) dos *pipelines* são classificados e utilizados pela gerência de vendas com o propósito de prever, ao passo que os *milestones* (pontos de controle) dos funis de vendas são classificados e utilizados pela gerência de vendas para se avaliar o volume de atividades de vendas e a qualidade das competências de vendas de cada um dos vendedores.

Deixados com seus próprios planos, sem supervisão, muitos vendedores lutam para permanecerem ocupados. Em nossa visão, o papel dos gerentes de vendas é ajudá-los a competir para vencer. No entanto, a perspectiva de se colocar um vendedor em um plano de aperfeiçoamento – ou, pior, demitir um vendedor de fraco desempenho e recrutar e treinar um substituto –, é suficiente para fazer com que um gerente de vendas protele seu trabalho como um estudante de faculdade.

A meta do gerenciamento de um *pipeline* é prever o que vai ser fechado – previsão –, mas essas previsões são motivadas muito mais por agendas pessoais do que pela realidade. Um vendedor abaixo da cota tem uma agenda específica quando está prevendo: persuadir o seu gerente para que ele acredite que há atividade suficiente para poder manter seu emprego.

Um dos principais desafios ao fazer previsão é que falta às empresas elementos consistentes de qualificação. Gerentes com experiências em diferentes empresas trazem consigo suas próprias abordagens de classificação de oportunidades. Mesmo quando empresas buscam impor *milestones-pa-*

drão, há na realidade uma "probabilidade de 80%" de variação de um vendedor para outro e de um território para outro. O problema é que esses *milestones* baseiam-se em um julgamento subjetivo: a oportunidade progrediu até aquele nível, ou não? Bem, diga a uma vendedora tradicional que se encontra abaixo da cota que até o final da próxima semana ela deverá ter cinco oportunidades em um determinado *milestone*. Até o final da próxima semana, ela terá seis (dessa forma, possibilitando uma margem de erro se uma delas for contestada efetivamente pelo gerente). Você pode acertar sua programação de trabalho com isso, mas você desejaria prever essas oportunidades?

Prever a data na qual uma oportunidade será fechada é um desafio até para os melhores vendedores. Isso simplesmente não é tarefa deles. Prever pode ser tão sem sentido quanto retardar algumas datas por 30 dias e extrair alguns números (particularmente quando houver pouco ou nada a ser acrescentado em um dado mês). E, de qualquer forma, esses relatórios tendem a se dissipar na primeira ventania. Se um vendedor prevê o fechamento de uma transação para setembro, depois faz a previsão para outubro e o fechamento finalmente ocorre em novembro, a precisão será de 33% – mas o que é lembrado é que o vendedor conseguiu fechar o negócio.

Os profissionais de vendas desprezam previsões, pois, na maioria dos casos, está sendo pedido a eles que mintam por escrito. Todos eles estão bastante cientes de que o exercício de previsão provavelmente é suportar pouca ou nenhuma semelhança com a realidade. De fato, o valor mais importante de uma previsão é que ela tem o potencial de conceder ao vendedor com *pipelines* inadequados um sinal de advertência 12 vezes ao ano – ou seja, uma mensagem de cima de que há oportunidades inadequadas em seus *pipelines* e que eles devem aumentar suas atividades de desenvolvimento de novos negócios.

Assim, vamos examinar alguns modos de se obterem melhores previsões, em parte pelo afastamento dos vendedores do processo.

Milestones: Obtendo Diretamente os Prazos

A fim de escapar da insanidade referida eufemisticamente como previsão, são necessários diversos componentes complementares:
1. Sales-Ready Messaging, concebido para posicionar ofertas específicas quanto ao cargo, ao setor vertical e à meta, o que oferece menos informações subjetivas para o *pipeline*.

2. Correspondência auditável entre o vendedor e o comprador.
3. Seqüências de eventos com datas estimadas de fechamento, conforme negociado com o comprador.
4. *Milestones* corporativos, com formas definidas para atingi-los e documentá-los.
5. Gerentes de vendas (não vendedores) dispostos e capacitados a controlar *milestones*, classificar *pipelines*, desqualificar oportunidades com baixa probabilidade e prever quais delas conseguirão ser fechadas.
6. Compromisso dos executivos seniores de interferir no potencial "atraso" dos profissionais e gerentes de vendas que preferem menos visibilidade e responsabilidade.

Os itens de 1 a 3 foram descritos nos capítulos anteriores. Portanto, iniciaremos com os *milestones* do CustomerCentric Selling, que uma grande parcela de nossos clientes modifica quando necessário e adota como padrões para toda a empresa. Primeiro, recorra à Figura 15.1.

- *Inativa:* indica que uma conta se encaixa no mercado-alvo de uma empresa e é atribuída a um vendedor, mas não há qualquer atividade em curso. Os trabalhos de desenvolvimento de negócios de um vendedor devem focar em iniciar um ciclo de compra, conseguindo uma pessoa-chave alvo na empresa para compartilhar uma meta, o que o faria avançar até o próximo *milestone*.
- *Ativa:* indica que foi estabelecido contato e que foi expressa alguma forma de interesse por parte do cliente ou *prospect*.
- *Meta Compartilhada:* é a iniciação do ciclo de vendas no CustomerCentric Selling; significa que uma pessoa-chave alvo compartilhou um desejo de atingir pelo menos uma meta do menu de questões de negócios que o vendedor pode ajudá-lo a tratar.
- *Campeão:* é um status que apenas pode ser conferido pelo gerente de vendas. Isso acontece somente depois que todos os elementos qualificatórios foram atingidos: a carta, o fax ou o e-mail foram enviados; o comprador concordou com o conteúdo, e ele está disposto a dar acesso às pessoas-chave. O gerente de vendas deve revisar o documento do cliente e graduá-lo como C, geralmente após uma breve discussão com o vendedor.

A oportunidade permanece como C enquanto todas as pessoas-chave estão sendo entrevistadas, seja pessoalmente, seja por telefone.

Gerenciamento Proativo dos *Pipelines* e Funis de Vendas

I "Inativa"
- ☐ Em um território designado
- ☐ Sem atividade

A "Ativa"
- ☐ Estabelecido contato com o cliente
- ☐ Interesse expressado

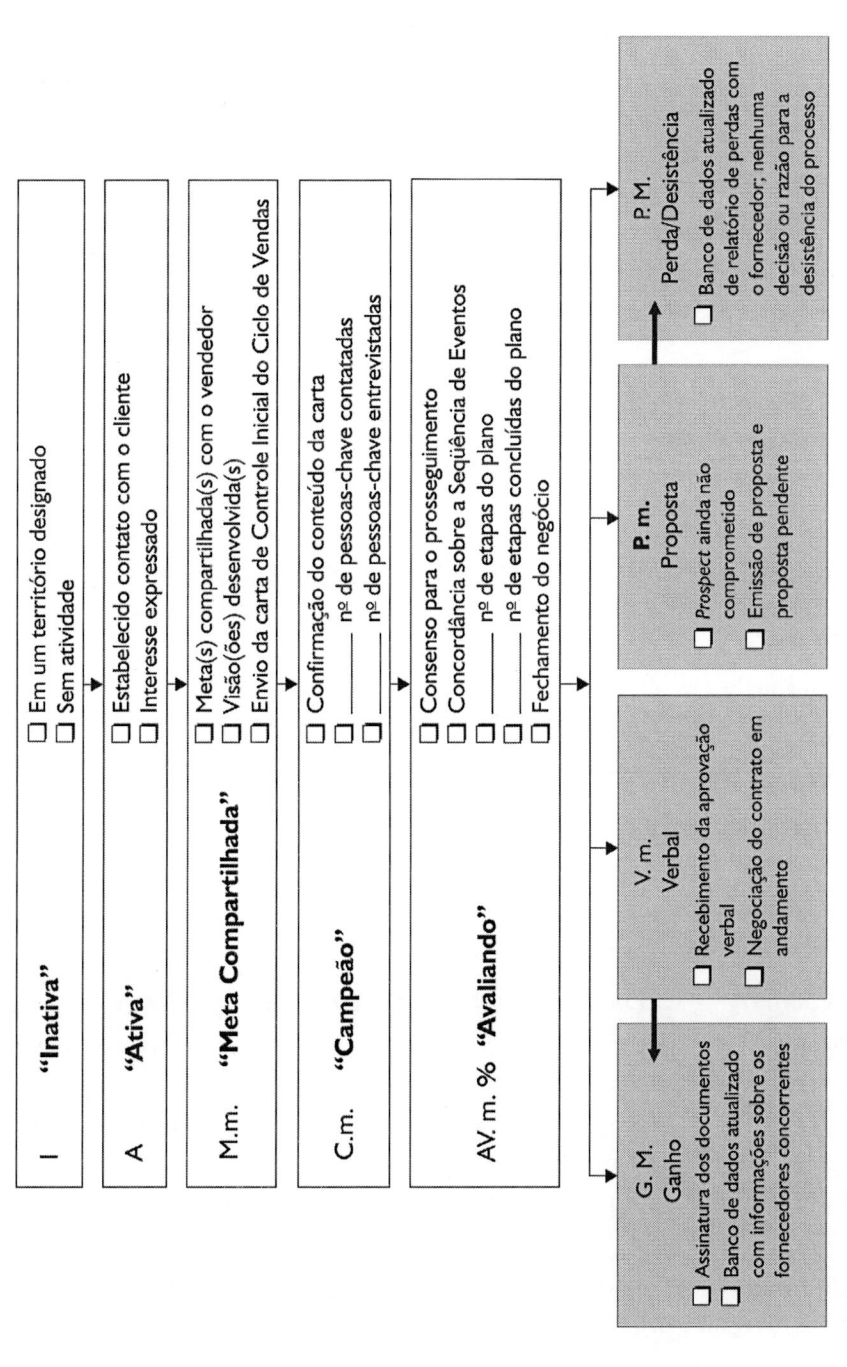

M.m. "Meta Compartilhada"
- ☐ Meta(s) compartilhada(s) com o vendedor
- ☐ Visão(ões) desenvolvida(s)
- ☐ Envio da carta de Controle Inicial do Ciclo de Vendas

C.m. "Campeão"
- ☐ Confirmação do conteúdo da carta
- ☐ nº de pessoas-chave contatadas
- ☐ nº de pessoas-chave entrevistadas

AV. m. % "Avaliando"
- ☐ Consenso para o prosseguimento
- ☐ Concordância sobre a Seqüência de Eventos
- ☐ nº de etapas do plano
- ☐ nº de etapas concluídas do plano
- ☐ Fechamento do negócio

G. M. Ganho
- ☐ Assinatura dos documentos
- ☐ Banco de dados atualizado com informações sobre os fornecedores concorrentes

V. m. Verbal
- ☐ Recebimento da aprovação verbal
- ☐ Negociação do contrato em andamento

P. m. Proposta
- ☐ Prospect ainda não comprometido
- ☐ Emissão de proposta e proposta pendente

P. M. Perda/Desistência
- ☐ Banco de dados atualizado de relatório de perdas com o fornecedor; nenhuma decisão ou razão para a desistência do processo

Figura 15.1 Classificando Oportunidades: *Milestones* do Funil (m = número de meses; M = total do número de meses; % = % total)

Todos os contatos, com cada um dos compradores, devem ser documentados, e é preciso haver concordância de que o conteúdo reflita o diálogo que o vendedor teve com eles. Após a qualificação de todas as pessoas-chave, há uma tentativa de qualificar a oportunidade. Alguns de nossos clientes gostam de não apenas rastrear o número de meses em que uma oportunidade se encontra nesse nível, mas também de obter uma noção de quantas pessoas-chave devem ser entrevistadas e quantas devem ser contatadas. Um maior número de pessoas-chave muito provavelmente indica que uma oportunidade permanecerá como C por um longo período de tempo.

- *Avaliando:* é um *status* determinado pelo gerente de vendas, mas somente após o vendedor tiver obtido consenso das pessoas-chave de que solicitaram uma análise posterior de sua oferta, e que uma Seqüência de Eventos foi aceita pelo Comitê de Compras. No final do mês em questão, o vendedor entrega uma cópia da carta de encaminhamento e da Seqüência de Eventos, e o gerente de vendas pode mudar o *status* para AV (e atualizar o sistema de SFA e de CRM) se ela for considerada como uma oportunidade qualificada.

As oportunidades permanecem nesse estágio até que ocorra um dos três eventos:

1. O comprador desiste (e a oportunidade torna-se uma perda).
2. O vendedor desiste (e a oportunidade torna-se uma desistência).
3. O vendedor solicita o fechamento do negócio depois que a Seqüência de Eventos foi finalizada.

Assim que o vendedor solicita o fechamento do negócio, a oportunidade recai em uma das quatro categorias:

G (Ganho)   Um pedido com todos os documentos assinados.
P (Perda)   O comprador informa que não prosseguirá com você no processo.
V (Verbal) O comprador se compromete verbalmente no sentido de você prosseguir no processo.
P (Proposta) Uma proposta é fornecida ao *prospect* com a obrigação de uma decisão.

Algumas observações sobre o diagrama: Muitos de nossos clientes preferem atribuir probabilidades aos graus M, C e AV. Até você acumular seus próprios dados históricos com um sistema de previsões, sugerimos atribuir probabilidades iniciais de 25% para o grau de Campeão (C) e 50% quando o gerente atribuir o grau Avaliando (AV) para uma oportunidade. (Organizações com sistemas de SFA/CRM podem definitivamente coletar porcentagens para cada um dos vendedores, habilitando-os a ajustar adequadamente a precisão das previsões.) Para um *prospect* no nível AV, cada ponto de controle faz com que aumentem as chances de obtenção de um pedido.

Capturar o número de meses (m) que um item do *pipeline* esteja em um determinado estágio possibilita ao gerente de vendas identificar oportunidades que não estão progredindo. Para o *status* AV, adicionar uma porcentagem para refletir o percentual de etapas concluídas na Seqüência de Eventos pode também prover um ponto de referência significativo ao gerente. Para as categorias G e P, pode ser similarmente útil rastrear o número total de meses (M) em que uma oportunidade esteve no *pipeline* antes de você ganhar ou perder o negócio. Depois das perdas, informações devem ser inseridas indicando se quem obteve o negócio era um concorrente identificado ou se não houve qualquer decisão (sinalizando que ainda ninguém conseguiu fechar o negócio, ou seja, não houve premiação com uma medalha de ouro).

Ao implementar o sistema exibido na Figura 15.2, os gerentes podem detectar sinais antecipados de advertência de que uma determinada oportunidade está parada ou enfrentando problemas. Para cada *milestone* de *pipeline* mostrado, você verá dois exemplos: um que está no rumo certo, com parâmetros normais para uma oportunidade viável; e outro que está além das condições normais. Embora eles possam estar amenizando as circunstâncias, a última situação deverá estimular o gerente a ter uma conversa com o vendedor. Se necessário, os dois podem concordar sobre uma ação corretiva para fazer com que a oportunidade retorne aos eixos. Alternativamente, talvez seja uma medida apropriada o gerente desqualificar esse item do *pipeline* em vez de permitir que seu vendedor trabalhe arduamente com uma baixa probabilidade de obter o fechamento do negócio. (Lembre-se: más notícias no início sinalizam boas notícias.)

Mesmo sem um sistema de SFA/CRM, os gerentes de vendas agora podem prever, solicitando a cada vendedor que envie um fax ou um e-mail com a cópia mais recente da Seqüência de Eventos para cada oportunidade. Revisando esses documentos, o gerente de vendas pode avaliar cada oportunidade com um grau razoável de objetividade e consistência (no sentido de comparar maçãs com maçãs).

Grau	Exemplo	Explicação
Grau M	M.1/150 mil	Meta compartilhada com o comprador, menos de 30 dias de duração, potencial de US$ 150 mil
Meta	M.3/100 mil	Mais de 60 dias de duração, ainda não no status Campeão
Grau C	C.1/300 mil	Campeão, menos de 30 dias, ainda entrevistando pessoas-chave
Campeão	C.3/100 mil	Mais de 60 dias, pequeno demais para número tão grande de pessoas-chave – parado?
Grau AV	AV.5,50%/300 mil	4 meses de duração, 50% completo, conta pequena – parado?
Seqüência de Eventos	AV.1,25%/600 mil	Primeiro mês do plano, 25% completo, conta expressiva
Grau P	P.2/300 mil	Desqualificado após menos de 2 meses – más notícias antecipadas são um bom sinal!
Desistência/Perda	P.11/600 mil	Demorou um período mais longo (de 11 meses!) e foi perdido
Grau P	**P.**1/100 mil	Teve de entregar proposta, menos de 30 dias de duração
Proposta	**P.**4/600 mil	Respondeu à RFP há mais de 3 meses – precisava de novo contato
Grau V	V.1/400 mil	Verbal com menos de 30 dias – ainda deve estar ativo
Verbal	V.2/200 mil	Verbal com mais de 30 dias – problema!
Grau G	G.5/400 mil	Ganho – ciclo de vendas de 4 meses
Ganho	G.8/200 mil	Ganho – 7 meses para fechar um pedido de US$ 200 mil – conseguimos ganhar algum dinheiro?

Figura 15.2 Exemplos de Gerenciamento de Funil

Para poder estabelecer a exatidão da previsão, sugerimos que os gerentes de vendas mantenham três categorias de *pipeline* para cada vendedor:

1. Negócios adicionais com os clientes existentes, com a probabilidade mais alta de fechamento.
2. Novas contas nas quais você foi proativo e iniciou como Coluna A.
3. Novas contas nas quais você foi reativo e iniciou como Coluna B, C etc.

Prever agora se tornou uma revisão mensal do *pipeline*, com os gerentes de vendas selecionando quais oportunidades têm probabilidade de fechar e as Seqüências de Eventos conferindo bastante visibilidade e datas realistas de fechamento.

Essa revisão mensal ainda proporciona uma oportunidade de ser proativo até com profissionais de vendas que possam ser procrastinadores. "Catástrofes" dentro de um funil não acontecem da noite para o dia. Vamos ver como um gerente pode ser proativo na previsão de um problema em um determinado funil. São necessárias algumas variáveis para dar aos gerentes de venda a visibilidade antecipada de um ciclo de vendas, conforme mostrado neste exemplo.

1. Cota anual de um vendedor: US$ 1,5 milhão.
2. Período médio de um ciclo de vendas: 4 meses.
3. Probabilidade de fechamento de um AV: 50%.
4. Ocorrência de algum problema no alcance da cota anual do vendedor: sem problemas.

Uma maneira de reduzir a protelação é decompor uma cota em um valor mensal – nesse caso, US$ 125 mil ao mês. Multiplicando esse dado por um ciclo médio de vendas, esse resultado lhe informa que, em 4 meses, espera-se que um vendedor feche negócios no valor de US$ 500 mil. Se, contudo, o vendedor fechar 50% das Seqüências de Eventos que estão em curso, a meta do funil seria o dobro daquele valor, ou seja, US$ 1 milhão. Isso indica que, em qualquer tempo determinado, quando você tira uma foto instantânea do funil de um vendedor, você desejaria ver, no mínimo, US$ 1 milhão no *status* AV, conforme classificado pelo gerente de vendas. Se você estiver no meio do caminho e o vendedor a US$ 100 mil aquém da cota anual corrente, o alvo seria o padrão de US$ 1 milhão mais (US$ 100 mil/ 50%), ou US$ 1,2 milhão.

Esse valor pode parecer um bocado de dinheiro, de modo que examinemos a atividade comparando o exemplo a seguir, em que a cota mensal é de US$ 125 mil, o ciclo médio de vendas é de 4 meses e há uma probabilidade de 50% de fechamento de um *prospect* no *status* AV.

$$\frac{(US\$\ 125\ mil)\ (4\ meses)}{50\%} = \text{meta de US\$ 1 milhão para o } pipeline\ \text{"AV"}$$

$$US\$\ 1\ milhão + (o\ que\ falta\ para\ a\ cota\ anual\ corrente \times 2)$$
$$= \text{meta para os próximos 4 meses}$$

Ao fazer esse cálculo mensalmente, os gerentes de vendas podem ajudar seus vendedores a permanecerem à frente da curva. Embora os gerentes devessem rever as mudanças até as entradas em A, M e C, e os seus volumes, as oportunidades posicionadas em AV fornecem a melhor noção de como as coisas se parecerão com um ciclo de vendas à frente. Se o funil AV estiver abaixo da meta, a atividade de desenvolvimento de novos negócios deve ser aumentada. A conversa poderia ser conforme segue:

> *Jane, você esteve trabalhando em suas cotas durante todo o mês de abril, mas neste mês você somente tem US$ 800 mil em negócios com o status AV. Durante o próximo mês, eu quero que você não se esqueça de aumentar suas atividades de desenvolvimento de negócios. Minha sugestão seria a de fazer um mínimo de 10 novos contatos por semana. Apreciaria ainda que você migrasse duas oportunidades de C para AV, e eu trabalharei com você nessa tarefa. Espero que no próximo mês você tenha suficientes novas oportunidades em seu funil, de modo que nós dois nos sentiremos melhor sobre os dados de suas posições fechadas em setembro em relação à sua cota anual. A partir daí, podemos rever quanto de seu tempo deverá ser despendido no desenvolvimento de novos negócios.*

Essa abordagem, em outras palavras, enfatiza muito mais uma gerência proativa do que uma gerência com um estilo retórico de vendas. Se um profissional de vendas compete durante 8 meses e perde o negócio, a responsabilidade deixa de ser exclusivamente sua. A cada mês (ou com maior freqüência), o gerente de vendas deverá tomar uma decisão de qualificação/desqualificação em todos os pontos de controle nas Seqüências de Eventos aprovadas. Essas últimas ainda permitem a um gerente de vendas obter mais clareza sobre oportunidades, fazer *coaching* com vendedores novos ou com os que enfrentam problemas ao longo de todo o ciclo, e ter controle e domínio de sua própria previsão.

Quando esses tipos de análise são conduzidos mensalmente, podem ser feitas correções de curso para maximizar a probabilidade de os vendedores atingirem suas cotas – e, assim, minimizar a rotatividade –, seja ela voluntária, seja involuntária. A rotatividade involuntária, conforme sugerido anteriormente, é difícil para todas as partes envolvidas. Do ponto de vista da empresa, há uma despesa significativa inerente ao recrutamento e ao treinamento de novos vendedores, à perda de continuidade dentro do território, tempo para o "aquecimento" dos novos contratados e à administração do tempo gasto no território durante esse período de experiência. Quando muitos gerentes (e profissionais de vendas) percebem que estão em dificuldades, geralmente é tarde demais para salvar aquele ano. Portanto, uma análise mensal compensa o esforço e o tempo que leva para sua execução.

Em um capítulo anterior falamos sobre a diferença entre o "não vou" e "não posso" de um vendedor. "Não vou" é, na maioria dos casos, um problema de gerenciamento. "Não posso" é um problema de habilidade, e servirá como base para o capítulo seguinte.

Capítulo 16

Avaliando e Desenvolvendo Vendedores

AO MENOS UMA VEZ AO ANO, a maioria dos departamentos de Recursos Humanos (RH) solicita que os gerentes de vendas avaliem formalmente os membros de suas equipes. E apesar de os gerentes de vendas terem recebido cerca de 12 (ou mais?) previsões de cada vendedor no decorrer desses 12 meses, pode ser uma tarefa difícil sentar e analisar formalmente tudo o que transpirou em um ano.

Considere revisar os desempenhos destacados, médios e sofríveis que são as combinações que consideramos de acordo com nossa experiência no trabalho com vendedores no decorrer dos anos.

A vendedora A, Mary, atinge consistentemente um adicional de 200% acima da cota. O gerente chama Mary em seu escritório e inicia a reunião:

> *Mary, é difícil expressar em palavras o prazer que sinto por ter você em minha equipe de trabalho. Obrigado por suas contribuições no último ano. Eu completei sua avaliação, de modo que tome um minuto para revisá-la e fique à vontade para fazer perguntas. (Mary fica 2 minutos lendo a exuberante avaliação e não tem perguntas.) Bem, então, ela será enviada para seu arquivo pessoal. Estou feliz em poder lhe dar o aumento máximo de 5% sobre seu salário-base. Diga-me se há algo que eu possa fazer para ajudá-la em seu desenvolvimento. Nesse ponto, minha vontade é apenas reiterar meus agradecimentos e deixar que você retorne às suas atividades. Parabéns pelo seu ano espetacular!*

O vendedor B, a quem chamamos de Joe, tem dificuldades para cumprir suas cotas. Em dois dos últimos três anos, ele conseguiu seu intento (como o feito no ano passado) por alguns pontos percentuais. Atingiu 92% da cota há dois anos. Joe entra na sala do chefe e ouve:

> Joe, vamos revisar a sua avaliação de desempenho. Gaste alguns minutos para analisá-la, e a seguir podemos conversar. (Joe vê diversas áreas em que ele é considerado como regular. Há poucas áreas evidenciando suas aptidões acima da média, contrabalançada por áreas que necessitam de melhoria. Trata-se de uma avaliação justa que aponta exatamente seus pontos fortes e fracos.) Joe, espero que você concorde com minha avaliação e comentários. Acima de tudo, estou satisfeito de ter você como integrante da equipe, mas gostaria que você pudesse aumentar as atividades dentro de seu pipeline. Se você aumentasse a atividade de prospecção, penso que conseguiria... (A discussão arrasta-se monotonamente por uns 30 minutos, incluindo comentários sobre certos conjuntos de habilidades que devem ser "reforçadas", intercalados por cumprimentos pelos pontos fortes. A reunião chega ao final quando Joe assina a avaliação.) Joe, espero que esta avaliação lhe tenha sido útil. Quero que você batalhe para aumentar suas atividades e feche suas cotas no final de outubro. Não seria excelente se nós pudéssemos passar férias no fim deste ano? Eu lhe concedi um aumento de 2% sobre o seu salário-base. Vamos fazer com que este ano seja aquele em você surpreenderá positivamente a todos.

Keith, o vendedor C, finalizou o ano passado em um patamar de 50% abaixo da cota, e sua posição atual é de cerca de 50% da cota acumulada anual na metade do ano. Essa revisão promete ser trabalhosa:

> Keith, por que você não entra e pega uma cadeira. (O gerente repousa o queixo sobre as mãos, cobrindo efetivamente uma boa parte do rosto, e inicia sua fala.) Keith, Keith, Keith, esses anos têm sido bastante árduos para nós dois. Você percebe alguma melhora nas coisas? (Keith murmura uma resposta sem inspiração, vaga.) Bem, baseado em seu desempenho nos últimos 18 meses, temos duas opções. Uma é para o RH ficar envolvido. Nós o colocaríamos em um plano de melhoria de desempenho e lhe daríamos um período de 3 meses para você atingir suas cotas. Isso demandaria reuniões semanais e uma enorme burocracia. Se após 90 dias, você ainda não conseguir atingir suas cotas, eu teria de despedi-lo. Você acha que consegue fechar um bom volume de negócios nos próximos 3 meses? (Novamente, a resposta de Keith não inspira confiança.)
>
> Olhe, Keith, eu sei que você tem uma família e, falando francamente, eu detestaria ter de demiti-lo. Cá entre nós, podemos visualizar as coisas de

uma outra maneira. Se você perceber que não consegue cumprir suas cotas, os próximos 90 dias poderiam ser utilizados diferentemente. Eu não cobraria seu comparecimento, de modo que você teria tempo para explorar outras opções. A maioria das pessoas considera que é mais fácil encontrar um emprego quando estão empregadas. Por que você não pondera bem sobre isso, e me informe como gostaria de dar prosseguimento. Nesse ínterim, não conte a ninguém que tivemos essa conversa. Talvez uma nova retomada em outra companhia seja a coisa que você precisa para recolocar sua carreira nos eixos. Diga-me o que você decide.

Soa familiar? Todas as pessoas que trabalharam como gerentes de vendas já se defrontaram com essas situações. (E talvez você até mesmo já foi uma Mary, um Joe ou um Keith em algum momento de sua carreira.) Mary é uma vendedora centrada no cliente que não quer, nem necessita, ser supervisionada, e que sempre desempenhará com consistência. Joe é o típico vendedor tradicional, que constitui a maioria das forças de vendas. A cada ano, a consecução das cotas é uma aventura, e ela normalmente se estende diretamente até o final do exercício. A situação de Keith é um pesadelo para todos. Ele pode ser um incapaz, sem sorte ou preguiçoso. Muito provavelmente ele entrará em outra empresa nos próximos meses, independentemente se optar pelo plano de melhoria de desempenho ou se, imediatamente, partir para a procura de um novo trabalho.

As revisões ora apresentadas são típicas daquelas recebidas pelos vendedores que não foram suportados pelo Sales-Ready Messaging nem por um processo de vendas. O gerente de vendas convencional sabe o que ele está fazendo, em termos dos métodos tradicionais de motivação dos vendedores; ele ainda, aparentemente, tem uma noção muito boa sobre os mesmos. Mas, certamente é justo perguntar: Essa é a primeira vez que Joe ouve que ele precisa melhorar seu desempenho? Há quanto tempo Keith tem tido maus desempenhos sem intervenção dos superiores? E Mary, ou seu gerente, conseguem articular o que a faz ser uma brilhante vendedora centrada no cliente?

Neste capítulo, queremos introduzir um processo de gerenciamento de vendas voltado para a avaliação e o desenvolvimento de vendedores.

Praticar Golfe é Mais Fácil

O cargo de gerente de vendas é enganoso. Acreditamos que a principal responsabilidade de um gerente é a de desenvolver pessoas. A realidade é que a maioria dos gerentes tradicionais de vendas – inclusive aquele de nosso exemplo anterior – é composta de administradores tentando dirigir números. Eles dizem ao pessoal o que fazer e em que quantidade, mas são incapazes de ensinar alguém como fazê-lo. Os gerentes de vendas têm métodos muito diferentes; eles podem tentar motivar, intimidar, fomentar, instruir, e assim por diante. Finalmente, admitem uma derrota quando seus métodos mudam para aconselhar as pessoas para que deixem seus empregos.

No entanto, a questão que se coloca mais freqüentemente é a da motivação. A maioria dos vendedores de fraco desempenho deseja sinceramente fazer melhor, mas faltam as habilidades necessárias. Todo o estímulo, programas de incentivos e intimidação do mundo não conseguem ensinar um vendedor a vender. Se Keith for inteligente e motivado – que, afinal de contas, foi parte do modelo de contratação – então conseguir que ele faça mais do que já está fazendo muito provavelmente não fará com que ele aumente seu desempenho.

Conforme realçamos em capítulo anterior, a maioria dos gerentes de vendas consegue seus empregos porque são vendedores naturalmente talentosos. Eles não necessariamente entendem como ou por que foram bem-sucedidos, se bem que agora estão encarregados de repassar suas aptidões intuitivas de vendas a seus subordinados. A trajetória que muitos gerentes de vendas nessa situação adotam para acelerar seus vendedores é o da osmose: "Observe como eu vendo, e aprenda (pois não consigo descrever essa atividade)". Bastante intenso durante mais ou menos o primeiro mês depois que contratam um novo vendedor, este tipo de "treinamento" tende a diminuir progressivamente em um curto período de tempo. O gerente de vendas tem outras coisas a fazer – há um novo contratado que necessita dos benefícios da osmose.

Em média, os resultados da transferência de habilidades pela osmose são desalentadores. A osmose é um fraco substituto para um processo de vendas. E, sem processo, vender se assemelha mais a uma arte do que a uma ciência.

É praticamente impossível avaliar e ensinar habilidades sem entender os mecanismos básicos de vendas. Quando atletas profissionais sofrem fracassos na carreira, existem formas padrão de identificar e corrigir o problema. Um jogador profissional de golfe, por exemplo, tem vários métodos para a identificação de falhas no manejo do taco de golfe, e para sua correção. Primeiro, há uma mecânica de aceitação geral associada ao manejo do taco de golfe para a execução da tacada (cabeça para baixo, braço esquerdo ereto, e assim por diante). O jogador de golfe em questão pode acompanhar gravações de tacadas precisas (quer de suas próprias jogadas, quer de outros jogadores). Muitos deles contam com um "orientador para essa jogada" com quem trabalham em conjunto. Mesmo o processo de identificar o problema – um problema sobre o qual o instrutor e o jogador podem concordar – oferece a possibilidade de uma onda de esperança: esse problema pode ser resolvido! E isso, por sua vez, oferece a motivação necessária para que a pessoa passe bastante tempo em um campo de golfe praticando uma série repetida de jogadas.

Existe alguma história similar em vendas à do golfe? A resposta é: "Deveria haver, mas ela é difícil de ser encontrada". Considere um vendedor cujo desempenho estava anteriormente em níveis aceitáveis, mas que tem estado em baixa há um ano e meio. Algumas duras realidades:

1. Há poucas regras proveitosas e típicas em vendas. Existem noções gerais: ouça, não lide com produtos, a venda se inicia quando o vendedor diz "não", vise sempre ao fechamento, e assim por diante. Algumas dessas regras, nós (os autores) assinamos em baixo, já outras, questionamos; mas, no final do dia, nossa motivação em criar o CustomerCentric Selling foi tanta que não havia nada próximo a um manual útil de como vender, particularmente quando comparado à atividade de acertar uma bola de golfe.

2. Os hábitos de vendas foram desenvolvidos graças a uma série desestruturada de experiências individuais de tentativa-e-erro. Em lugar de uma adequada "memória muscular", o vendedor tem memória fraca, o que dificulta extremamente o autodiagnóstico. Isso torna virtualmente impossível para alguém fazer *coaching* com um vendedor sem incorrer no fracasso. Conforme anteriormente mencionado, Neil Rackham descobriu que, à medida que os vendedores se tornam mais familiares com suas ofertas, eles começam a perder a paciência e a empatia ao fazer perguntas e ouvir os compradores. Esse comportamento é virtualmente impossível de ser autodiagnosticado.

3. Não há um "alcance ou limite prático" para os vendedores. Se um jogador de golfe dá diversas tacadas erradas no campo em que está praticando, salvo o ego, não há conseqüências negativas. Na realidade, essas atividades podem auxiliar em afastar as falhas. Mas os vendedores não têm "campo" onde possam fazer suas tentativas. Eles estão sob pressão para gerar faturamentos (ainda mais quando estão em baixa), e, conseqüentemente, não podem dar-se ao luxo de tentar novas abordagens sem efeitos potenciais. Um contato pobre

pode reduzir o número de *prospects* no território finito – e, em termos práticos, durante o período do emprego atual do vendedor.

4. No que se refere ao desenvolvimento e ao aperfeiçoamento, os vendedores vivem em ilhas remotas. Um dos maiores desafios surge quando o profissional de vendas discorda de seu gerente sobre um determinado plano de ação. Não há uma onda de esperança como no relacionamento entre o jogador de golfe e seu instrutor. Os vendedores com baixos desempenhos devem retomar seu rumo por seus próprios meios. O gerente de vendas provavelmente irá piorar o problema se pressionar e demandar um aumento dos níveis de atividade (ou seja, quantidade) sem influenciar a qualidade da atividade. O desempenho da maioria das pessoas degrada sob pressão.

Avaliação: O que Não Funciona

A gestão de vendas sem um processo é amplamente vista como um exercício retórico (de efeito secundário). Os gerentes fazem "autópsias" de medalhas de prata após as perdas de um negócio e durante as revisões anuais dos departamentos de Recursos Humanos. Eles acabam não ajudando nem Joe nem Keith, e – muito provavelmente – acabam demitindo este último ou convencem-no a sair da empresa.

Mas, imagine se os gerentes pudessem ser proativos em vez de reativos. Etapas proativas – cirurgia corretiva – poderiam reduzir a necessidade de "autópsias". Por que é preciso perder um negócio (ou a censura do RH) para os gerentes agirem? Acreditamos que isso se deva ao fato de que a maioria dos gerentes só olha os números. Faltando-lhes a capacidade de avaliar e desenvolver seu pessoal, eles, em vez disso, avaliam e desenvolvem os números de cada um de seus subordinados. Mas esse comportamento é certamente retrógrado. Se os gerentes de vendas pudessem desenvolver seus vendedores, os números iriam tomar conta de si mesmos.

Primeiro, vamos examinar as falhas no processo de avaliação. Imaginemos que a avaliação anual requeira que os gerentes de vendas classifiquem os vendedores em uma das seguintes categorias globais (acrescentamos nosso contraponto editorial em itálico):

1. Vendedor excepcional que consistentemente excede cotas e proporciona liderança ao departamento. Mostra um conhecimento fantástico das ofertas, possui grandes habilidades administrativas, exibe

forte controle sobre a conta e demonstra capacidade para desqualificar oportunidades pobres de seu funil. Demanda pouca orientação e é candidato à promoção para a gerência de vendas.

A gerência de vendas seria uma tarefa muito fácil se essas pessoas pudessem ser clonadas.

2. Vendedor estável que cumpre ou excede as cotas na maior parte do tempo. Tem uma tendência de trabalhar oportunidades identificadas e desenvolve contas em andamento. Às vezes, fica confuso em oportunidades de baixa probabilidade. Um plano de desenvolvimento de negócios mais agressivo e uma abordagem mais estruturada poderiam ascender seu desempenho até o próximo nível.

Os gerentes de vendas ficam satisfeitos de ter pessoas como essas em sua equipe. Eles necessitam de um coaching *ocasional, mas, de modo geral, podem ser confiáveis no tratamento de oportunidades médias a pequenas.*

3. Esforça-se para manter os níveis de atividades até o ponto em que o *pipeline* atinge patamares estabelecidos. Requer *coaching* extensivo e precisa que os gerentes façam contatos conjuntos sempre que possível. Necessita de freqüente suporte em todas as oportunidades e *coaching* semanalmente.

Seria preferível ter a caminho um novo contratado para se tornar um vendedor de nível 2. Se ele não mostrar progresso no próximo ano, haverá uma difícil decisão a ser tomada.

4. Tem dificuldade de gerar atividades significativas no território.

O entendimento marginal das ofertas e dos setores é invocado. Faz-se necessário o microgerenciamento, tanto na revisão de atividades da semana anterior como no planejamento de atividades para a semana seguinte.

A menos que se façam drásticas melhorias no curto prazo, dá a impressão de que ouve um erro de contratação, ou que a capacidade ou a motivação do vendedor foi erodida. A não ser que haja mudanças, um plano de melhoria de desempenho ou a demissão do empregado aparece no horizonte.

Vender é uma das profissões mais estranhas. O desempenho é medido com exatidão – às vezes na faixa de centésimos de um ponto percentual. As empresas calculam comissões na casa dos centavos. Muitas companhias exigem que seus gerentes atribuam um único grau para refletir suas avaliações sobre uma série de habilidades percebidas de um vendedor que podem influenciar as trajetórias de suas carreiras. Mas, na realidade, isso é precisão? Pode um único grau refletir o conjunto de habilidades e competências de um vendedor? Acreditamos que a resposta seja "não".

Consideradas coletivamente, o conjunto de habilidades e as características pessoais requeridas para que as cotas excedam de forma consistente são assombrosas. Conhecemos médicos, advogados e professores renomados que "morreriam de fome" como vendedores: eles simplesmente não têm as habilidades requeridas. Para uma oferta complexa, acreditamos que um profissional de vendas necessita de um QI mínimo de 120, fortes habilidades verbais e escritas, a coragem e confiança de aceitar uma posição em que apenas uma parcela de sua remuneração é garantida, e assim por diante. Então, um gerente de vendas pode efetivamente classificar uma pessoa como essa numa escala de 1 a 4? Provavelmente não.

Desempenho Nem Sempre Significa Domínio de Habilidades

Suponhamos que Ron tenha sido o terceiro vendedor contratado por uma empresa iniciante que agora tem capital aberto na bolsa e faturamentos brutos da ordem de US$ 150 milhões. Ron estava envolvido na venda inicial de larga escala para um comprador do mercado pioneiro há oito anos. Essa sua venda validou a oferta da empresa, e ele recebeu grande apoio naquele esforço de venda por parte do fundador e de outros executivos seniores. Durante os últimos anos, Ron atingiu, em média, 225% da cota, basicamente ao administrar os requisitos de crescimento dos três clientes mais importantes. A última "chamada fria" de prospecção de Ron foi realizada muitos anos atrás, quando a condição escassa de seu *pipeline* o motivou a fazer essa investida.

Ron atingiu uma posição lendária e tem tratamento preferencial na empresa. As pessoas se perguntam por que ele nunca foi promovido a gerente. A resposta é simples: Ron percebeu que todos seus pontos fortes pessoais e seus objetivos de qualidade de vida indicavam que ser um vendedor é a melhor posição que ele poderia ocupar.

O gerente de Ron age de forma prudente e, consistentemente, classifica-o como grau 1. Se não procedesse assim, isso provavelmente provocaria uma ligação de Ron ao CEO queixando-se de seu gerente e de sua avaliação, e haveria necessidade de uma mudança no grau de avaliação arquivado no departamento de Recursos Humanos.

De acordo com suas revisões anuais, Ron detém o grau 1 nas áreas que exigem desenvolvimento, gestão de contas, negociações, qualificação e controle etc. Porém, voltando a "descascar a cebola", aparece que ele não tem grau 1 nas habilidades de desenvolvimento e prospecção de negócios – na verdade, nessas áreas ele tem um grau 4. Nesse estágio, é impossível dizer se o problema recai na habilidade (não posso) ou na atitude (não farei). Em qualquer dos casos, o gerente de Ron não está prestando a ele um favor, ignorando sua deficiência mais evidente. Ron está, de fato, progredindo sem empenhar muito esforço.

Vendedores perspicazes sabem intuitivamente o quanto valem e o que conseguem ganhar em suas *próximas* posições de vendas. Se, por alguma razão, as coisas começarem a desandar para essa empresa, Ron pode enfrentar o desafio de encontrar e aceitar um território em uma empresa em que não tenha unanimidade e, muito provavelmente, não lhe serão dadas contas já existentes para que ele as desenvolva.

Sete Habilidades de Vendas

Conforme mostrado no capítulo anterior, os gerentes de vendas podem ser proativos na análise dos *pipelines* e, com isso, os níveis de atividades podem ser aumentados. Essa abordagem ajuda o gerente a influenciar a quantidade de atividade. Agora, gostaríamos de mostrar uma técnica para aumentar a qualidade da atividade. Para fazer isso, refinamos as vendas em sete habilidades:

- Desenvolvimento de novos negócios.
- Desenvolvimento de soluções.
- Qualificação e controle de oportunidades.
- Gerenciamento da prova/teste.
- Acesso às pessoas-chave.
- Negociação e fechamento.
- Monitoramento de métricas de sucesso.

Essas habilidades tendem a entrar em ação em diferentes períodos no ciclo de compra, conforme aparece no lado esquerdo da Figura 16.1. No lado direito, estão os "entregáveis" *(deliverables)* que o gerente de vendas pode monitorar para avaliar as habilidades de cada vendedor.

Habilidades (entradas)

- Desenvolvimento de Novos Negócios
  Desenvolvimento de Soluções
  Qualificação e Controle de Oportunidades

- Desenvolvimento de Soluções
  Gerenciamento da Prova
  Acesso a Pessoas-chave
  Qualificação e Controle de Oportunidades

- Desenvolvimento de Soluções
  Gerenciamento da Prova
  Qualificação e Controle de Oportunidades

- Negociação
  Qualificação e Controle de Oportunidades

- Monitoramento de Métricas de Sucesso

"Entregáveis" (saídas)

- Carta de Controle de Ciclo de Vendas – Campeão

- Carta de Seqüência de Eventos
  e Plano Aceito

- Seqüência de Eventos Concluída
  Planilha de Negociação

- Contrato Assinado
  Métricas de Sucesso

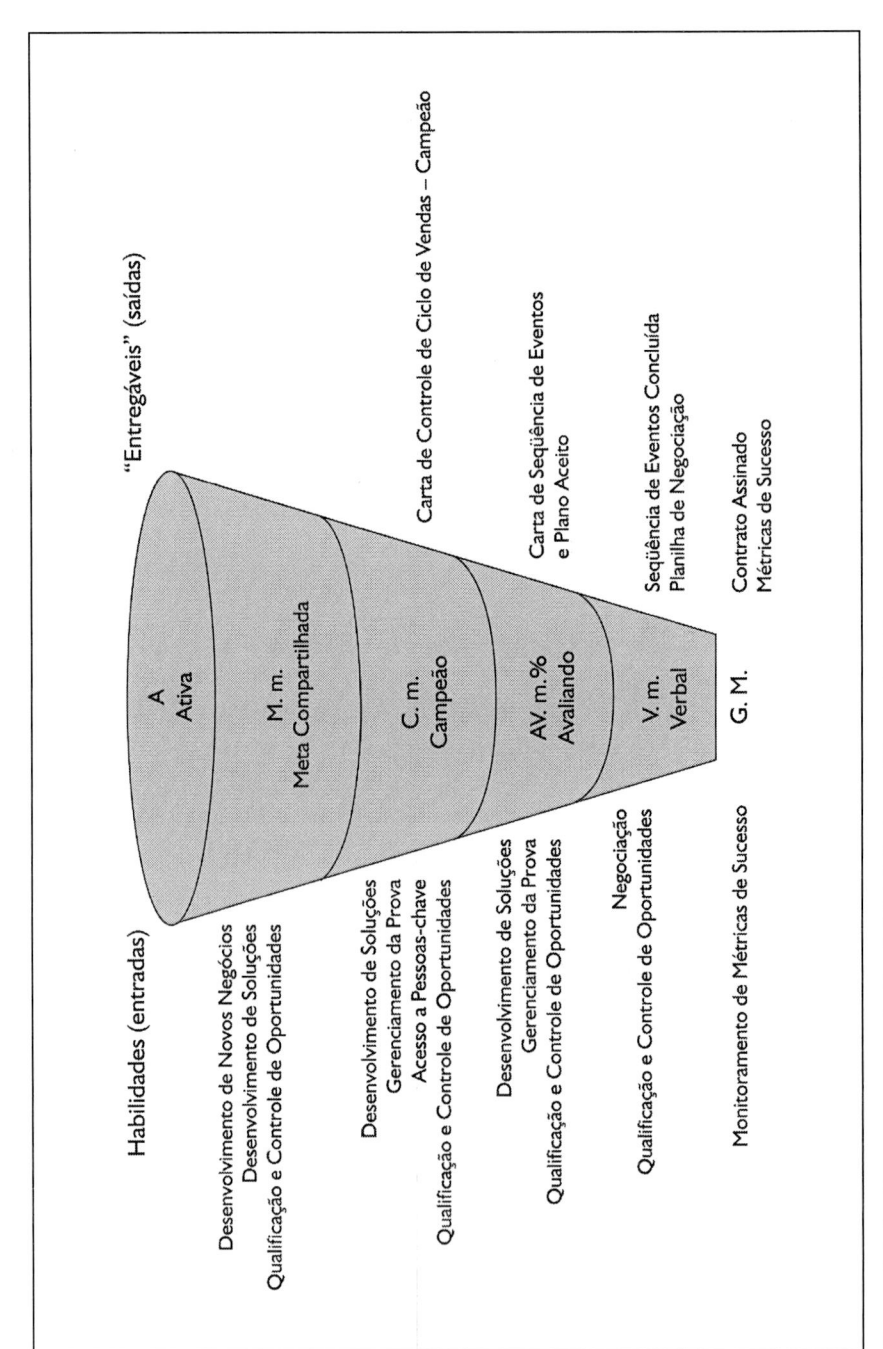

Estágios do funil:
- A — Ativa
- M. m. — Meta Compartilhada
- C. m. — Campeão
- AV. m. % — Avaliando
- V. m. — Verbal
- G. M.

Figura 16.1 Gerenciamento de Funil: Habilidades e "Entregáveis"

Uma discussão do gerenciamento da prova e do monitoramento de métricas de sucesso está fora do escopo deste livro e esses tópicos serão cobertos no futuro *CustomerCentric Selling Field Guide* (Manual Prático do CustomerCentric Selling).

Os formatos dos funis variam muito de vendedor para vendedor. O funil de um vendedor exibindo alta atividade, mas baixo domínio de habilidades no setor de desenvolvimento de negócios, poderia assemelhar-se a um copo de Martini, com muitos diálogos (*status* A) necessários para a geração de *status* "Ms" (Metas Compartilhadas). À medida que entram novas oportunidades e elas progridem pelo funil de um vendedor no espaço de alguns meses, e se existirem bloqueios nos pontos em que transações tendem a parar, isso aponta para uma provável deficiência de habilidade. Gostaríamos de mostrar como avaliar dados de funis de modo que as habilidades possam ser avaliadas, e – sempre que necessário – o gerente de vendas poderá apresentar planos específicos contendo atividades necessárias para suportar os pontos fracos.

Suponhamos agora que, durante um período de 2 ou 3 meses, há bloqueios no funil de um vendedor – que, mais uma vez, indicam prováveis deficiências de habilidades. Verifique a Figura 16.2, na página seguinte.

Um número insuficiente de "As" entrando no funil indica um problema com o desenvolvimento de negócios. Em resposta, o gerente poderia estabelecer um número mínimo de primeiros contatos semanais ou mensais, mas isso não iria abordar a qualidade do esforço. Um gerente de vendas proativo habilitado no CustomerCentric faria o seguinte:

1. Pedir para ver as cartas, os fax e os e-mails que o vendedor está utilizando na geração de interesse. Pode ser que eles não foram redigidos corretamente, ou são dirigidos para setores verticais ou cargos errados. O gerente poderia colaborar na preparação desses documentos e desenhar uma estratégia mais efetiva.

2. Pedir ao vendedor para passar mais tempo com um colega de trabalho que teve sucesso no desenvolvimento de negócios. Talvez seja apropriado para a pessoa que está tendo dificuldades prestar atenção em um de seus colegas fazendo contatos, ou acompanhar trabalhos de seguimento de oportunidades, para ver a abordagem dessa pessoa.

3. O gerente de vendas pode fazer a dramatização (*role playing*) no papel de um comprador que recebe uma ligação de prospecção do vendedor.

Bloqueios no Funil	Razões Potenciais
De "I" a "A" (Prospecção)	• Falta de novas oportunidades para contatar. • Uso inadequado de roteiros e ferramentas convincentes. • Dificuldade de alinhamento com o comprador. • Inabilidade em conseguir do comprador o compartilhamento da meta ou a admissão de problemas.
De "A" a "M" ou "C" (Desenvolvimento de Soluções)	• Contato em nível baixo para comprometer o comprador para o nível de Campeão. • Questões de ferramentas estão em níveis muito baixos. • Pobre identificação da meta e de habilidades de desenvolvimento de soluções. • Pouca compreensão sobre como negociar o acesso às pessoas-chave.
De "C" a "AV" (Qualificação)	• Questões de ferramentas estão em níveis muito baixos. • Pobre identificação da meta e de habilidades de desenvolvimento de soluções. • Pouca compreensão sobre como estabelecer ou obter o acordo dos Tomadores de Decisão sobre a Seqüência de Eventos.
De "AV" a "P" (Controle do Processo de Vendas)	• Negocia a Seqüência de Eventos com não Tomadores de Decisão. • Dificuldade no mapeamento do Organograma de Oportunidades. • Relação custo × benefício não quantificável/não está baseada nos números do comprador. • Questões de implementação não-tratadas.
De "P" a "V" (Negociações)	• Perda de controle no final do ciclo de vendas (revisão de pré-decisão não programada). • Despreparado para a negociação (sem planilhas com negativas educadas e dar e receber [*quid pro quo*]).
De "V" a "G" (Fechamento)	• Despreparado para tratar questões de risco do comprador. • Fora de alinhamento (fechamento do negócio cedo demais). • Questões logísticas.

Figura 16.2 Análise dos Bloqueios no Funil

Bloqueios em conseguir *prospects* de A a C indicaria uma falta de habilidade na obtenção de compradores para o compartilhamento de metas. O gerente poderia despender tempo revisando as seguintes áreas:

1. Rever o menu de metas para cada pessoa-chave que o vendedor está usando.
2. Ajudar o vendedor a gerar e a utilizar os Casos de Sucesso que levem o comprador de uma necessidade latente a compartilhar uma meta.
3. Fazer dramatizações (*role-playing*) com o vendedor para encaminhá-las em abordagens para obtenção de metas compartilhadas ou de admissão de problemas.

Se as oportunidades pararem no *status* M, há duas áreas que provavelmente necessitam de atenção. A primeira é que falta ao vendedor a habilidade em levar o comprador da meta à visão, indicando que ele não está utilizando o Modelo de Desenvolvimento de Solução (SDP) correto, ou está tendo problemas na sua execução. Novamente, o gerente pode revisar o material utilizado e fazer *role playing* com o vendedor. Ele ainda pode manter contatos conjuntos com o vendedor e demonstrar como o SDP deve ser utilizado.

Outra razão para uma parada no *status* M pode ser quando o vendedor tem dificuldade em conseguir amealhar *prospects* que concordem com o Campeão e fazê-los com que contatem as pessoas-chave que precisam ser acessadas. Essa dificuldade pode ocorrer porque a visão do comprador não se sente instigada (cartas devem ser editadas), não há suficiente valor na mente do comprador, ou se o vendedor não é capaz de defender ou explicar a necessidade para se reunir com as pessoas-chave solicitadas. Nesses casos, a abordagem sugerida seria a de se fazer contatos conjuntos – quer pessoalmente, quer via *conference call*. É possível ainda que as provas sejam oferecidas aos potenciais Campeões sem que o vendedor precise utilizar uma abordagem de dar e receber (*quid pro quo*) para conseguir acesso.

Se um vendedor tem oportunidades que paralisam após a qualificação de um Campeão, existem diversas áreas potenciais de dificuldades:

1. Se a maioria de seus Campeões ocupa níveis relativamente baixos na organização, talvez haja dificuldades relacionadas com os executivos de maior senioridade. Essa habilidade pode ser desenvolvida por meio de dramatizações (*role-playing*) e por visitas executivas conjuntas.
2. O vendedor pode ter dificuldades no ganho de consenso e na negociação de uma Seqüência de Eventos com o Comitê de Compras.

O gerente deve acompanhar o vendedor visitando as contas em que todas as pessoas-chave se reuniram, mas onde ainda não tenha sido finalizada uma Seqüência de Eventos.

3. O vendedor pode estar tentando qualificar Campeões em níveis relativamente inferiores na organização. Conforme anteriormente mencionado, a qualidade de vida de um vendedor será melhor se ele puder conseguir Campeões no nível dos tomadores de decisão. Nesses casos, o acesso às pessoas-chave é oferecido com maior freqüência quase que voluntariamente, e o vendedor não precisa pedir ou negociar o acesso.

Assim que uma oportunidade atinge o *status* AV, o vendedor e o gerente devem ter, no mínimo, uma chance de 50% de ter o ciclo de vendas resultando num pedido. Em nossa opinião, a variável peculiar mais importante na determinação das taxas de sucesso é que o vendedor iniciou a oportunidade (novamente, estimulou alguém que não estava buscando mudanças a procurar por elas). Ter um plano acordado em execução possibilita visibilidade ao gerente no tocante ao fato de a oportunidade estar ou não tendo progressos.

Ao avaliar o *status* em cada ponto de controle, os gerentes assumem a propriedade e a responsabilidade para determinar que a transação é vitoriosa. Logo que parecer que as coisas não estão-se desenvolvendo como planejado, o gerente e o vendedor devem elaborar estratégias para recolocar as coisas novamente nos trilhos. E como sempre, em algumas instâncias, será necessário se retirar do processo. Isso deve (deverá?) ser responsabilidade do gerente.

Alavancando a Experiência do Gerente

O gerente tem de fazer um julgamento para identificar se o ritmo do progresso é satisfatório. Essa é uma decisão complexa que leva em consideração se o vendedor está lidando com compradores do mercado pioneiro ou convencional, o tamanho da organização, o tamanho da oportunidade, e o impacto ou risco total para o *prospect* em seguir adiante.

Aqui estão alguns sinais de alerta que devem ser olhados:

1. O comprador começa a postergar as datas.
2. O acesso às pessoas-chave torna-se mais difícil.

3. Itens da Seqüência de Eventos acordada são desafiados.

4. Mudam os requisitos do comprador, potencialmente influenciados pelos concorrentes.

5. Uma pessoa-chave deixa o processo ou é renomeada.

Quando gerentes estão tentando decidir em um determinado ponto de controle se continuam a competir, há uma questão-chave a considerar: "Somos o fornecedor preferido para ao menos uma das pessoas-chave – e, se essa resposta for negativa, o que podemos fazer para chegar à esta condição?" Se a resposta final for: "Não podemos atingir essa condição", pode muito bem ser a hora de desistirmos da oportunidade em vez de empregarmos tempo, esforço e recursos em algo que, provavelmente, é uma causa perdida, conquistando ainda uma outra medalha de prata.

Os executivos seniores de organizações de vendas podem querer monitorar os níveis médios de descontos por região e vendedor para identificar potenciais deficiências de habilidades de negociação. Portanto, um aviso: se for identificado um potencial problema, ele não pode ser de responsabilidade do vendedor.

Trabalhamos com uma organização que tinha um gerente regional em Boston que era um terrível negociador. Quando ele foi requisitado para ajudar um vendedor em transações de grande porte, os descontos oferecidos acabavam sendo muito maiores do que os praticados em outras filiais. (Na realidade, ele ganhara o apelido de "Luar sobre Massachusetts" por causa de sua propensão para dar descontos.) Durante um período de tempo, seu gerente teve de revisar e fazer dramatizações (*role playing*) em que treinava o subordinado para ele dar respostas negativas educadas e negociar o dar e o receber antes de ir para as reuniões de negociação. Houve algumas ocasiões em que ele teve de sair das reuniões antes de conseguirem o negócio. No entanto, em um período de 3 meses, seus descontos caíram numa faixa aceitável.

Outro dado estatístico que deve ser rastreado é o nível de descontos baseado na data do pedido. Os compradores esperam o final do mês ou do trimestre para tentar obter melhores concessões. Sempre que possível, deve ser feita uma tentativa para programar a Seqüência de Eventos de modo que a data de decisão não coincida com o final de um trimestre.

Assim que um vendedor solicitar o fechamento do negócio, a oportunidade salta desde um AV para um dos quatro *milestones*.

Veja a Figura 16.3 a seguir.

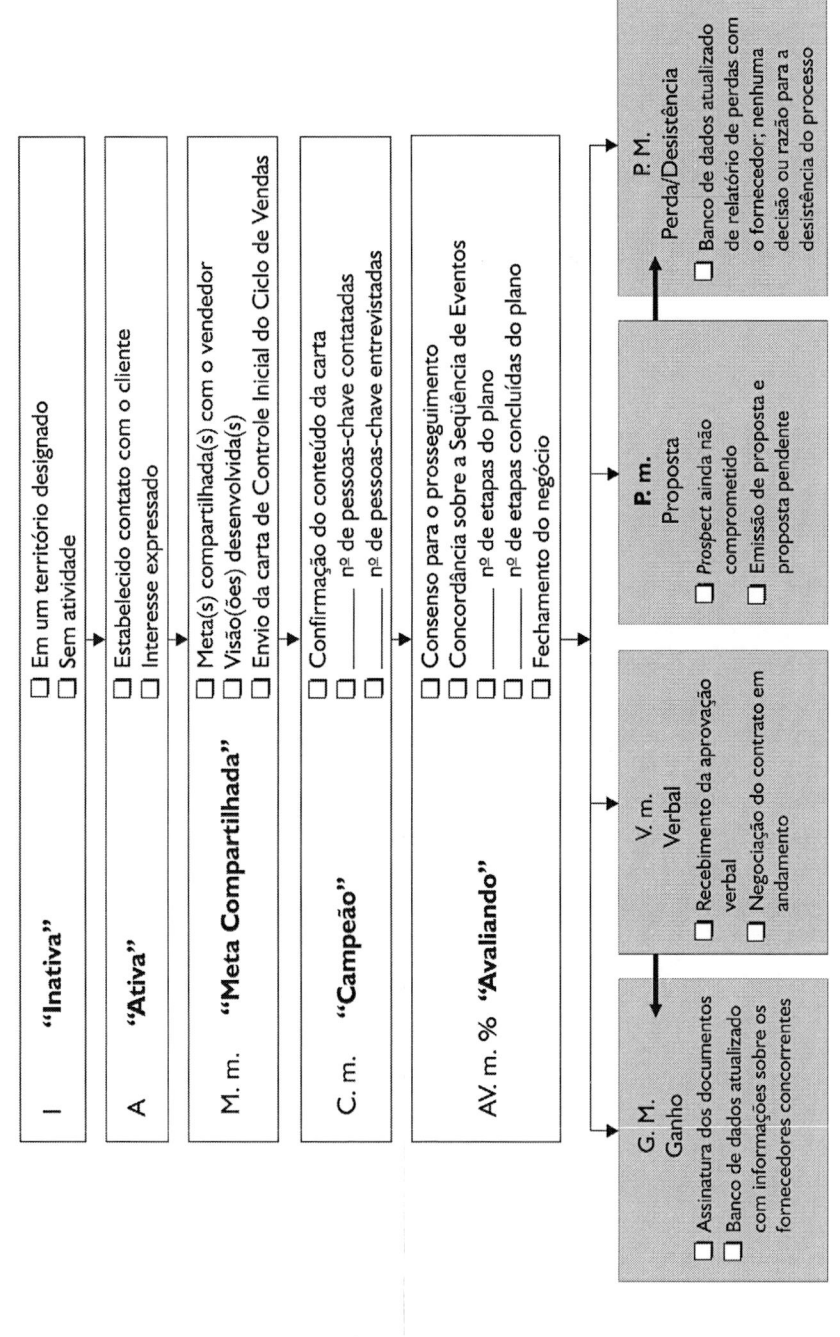

I "Inativa"
- ☐ Em um território designado
- ☐ Sem atividade

A "Ativa"
- ☐ Estabelecido contato com o cliente
- ☐ Interesse expressado

M. m. "Meta Compartilhada"
- ☐ Meta(s) compartilhada(s) com o vendedor
- ☐ Visão(ões) desenvolvida(s)
- ☐ Envio da carta de Controle Inicial do Ciclo de Vendas

C. m. "Campeão"
- ☐ Confirmação do conteúdo da carta
- ☐ ___ nº de pessoas-chave contatadas
- ☐ ___ nº de pessoas-chave entrevistadas

AV. m. % "Avaliando"
- ☐ Consenso para o prosseguimento
- ☐ Concordância sobre a Sequência de Eventos
- ☐ ___ nº de etapas do plano
- ☐ ___ nº de etapas concluídas do plano
- ☐ Fechamento do negócio

G. M. Ganho
- ☐ Assinatura dos documentos
- ☐ Banco de dados atualizado com informações sobre os fornecedores concorrentes

V. m. Verbal
- ☐ Recebimento da aprovação verbal
- ☐ Negociação do contrato em andamento

P. m. Proposta
- ☐ Prospect ainda não comprometido
- ☐ Emissão de proposta e proposta pendente

P. M. Perda/Desistência
- ☐ Banco de dados atualizado de relatório de perdas com o fornecedor; nenhuma decisão ou razão para a desistência do processo

Figura 16.3 Classificando Oportunidades: *Milestones* do *Pipeline* (m = número de meses; M = total do número de meses; % = % total)

G. M.   O vendedor conseguiu o pedido. O M maiúsculo reflete o número total de meses que levou para o fechamento. Uma análise da extensão dos ciclos de vendas vencedores poderá ser útil na separação das melhores práticas. (A variável peculiar mais importante geralmente transforma-se em quão alto foi o nível de entrada dentro da organização com potencial de compra.)

P. M.   O vendedor perde, quer por não se ter nenhuma decisão, quer para um fornecedor concorrente. Rastrear e analisar os meses totais de perdas poderá isolar eventos comuns que levam a perdas, de modo que se espera que possam ser evitados nos futuros ciclos de vendas.

V. m.   O comprador deu sua aprovação verbal, mas, por alguma razão, o contrato ou a ordem de compra não pode ser assinado. Nesses casos, sugerimos que se peça ao comprador para assinar uma carta de intenção facultativa de modo que quando outros fornecedores fizerem contato, eles possam dizer que já estão comprometidos e a decisão foi tomada.

P. m.   A proposta teve de ser emitida antes de a decisão ter sido tomada.

Em nossa experiência, o tempo não aumenta a probabilidade de se obterem compromissos verbais ou a aceitação de propostas. Quando qualquer uma dessas situações demorar mais de 30 dias, os gerentes têm motivos para preocupações. Na avaliação de *pipelines*, vemos com freqüência, em nossos trabalhos de consultoria, propostas com mais de 60 dias que ainda são consideradas com probabilidades superiores a 80%. Cada mês que passa e o fechamento da proposta não acontece significa que as chances de finalmente se obter o pedido estão decrescendo.

Em nossa experiência, quando uma proposta já tem 45 dias, ou ela está apontando para uma falta de decisão ou o comprador tomou uma decisão de prosseguir com outro fornecedor e optou por não dar ao vendedor a má notícia. Mesmo se você tivesse tido acesso aos tomadores de decisão até esse ponto, depois que a proposta é entregue, eles normalmente não querem falar com você; quer não tenham tomado uma decisão, quer tenham tomado uma decisão desfavorável.

Em outras palavras, você renuncia a uma grande parte do controle assim que sua proposta é entregue. Repentinamente, o comprador tem tudo que precisa, e o acesso se torna mais difícil. Em vez de esperar e ter esperanças, considere tomar alguma ação positiva se a proposta estiver nas mãos do comprador por um tempo que você considera que já não é mais saudável para suas chances de êxito (30 a 45 dias?). Sugerimos uma carta ou uma ligação telefônica relembrando o caso e retirando a proposta. Se você optar por uma carta, não a envie pelo correio expresso. Você não tem notícias de sua proposta há mais de um mês, então não faz sentido gastar a mais para ter a carta entregue no dia seguinte. Uma carta registrada terá o mesmo impacto e custará muito menos.

A Figura 16.4 apresenta uma carta-modelo.

28 de abril de 2003
Allan Campbell
Empresa XYZ

Caro Allan,

Ao rever meus arquivos, chamou minha atenção que não foi tomada nenhuma ação referente à proposta que submetemos à sua apreciação em 18 de dezembro de 2002. Lendo-a novamente, entendo a razão de o senhor provavelmente não ter tomado qualquer ação. A proposta reflete uma falta de entendimento de minha parte sobre os principais objetivos de seu negócio. Se o senhor concordar, gostaria de ter uma oportunidade de entender melhor se a utilização de nosso software de CRM poderá capacitá-lo a atingir seus objetivos. O propósito desta carta é deixá-lo a par do fato que estamos formalmente retirando nossa oferta. Queira contatar-me se tiver alguma dúvida.

Atenciosamente,

George Agnew
Representante de Vendas
CRM, Inc.

Figura 16.4 Carta-modelo de Retirada de uma Proposta

Embora alguns vendedores fiquem assustados com a idéia de retirar uma proposta, os resultados mais prováveis são:

1. *O comprador não retoma o contato.* Nesse ponto, é hora de remover oficialmente a oportunidade de suas previsões. Finalmente, é melhor descartar inutilidades de seus funis e *pipelines*, ter uma visão realista de como serão os próximos meses e chegar a um plano apropriado de desenvolvimento de negócios.

2. *O comprador retoma o contato e pergunta por que você retirou a proposta.* Essa é uma oportunidade para determinar se o comprador não irá comprar, se quer comprar ou se estaria interessado em promover mudanças na proposta numa tentativa de verificar se as partes podem chegar a uma decisão favorável. Se for dada uma segunda chance, o vendedor agora pode focar em ajudar o comprador a entender como utilizar sua oferta para atingir metas ou solucionar problemas.

Um participante de um de nossos *workshops* se aproximou de nós no intervalo das 10 horas no primeiro dia dos trabalhos. Ele disse que tinha cinco cotas em aberto num período superior a 60 dias. Cada uma delas oscilava entre US$ 15 mil a US$ 25 mil. Sugerimos que ele contatasse cada uma das contas e lhes informasse que estava retirando as propostas. Embora revelasse ceticismo sobre o efeito dessas ações, ele prosseguiu nessa tarefa. No final do *workshop*, três das oportunidades tinham sido fechadas. Em dois dos casos, os compradores indicaram, com certo constrangimento, que eles simplesmente não tinham contornado a questão da emissão da ordem de compra.

Amanhã é o Primeiro Dia do Restante de sua Carreira de Vendas

Em nossos *workshops*, estimulamos para que vendedores e gerentes sejam honestos consigo mesmos e avaliem e reclassifiquem cada oportunidade existente em seus funis e *pipelines*. Quando vendedores classificam suas oportunidades contra os novos *milestones*, muitos descobrem que oportunidades propensas a obter uma medalha de prata são eliminadas de suas previsões – rapidamente.

Freqüentemente, após nossos *workshops*, nossos clientes nos contratam para participarmos nesses tipos de sessões de reclassificação. Elas são normalmente realizadas via *conference call* entre o gerente do primeiro escalão, o vendedor e o consultor do CustomerCentric Selling. Uma sessão de 45 minutos para cada vendedor é programada durante os primeiros três meses após o *workshop*. Durante cada contato com o vendedor, são revisadas as três principais oportunidades. No primeiro mês, o consultor CustomerCentric Selling é o que mais fala. (Especialmente durante o primeiro mês, é muito mais fácil para um consultor CustomerCentric Selling desqualificar oportunidades, pois ele não tem qualquer interesse envolvido.) A segunda sessão é mais um compartilhamento de idéias entre nosso consultor e o gerente de vendas. O gerente de vendas do cliente conduz a terceira sessão, com o nosso consultor funcionando essencialmente como uma rede de proteção.

Na maior parte dos casos, o valor global do *pipeline* é reduzido de 50% a 80%. Isso não significa que 20% a 50% das oportunidades sejam totalmente removidas. Contrariamente, fica claro que as oportunidades se encontram no nível A ou M. Quando examinamos o valor do *pipeline*, somente vemos as oportunidades classificadas como AV, que têm sido qualificadas até o ponto de terem alguma visibilidade na data potencial de fechamento. A missão do vendedor é transportar o maior número de oportunidades possíveis até um nível em que o gerente possa graduá-las como C, ou – idealmente – um AV. Quando oportunidades existentes são qualificadas com um *status* AV, algumas das atividades de vendas já foram executadas. A Seqüência de Eventos é mais curta, à medida que as atividades remanescentes se somam para preencher os vazios, contrariamente a iniciar com um novo *prospect*.

Para resumir: na avaliação e no desenvolvimento de vendedores, defendemos que os vendedores definam um processo e se atenham a ele. O método CustomerCentric Selling apresentado neste livro é uma abordagem eficaz. Ele começa com o posicionamento consistente das ofertas (com a utilização dos Solution Development Prompters), e continua por todo o desenvolvimento dos profissionais de vendas – que, no caso dos vendedores, é o trabalho dos gerentes de vendas. Muitas das mesmas técnicas que tornam um *pipeline* visível e previsível também contribuem para melhorar o desempenho da força de vendas – mas, somente se o gerente de vendas entender e aceitar essa responsabilidade.

CAPÍTULO 17

Impulsionando Faturamento Via Canais

NOS ÚLTIMOS ANOS, muitas organizações decidiram complementar suas forças diretas de vendas com, ou mesmo confiaram exclusivamente em, canais de vendas para impulsionar seus faturamentos. Essas organizações indiretas incluem revendedores de valor agregado (VARs – *value-added resellers*), distribuidores e parceiros, a quem vamos referir-nos coletivamente como "canais".

Esses vendedores não são funcionários das empresas cujas ofertas representam e vendem. A Microsoft é um dos exemplos mais notáveis de sucesso em impulsionar uma alta porcentagem de seus negócios do setor não-varejista por meio de canais. Esses canais não apenas promoveram uma presença nas vendas, mas também possibilitaram que a Microsoft minimizasse a contratação de pessoal de suporte técnico para auxiliar nas implementações. Essa abordagem tem sido muito diferente da de muitas outras empresas de tecnologia, que agregaram, como funcionários diretos, equipes de suporte.

Conseguindo uma Cobertura Apropriada

Para as empresas que estão pretendendo utilizar tanto vendedores diretos como indiretos, um dos desafios que se apresenta é definir a quem deverão ser atribuídos os segmentos de mercado no sentido de maximizar a cobertura e minimizar conflitos. Trabalhamos com um cliente que vendia software com preços variando de menos de US$ 10 mil a mais de US$ 500 mil, e que utilizava tanto a abordagem direta como a indireta de vendas. Auxiliamos na definição de sua cobertura desejada trabalhando com base no diagrama exibido na Figura 17.1.

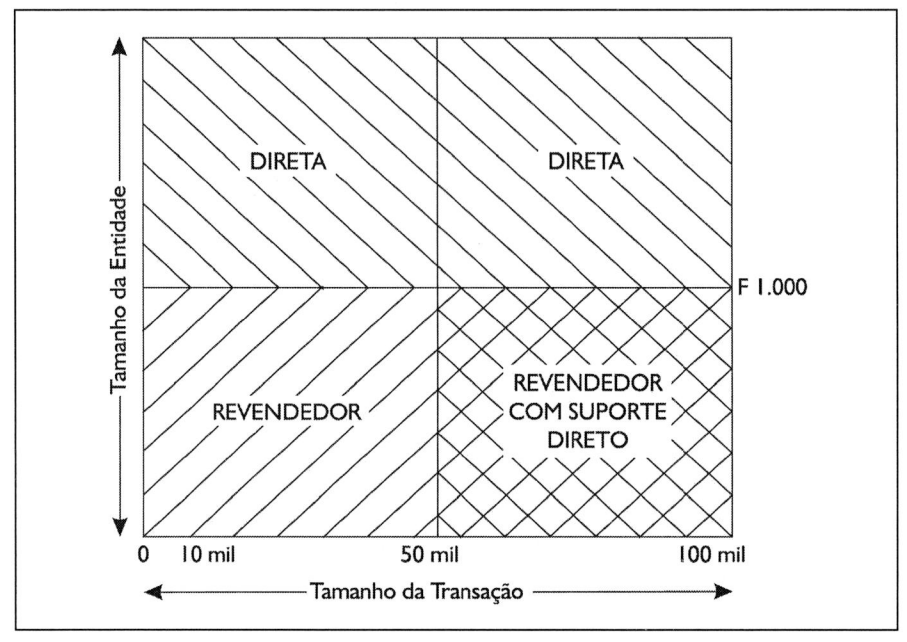

Figura 17.1 Cobertura Desejada

Os critérios utilizados para determinar responsabilidades eram o tamanho da conta no eixo y (com as 1.000 companhias ranqueadas pela *Fortune* como princípio) e o tamanho da oportunidade no eixo x, em que as ofertas de US$ 50 mil ou superiores foram designadas como as oportunidades mais importantes, e as abaixo de US$ 10 mil foram tratadas exclusivamente pelo telefone. Todos estavam confortáveis com suas estratégias, e concordamos que isso tinha sido bem estudado.

Após definirmos coletivamente a cobertura desejada, a próxima pergunta lógica a fazer era: "Como é a situação real da cobertura no campo?". Reinou silêncio durante alguns instantes. Finalmente, o executivo mais sênior da empresa presente na sala de reuniões adiantou sua opinião – subseqüentemente endossada por todos – de que a cobertura mais abrangente situava-se no quadrante das contas não-pertencentes às 1.000 empresas da *Fortune*, abaixo do valor de US$ 50 mil (veja a Figura 17.2).

Discussões posteriores trouxeram à tona o fato de que a maioria dos vendedores da empresa (tanto diretos como indiretos) era composta de engenheiros que, essencialmente, sentiam-se mais à vontade contatando engenheiros – que, na maior parte das vezes, não eram os tomadores de decisão.

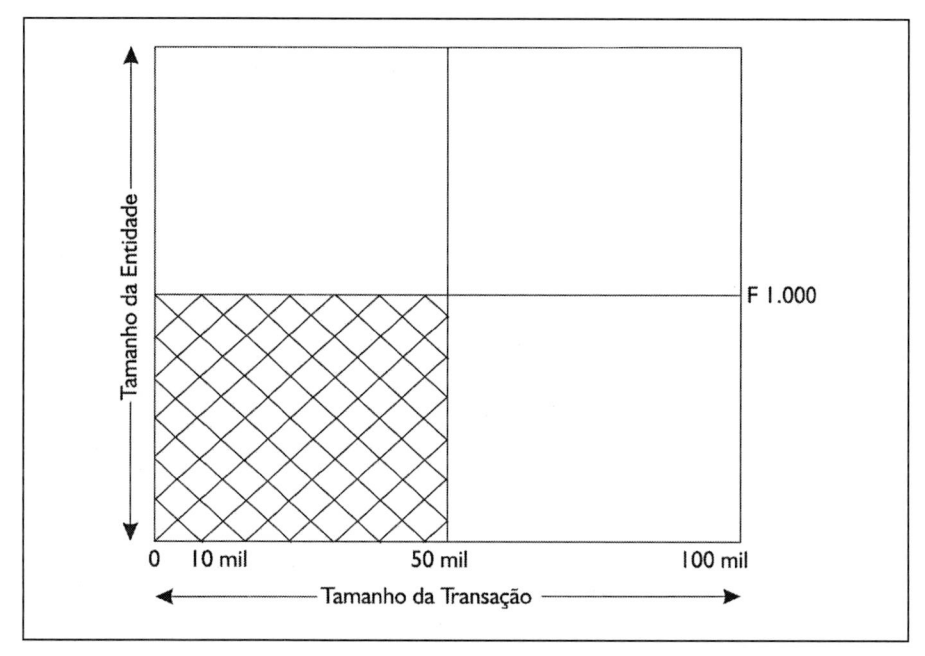

Figura 17.2 Cobertura Real

De forma bastante interessante, seus vendedores diretos estavam sendo "atropelados" pela predominância das vendas realizadas pelo canal. Na realidade, em alguns casos, os vendedores diretos conseguiam atingir suas cotas embora fechassem pouco ou nada por seus próprios méritos. Gradualmente, foi emergindo que os problemas fundamentais da empresa residiam em duas áreas. O primeiro problema era que seus vendedores diretos não sabiam posicionar as ofertas a executivos que não possuíssem formação técnica. Foram utilizados o Sales-Ready Messaging e um processo de vendas para tratar essa questão.

O segundo problema era a inconsistência e o conflito entre a cobertura desejada e o plano de remuneração. Embora a gerência possa revelar suas intenções, o melhor meio de influenciar o comportamento de um vendedor é o de reforçá-lo com uma estrutura de comissões. Parte da razão para decidir sobre a implementação de um canal indireto devia-se à diminuição dos custos de vendas. Mas, na sua situação atual, a empresa estava, na verdade, pagando comissões em duplicidade, ou seja, tanto para os vendedores diretos como para os indiretos, na maior parte das transações.

Ao implementar nossas recomendações, os vendedores diretos deixaram de ser gradualmente superados pelas vendas executadas pelo canal num período de 6 meses. Passada essa fase, a estrutura do plano de comissões estimulou-os a tentarem somente as contas das 1.000 empresas da *Fortune*. Quando alguns desses vendedores diretos não estivessem dispostos ou eram incapazes de desenvolver esforços para vender no nível corporativo, eles eram estimulados a se incorporar aos VARs, de modo que pudessem continuar a vender dentro de suas zonas de conforto, ou seja, para oportunidades pequenas e médias. Ao canal foi concedida uma estrutura diferente de remuneração, recebendo 100% de comissão pelas vendas às contas não-ranqueadas entre as 1.000 da *Fortune*, e que não requeriam suporte de vendas do fabricante. Eles poderiam solicitar suporte em vendas superiores a US$ 50 mil, mas nesses casos recebiam somente 80% de suas comissões de vendas.

Quem é o Responsável?

É essencial que o plano de remuneração de uma organização de vendas reflita os objetivos da gerência. No entanto, mesmo nos melhores casos, o controle que os fornecedores podem exercer sobre canais é tênue quando comparado com o exercido sobre uma força direta de vendas. Eles devem tentar influenciar sem ter autoridade. O controle de canais é difícil devido a muitos fatores, inclusive:

1. A maioria dos revendedores de valor agregado (VARs) representa as ofertas de diversas companhias.
2. Algumas empresas podem concorrer com seus próprios canais em certas oportunidades na tentativa de obter o negócio diretamente.
3. Os interesses dos revendedores de valor agregado vêm em primeiro lugar. Os relacionamentos são melhores quando as ofertas do fabricante estão alinhadas com a estratégia comercial e a *expertise* dos revendedores. Se o negócio principal do revendedor for o de serviços de consultoria, ele concentrará a maioria de seus esforços de vendas nessa área. Para essas empresas, a representação de produtos pode ser vista como um meio de gerar oportunidades de consultoria. Outro tipo de revendedor pode querer gerar um maior volume de vendas de produtos e ter pouco ou nenhum interesse por consultoria.

4. Os revendedores que representam várias empresas geralmente focam nas ofertas do fabricante que sejam mais fáceis de comercializar em um determinado período (ou seja, o produto *quente*).

5. Os métodos de vendas são deixados praticamente a critério dos revendedores, indicando, nesse caso, que os fabricantes estão cedendo a experiência do cliente a vendedores individuais que não trabalham diretamente para eles.

6. Alguns VARs guardam relacionamentos com um grupo relativamente fixo de clientes, e talvez não demonstrem muito esforço no sentido de procurar, ativamente, novas contas.

É comum termos um projeto ou uma execução ineficiente das estratégias para canais, que – dadas as circunstâncias anteriormente listadas – não deve constituir surpresa. Empresas que implantam canais indiretos podem deixar de perceber isso, além de, ao repassarem suas ofertas, estão inadvertidamente entrando na mesma atividade do CustomerCentric Selling, ou seja, dar treinamento de vendas aos seus parceiros de negócios. A maioria delas não está comprometida com esse desafio, pois, independentemente dos treinamentos que oferecem, tratam suas ofertas como substantivos.

Aplicando Princípios do CustomerCentric aos Canais

Da mesma maneira que muitos vendedores diretos lidam com ofertas, muitos *gerentes de canais* – ou seja, as pessoas na organização responsáveis pelo recrutamento e suporte dos canais – são culpados por adotar a mesma abordagem. Acreditamos, no entanto, que os princípios do CustomerCentric Selling podem ser aplicados a canais, e gostaríamos de discutir como a metodologia poderia ser utilizada para capacitar a visualização pelos parceiros de negócios de como é possível aumentar seus faturamentos. Cremos que o recrutamento de revendedores de valor agregado pode ser confinado a metas de negócios, e, portanto, a conversações.

Os contatos em níveis mais altos são decisivos no recrutamento de parceiros de negócios. A decisão de agregar ou modificar a lista de empresas representadas por um revendedor pode custar recursos e volumes de dinheiro significativos. A maioria desses revendedores é composta por organizações relativamente pequenas. Sempre que possível, o contato com o proprietário da companhia minimiza a burocracia, possibilita um avanço na qualificação e encurta o ciclo de vendas. Para obter o *mindshare* e ficar alinhado com o comprador, o esforço inicial é convencer o dono da empresa de que ele pode aumentar seus lucros se representar sua empresa e suas ofertas. Esse ponto é crítico quando se tenta recrutar revendedores de valor agregado que representam um grande número de empresas. Apresentamos a seguir um menu de Conversas Dirigidas para o proprietário de uma VAR que vende software e serviços:

- Melhorar as margens.
- Fazer boas apostas tecnológicas.
- Melhorar o retorno sobre o investimento nos relacionamentos com fornecedores.
- Combinar ofertas com suas competências essenciais e com sua base de clientes.
- Otimizar o *mix* de serviços e produtos.

Em um contato inicial, deve ser feita uma tentativa para estimular o proprietário de uma empresa que não está procurando por mudanças (a lista de empresas que o negócio representa) para que ele considere acrescentar sua empresa à relação de representações. (Nesse momento, imaginamos que você reconheça uma boa parte dessa linguagem e abordagem.) Sugerimos sensibilizar o revendedor de valor agregado de que é necessário substituir um fabricante existente na sua lista de representados – presumivelmente aquele que não tem contribuído muito com os resultados. Os proprietários dessas revendas têm uma capacidade limitada no que se refere ao número de fabricantes que representam. Sob a perspectiva de um revendedor de valor agregado, a otimização dessas empresas levará ao melhor resultado. Portanto, seu trabalho é demonstrar que sua empresa faz parte da otimização desse cenário.

Exemplos de características que o proprietário de uma VAR poderia achar atraentes em uma empresa e suas ofertas incluem:

1. Uma participação "expressiva" no mercado (por exemplo, *e-commerce* em 1998 ou CRM, em 1999).
2. Uma oferta exclusiva que poucos ou nenhum fornecedor tenha.
3. Uma oferta que seja complementar às ofertas já existentes utilizadas por sua base de clientes.
4. Uma oferta que seja uma boa candidata para alavancar negócios extras com seu *mix* de clientes.

5. Um produto com um alto índice de serviços de acompanhamento (SAP, PeopleSoft etc.) se o seu foco for voltado para serviços profissionais.
6. Margens ou planos de comissões atrativos.

O gerente de canais no recrutamento de parceiros de negócios deve procurar determinar que características representam seus pontos fortes e criar um menu de potenciais metas e Casos de Sucesso que irão, mais efetivamente, posicionar a empresa. Ao fazer primeiro um diagnóstico, o proprietário da empresa pode adquirir uma visão sobre os benefícios de se estabelecer um relacionamento.

Assim que você obtete a atenção de um proprietário que acredita que pode melhorar os resultados do negócio se for seu parceiro, a etapa seguinte é lhe dar uma noção de como ele será bem-sucedido. Particularmente para ofertas com grau de complexidade de médio a alto, é importante o suporte dos canais. Novamente, considere fazer uma lista do que você tem em mãos para oferecer a seus parceiros. Eis aqui uma relação parcial:

1. Reconhecimento da marca.
2. Campanhas publicitárias e promoções.
3. Equipe de vendas em local disponível para fazer contatos conjuntos.
4. Instrução e treinamento aos parceiros e clientes.
5. Suporte de vendas.
6. Geração de oportunidades.
7. Site na Web ou intranet para responder às perguntas mais freqüentes (FAQs).
8. Programas de *marketing* e suporte (regional e nacional).
9. Suporte técnico local.
10. *Hotline* 24 horas por dia, nos 7 dias da semana.
11. Posicionamento rápido quanto a pedidos colocados.
12. Disponibilidade de oferecer territórios exclusivos.

Da mesma forma que há uma tendência de os vendedores "despejarem" opiniões, vários gerentes de canais informam aos potenciais parceiros o nível superior de suporte que eles receberão. No entanto, muitas dessas revendas já são "gatos escaldados"; elas recordam que embora relacionamentos passados parecessem atrativos no processo de vendas, eles, no final, transformavam-se em uma série de promessas quebradas e expectativas não cumpridas. Posicionar seu proposto suporte para o nível dos cenários de uso será proveitoso para assegurar que ambas as partes estão operando harmoniosamente.

Assim que os compradores acreditarem que podem melhorar seus resultados financeiros e entenderem qual será o suporte disponível, a última área para discussão é a utilização das ofertas efetivas. Isso vai requerer recursos de ambas as partes. Geralmente, diversas tentativas de recrutamento se iniciam com um produto que serve toda a base de clientes. Sim, em última análise, os produtos têm de ser o ponto central das atenções – mas somente depois que você ganhou o *mindshare* a respeito do valor de se fazer negócios, e tenha ajudado a definir o suporte que o parceiro vai precisar (e que você pode prover).

Consertando Canais Quebrados

Nos estágios iniciais da vida de uma companhia, os esforços de recrutamento geralmente se concentram mais na quantidade do que na qualidade dos parceiros de canais. No entanto, eventualmente, o ponto principal da agenda tem de ser a qualidade. Análises sobre a contribuição de cada parceiro de canal tendem a mostrar que se aplica uma regra de 90/10. Em outras palavras, a geração de 90% da receita bruta se deve a 10% de seus parceiros de negócios.

A fim de estimular VARs competentes e (potencialmente) motivar os de fraco desempenho, é prática comum definir três ou mais níveis de parceiros, conforme estabelecido pelos limites de faturamento. As designações platina, ouro e prata se tornaram padrões na arena da tecnologia. Quanto mais alta a designação, melhor o tratamento, que poderá incluir abatimentos, verbas cooperadas de *marketing*, maiores índices de desconto, prazos de pagamento mais favoráveis, acesso antecipado a novos produtos, e assim por diante. Muitos fabricantes que utilizam canais indiretos constatam que podem aumentar seus lucros se forem capazes de se concentrar nos parceiros com os melhores desempenhos. Todavia, a tentativa de reduzir a lista pode criar uma situação delicada, especialmente se um parceiro com fraco desempenho tenha sido uma das primeiras empresas que concordou em se tornar um revendedor de valor agregado.

Supondo o sucesso no recrutamento de um canal que lhe proporcionará uma representação desejada no mercado, você ainda enfrenta os seguintes desafios quando trabalha por meio de representação indireta:

1. Ganhar *mindshare* sobre que porcentagem de recursos alocar às suas ofertas.
2. Tornar suas ofertas mais fáceis de vender do que as de outros fornecedores.
3. Atingir um posicionamento consistente de suas ofertas no mercado.
4. Qualificar oportunidades antes da destinação de recursos.
5. Prever faturamentos brutos apesar de já terem sido transferidos dos vendedores.

Novamente, acreditamos que essas e outras questões podem ser abordadas pela integração do processo de vendas com o Sales-Ready Messaging.

Tanto os profissionais de vendas diretos como indiretos exibem uma tendência de seguir a trajetória da mínima resistência. Se um fornecedor consegue facilitar a venda de suas ofertas, com todas as outras coisas sendo iguais, é plausível que os revendedores concentrem um volume desproporcional de esforços nesse produto. Anteriormente, abordamos o desafio enfrentado por um vendedor que entra em uma empresa para posicionar as ofertas de seu empregador. No caso de um revendedor de valor agregado representando dez ou mais empresas, o desafio é assombroso. Seria virtualmente impossível para um vendedor entender completamente e desenvolver posicionamentos para mais de uma dezena de produtos. Além disso, é certo, os vendedores diretos não são os únicos que mostram relutância ou inabilidade – por exemplo – no contato com tomadores de decisão.

Por todas essas razões, e outras mais, defendemos encontrar meios de oferecer às forças de vendas indiretas parte do, ou o mesmo, treinamento recebido pelos vendedores diretos. As razões devem ficar claras nesse momento: assim que um revendedor entende como executar um Solution Development Prompter (SPD), ele desenvolve a habilidade de ter diálogos com cargos-alvo em segmentos verticais específicos. Entendemos que as empresas que oferecem o treinamento CustomerCentric Selling e Solution Development Prompters personalizados apresentam as seguintes vantagens:

1. Elas facilitam a comercialização de suas ofertas e, portanto, ganham *mindshare*.
2. Atingem um posicionamento mais consistente, e o fabricante pode influenciar a experiência do cliente.

3. O treinamento sobre produtos se transforma no treinamento de utilização dos mesmos via SDPs e toma, consideravelmente, menos tempo, esforço e dinheiro. Ao construir a estrutura do Sales-Ready Messaging em torno de novos anúncios, o canal é capaz de atingir efetivamente seus objetivos e, consistentemente, posicionar suas ofertas. O pré-requisito seria ter os profissionais do revendedor de valor agregado dominando a visão do desenvolvimento do processo CustomerCentric Selling.

4. Depois do treinamento de um revendedor de valor agregado, agora há um vocabulário consistente e um conjunto de perguntas que habilitam o gerente de canais a ajudar na decisão sobre quais oportunidades serão qualificadas e, portanto, merecedoras de suporte e recursos de vendas.

5. Se houver suficiente nível de confiança de que o revendedor de valor agregado está oferecendo visibilidade do funil, o gerente de vendas tem um modo de prever seus faturamentos com mais precisão.

6. Se todos estiverem alinhados, é mais fácil segmentar territórios e resolver com inteligência os inevitáveis conflitos entre canais, quer eles sejam entre os próprios revendedores, quer sejam entre os revendedores e as empresas que representam.

7. O treinamento pode ser usado como um "incentivo" para os revendedores de valor agregado que geram faturamentos adequados – um modo de aumentar seus desempenhos enquanto estão sendo subsidiados pelas verbas cooperadas da empresa. No caso dos parceiros com desempenho abaixo do esperado, ele pode ser usado como um "cutucão" – no sentido de que, para continuar a parceria, eles devem investir no treinamento, provavelmente às suas próprias custas.

8. O Sales-Ready Messaging personalizado para novos VARs, bem como para as ofertas recém-lançadas, pode capacitá-los a fazer contatos efetivos com uma menor curva de aprendizado.

Acreditamos que as organizações que conseguem uma implementação bem-sucedida do CustomerCentric Selling podem modificar o modo como seus vendedores e seus revendedores de valor agregado trabalham em uma vantagem competitiva. Ampliando esse conceito, acreditamos que o CustomerCentric Selling pode dar às empresas que utilizam canais indiretos uma vantagem que se estende muito além de suas ofertas, margens, campanhas publicitárias etc.

MICHAEL T. BOSWORTH • JOHN R. HOLLAND

Muitas companhias optaram por impulsionar faturamento via canais sem entender completamente como integrar treinamento do produto e o processo de vendas. Sob a perspectiva de um executivo sênior, a sedução de menores custos de vendas, menos funcionários diretos, cobertura expandida etc., de modo geral, tem confirmado ser de difícil resistência. Mas posicionar as ofertas, conforme discutimos anteriormente, foge muito ao escopo de um profissional tradicional de vendas, quer direto, quer indireto. Um plano de remuneração que reflita as metas de um fabricante, o Sales-Ready Messaging e um processo de vendas capaz de repetir etapas aumentam enormemente a probabilidade de alavancar o sucesso dos canais.

CAPÍTULO 18

Da Sala de Aula
à Reunião da Diretoria

VÁRIOS CONCEITOS DISCUTIDOS EM LIVROS E EM SALAS DE AULA parecem viáveis até, que se prove, não funcionarem em situações de negócios. Um estudante de engenharia passa semanas aprendendo a fazer cálculos de resistência de materiais para simular condições do mundo real. Muitos formandos desiludidos constatam no campo que essa abordagem raramente é utilizada porque os resultados não refletem a realidade. No trabalho, você faz uma previsão com base na fase de projeto, constrói uma unidade de teste, submete-a à tensão e à deformação, e reforça os componentes que falharam. Tendo dito isso, gostaríamos de sugerir um manual orientativo para a implementação do processo de vendas CustomerCentric Selling.

A diferença entre o ensino e o treinamento é a prática. Em nossos *workshops*, acontece uma real transferência de habilidades durante a dramatização (*role playing*). Quando concluímos nossos *workshops*, enfatizamos o reconhecimento de que os participantes e os *coaches* despenderam esforços significativos, mas que tudo que consumamos foi só treinamento. Os executivos seniores nos contratam porque eles desejam implementar um processo de vendas. Treinamento é um evento durante o qual são conferidas habilidades. A expressão "pegue-o ou largue-o" poderia ter sido criada para descrever as encruzilhadas com que os vendedores tradicionais se deparam quando completam um de nossos *workshops*. Mudar hábitos de vendas que ficaram arraigados durante 5, 10, 15 ou mais anos, é uma tarefa assustadora.

Quando implementado com sucesso, o processo de vendas se torna parte da cultura da empresa que o adotou e, em última análise, modela a experiência do cliente. A implementação do processo requer grandes esforços dos departamentos de Vendas e Marketing, mas exige também envolvimento e suporte por parte dos executivos seniores, idealmente até do CEO, para completar seu pleno potencial. Programas de *marketing*, folhetos, sites na Web e desenvolvimento de produtos, para citar apenas algumas áreas, devem mudar para se alinharem com os novos conceitos e métodos introduzidos pelo CustomerCentric Selling.

A possível recompensa para empresas que implementarem com sucesso um processo de vendas é enorme, mas estaríamos colocando expectativas irrealistas afirmando-lhe que isso será fácil. Nós dois tivemos ocasiões em que recusamos oportunidades, pois a falta de suporte gerencial virtualmente asseguraria que o processo deveria ser conduzido pela área de treinamento.

Chave para a Implementação

Os gerentes do primeiro escalão são os elementos mais importantes na implementação do CustomerCentric Selling. Vendedores tradicionais têm relutância em mudar. Falta a muitos deles a automotivação de tentar algo novo. Outros têm medo. Aqueles que tentam e não obtêm resultados imediatos são, lamentavelmente, tentados a retornar aos seus velhos e familiares hábitos. A maioria dos vendedores necessita do suporte de seus gerentes para efetuar a migração da condição de vendedores convencionais, ou centrados no cliente, para se tornarem vendedores CustomerCentric. Duas questões a considerar caso você esteja indeciso:

1. Você preferiria essa abordagem se estivesse no outro lado da mesa de negociação, na qualidade de comprador?
2. Qual seria a sua taxa de êxito quando concorresse com um vendedor capaz de executar o CustomerCentric Selling?

Os gerentes de vendas devem aprender e apoiar o processo. Suas ações falam mais alto do que suas palavras. Suporte verbalizado para o processo soa vazio se eles não utilizarem a metodologia nos contatos com seus vendedores. Se fracassarem nessa ação, enviarão mensagens erradas aos seus subordinados diretos. Os profissionais de vendas são como seus filhos, pois eles são difíceis de enganar. O comportamento de um gerente, muito mais do que suas palavras, modela o comportamento do vendedor.

Abordagem Sugerida

A fim de ganhar aceitação e suporte dos gerentes, o processo de vendas (diferentemente dos cálculos de engenharia) tem de coincidir com o ambiente de vendas do mundo real. Eis aqui algumas sugestões de como avaliar ainda mais o CustomerCentric Selling:

1. Envie uma equipe composta de três pessoas a um *workshop* de CustomerCentric Selling aberto ao público. Isso proporciona as seguintes vantagens:
   - Possibilidade de verificar se a metodologia se ajusta à sua organização.
   - Uma base a partir da qual é possível discutir modificações necessárias ao processo e ao conteúdo do curso.
   - Os participantes desses *workshops* podem servir como *coaches* (auxiliares de instrução) nas dramatizações (*role playings*) se a empresa optar por fazer *workshop(s)* interno(s).
   - Poderá ser determinado o alcance dos esforços na criação do Sales-Ready Messaging (Mensagens Dirigidas para Vendas).
2. Defina os diferentes tipos de venda que devem ser tratadas pelo processo, conforme descrito no Capítulo 5. Se as etapas definidas para uma determinada venda não refletirem a realidade, seu vendedor resistirá à implementação do processo. Sugerimos expressamente integrar os *milestones-padrão* descritos no Capítulo 15 com os seus marcos personalizados.
3. Crie Listas de Conversas Dirigidas para as ofertas e os mercados verticais. Assim que os cargos forem determinados, crie uma lista de potenciais metas de negócios para cada um deles. Isso determinará o escopo do esforço para apoiar sua equipe de vendas na realização de contatos com as pessoas-chave.
4. Crie uma biblioteca de Mensagens Dirigidas para Vendas para "carregar os lábios" de seus vendedores. Ela deve incluir Sales Development Prompters, Casos de Sucesso, roteiros telefônicos, e assim por diante. Falhar nessa tarefa significa que não estamos executando o processo. Vendedores contatando pessoas-chave sem o Sales-Ready Messaging não têm outra saída a não ser improvisar. Os resultados destes contatos transformam-se nas opiniões dos vendedores (veja o Capítulo 2). Nessas situações, não há chances de qualifica-

ção e, conseqüentemente, de se avaliar a qualidade do funil e, por fim, do *pipeline*.

5. Se possível, envie seus gerentes para participarem de um *workshop*, inicialmente como alunos. Essas são as pessoas mais importantes para o sucesso do processo de vendas. Isso lhes possibilita duas exposições à metodologia: a primeira vez como aluno e a outra como *coach* na dramatização (*role playing*) se você optar em ter um *workshop* interno customizado. Em termos de comprometimento, a visão de seus gerentes no fundo da classe transmite uma forte mensagem aos outros participantes.

6. Treine seus vendedores e as demais pessoas que modelam a experiência do cliente. A maioria de nossos clientes opta por treinar pessoas dos departamentos de Suporte ou Produto, que também fazem contatos com vendedores. Como essas pessoas detêm também o conhecimento sobre o negócio e a utilização do produto, mas não têm experiência (bagagem?) em vendas, muitas delas "se ligam" ao nosso processo como "patos quando vêem água". Para aqueles em sua organização que não estão fazendo contatos com clientes, mas que necessitam entender os conceitos, podem ser desenhados programas personalizados.

7. Após o *workshop*, reclassifique honestamente os funis existentes. Prepare-se para muitas surpresas. O valor do funil de cada vendedor provavelmente será reduzido entre 50% e 80%. É preciso ter estômago forte, mas quanto mais cedo o gerente e o vendedor disponibilizarem o funil que reflita a realidade, mais cedo eles saberão o que deverá ser feito para elevá-lo aos níveis em que ele sustentará a realização das cotas. Na qualidade de CEO, CIO ou vice-presidente de Vendas, adote a mesma atitude de uma biblioteca que oferece um programa de anistia: devolva seus livros (mesmo se você tivesse retirado o volume *O Vento Levou* em 1986), e não haverá multas. Apenas queremos os livros de volta. Isso é o mesmo que dizer: sem recriminações, este é um novo dia. Vamos eliminar as propostas paralisadas, as inutilidades e as oportunidades ociosas de seus funis, e de seu *pipeline*. Em lugar de a gerência sênior retirar oportunidades de um *pipeline* não realista, queremos que o vendedor e o gerente efetuem controles de qualidade com muito mais rapidez durante o processo.

Os gerentes de vendas são responsáveis por permitir que oportunidades entrem no funil de um vendedor e pelas suas classificações, se elas avançarem. Os gerentes agora compartilham a responsabilidade por aquelas perdas que levaram diversos meses durante a execução da Seqüência de Eventos, com a qual concordaram em prosseguir em diversos pontos de controle.

8. Durante os primeiros 90 dias, os gerentes devem trabalhar com seus vendedores para obter o maior número de oportunidades possíveis que permanecem no funil reclassificadas com um *status* AV (Capítulo 15). Quando o vendedor obtiver acesso a todas as pessoas-chave e conseguir o consenso para a execução de uma Seqüência de Eventos, a visibilidade e a probabilidade de sucesso aumentam drasticamente. Muitos desses planos de avaliação pós-*workshop* são significativamente mais curtos do que os elaborados para os novos *prospects*, visto que várias das etapas já podem ter sido ao menos parcialmente finalizadas.

9. Revisar oportunidades com vendedores deve se transformar na regra. As perguntas existentes no Capítulo 12 tornam-se a base para discussão. Falando de modo geral, quanto mais extensas forem as respostas para as questões, mais tênue será a sua posição naquela oportunidade. Se as perguntas não puderem ser respondidas, o vendedor, com ou sem a ajuda do gerente, deverá fazer mais contatos com o comprador. Comece ainda a rastrear como o vendedor descobriu a oportunidade (proativa ou reativamente), pois cremos que essa é a variável particular mais importante na determinação da taxa de sucesso. Nossa experiência indica que 75% a 80% das medalhas de ouro conferidas vão para o vendedor que iniciou a oportunidade como Coluna A.

10. Considere a participação de sua equipe de gerentes no *Workshop* de Gestão do CustomerCentric Selling. Esse programa de 2 dias aborda o gerenciamento de funis e *pipelines* e a avaliação e desenvolvimento de vendedores. Ele equivale a um *workshop* prático para os tópicos cobertos nos Capítulos 15 e 16. Recomendamos marcar esse programa entre 2 e 4 meses após os vendedores terem participado dos *workshops*, para que os gerentes tenham alguma experiência do mundo real com a nova metodologia.

11. Qualquer processo de vendas deve cobrir mais de 90% das situações. O propósito de nosso processo de vendas é que os *gerentes* tomem decisões sobre exceções. Existirão RFPs para as quais você percebe que será um medalha de prata, mas para a qual você optou em responder. Esta deve ser uma decisão do gerente, e, por

favor, seja realista sobre a probabilidade atribuída, pois ele muito provavelmente não rastreará RFPs em que você entrou desconhecendo que há uma comparação de ofertas em jogo e que o processo não está efetivamente aberto.

12. Revise planos de remuneração para verificar se eles suportam seus objetivos. Empresas com ciclos de vendas longos devem considerar uma alternativa para a difícil situação de deixar uma oportunidade (recuperável/não-recuperável). Após 2 meses no território, qual o motivo de não conceder bônus aos vendedores recém-contratados se eles atingirem os princípios dos *milestones* predeterminados? A realização dos *milestones* deve ser supervisionada pelos gerentes de vendas através da análise de *prospects* e da correspondência de clientes.

    Alguns clientes do CustomerCentric Selling mantêm seus representantes de vendas experientes ansiosos em terem uma comissão sobre seus salários-base quando atingem a meta AV do funil numa base contínua.

13. Quando novas ofertas estiverem em desenvolvimento, crie menus de metas para as pessoas-chave como uma forma de controle para minimizar as chances de introduzir um produto que ainda esteja em fase de pesquisa no mercado. Às vezes, os compradores do mercado pioneiro não abandonam você, ou não conseguem abandoná-lo, resultando na "destruição" de produtos e não em suas "decolagens". Ao introduzir uma nova oferta, atue para que a criação do Sales-Ready Messaging seja parte dos custos de desenvolvimento. Talvez você seja capaz de realocar verbas de seu orçamento de treinamento de produtos.

14. Uma ou duas vezes ao ano, revise seus ganhos e suas perdas mais importantes, juntamente com sua posição competitiva. O processo de vendas e o Sales-Ready Messaging representam muito mais uma jornada do que um destino. Por favor, esteja ciente de que o que funcionou há 10 meses pode precisar de pequenas alterações. Em vendas, o panorama está quase que em um fluxo constante.

15. Considere a contratação de consultores CustomerCentric Selling para ajudar no desenho e na implementação do processo de vendas. Com larga experiência de campo e tendo executado o processo em diversas organizações, eles podem proporcionar uma visão das melhores práticas do setor, além de dar opiniões objetivas de quem está de fora.

Fazendo de seu Processo de Vendas uma Vantagem Competitiva

Em nossa experiência no trabalho, testemunhamos a maturação da tecnologia, pois ela se refere a, praticamente, todas as aplicações na área de negócios. São surpreendentes os avanços na contabilidade, manufatura e engenharia e nas aplicações de cadeias de suprimentos. Assim como podemos saber mais sobre a Lua do que sobre as regiões oceânicas mais profundas existentes na Terra, o segmento de Vendas (talvez a aplicação de negócios mais essencial) tem resistido muito à implementação de tecnologia porque não tem sido codificado em um processo repetível. Acreditamos que o CustomerCentric Selling pode habilitá-lo a eliminar esse obstáculo.

Empresas gastam quantias incalculáveis de dinheiro se esmerando em suas ofertas até o ponto em que elas têm de ser percebidas como vantagens sobre outras no seu espaço de mercado, unicamente para, em algumas ocasiões, ficarem desapontadas com seus resultados. Tomando como exemplo o negócio de *mainframes* da IBM, há alguns anos suas ofertas raramente eram consideradas as mais velozes, a de tecnologia de ponta ou as mais baratas. Ela, no entanto, efetivamente fez um trabalho maravilhoso acessando os níveis executivos de seus clientes, que, em geral, estavam um ou dois patamares acima daqueles contatados pelos seus competidores, para ganhar a preferência das pessoas-chave nas questões de negócios.

Esperamos que, após ler este livro, você tenha adquirido uma nova visão sobre Vendas e a esperança de que podem ser aplicadas melhores práticas para modelar a experiência de seus clientes. Quando perguntados sobre a razão mais comum pela qual os vendedores perdem, dizemos sem hesitação: eles foram superados nas vendas. Embora a implementação de um processo de vendas seja difícil, as possíveis recompensas de transformar o modo como sua organização vende em uma vantagem competitiva são virtualmente ilimitadas. O CustomerCentric Selling pode fornecer os meios para você atingir essa vantagem.

Desejamos a você boa sorte, e boas vendas!

Índice Remissivo

A

Abismo (entre os mercados pioneiro e convencional), 38-39, 49-50

Abordagem da folha de papel em branco, 87-88

Abordagem de vendas de cima para baixo, 113, 186

Abordagem do "rifle", 157

Aceitação de mercado:
diálogos como acelerador da, 50
estágio do comprador pioneiro da, 31-36
estágio do comprador convencional da, 36-39
estágios da, 32

Acesso (a Pessoas-Chave), 194-195, 200

Acompanhamento, 146, 193-195

"Administrando um concurso de beleza", 212

Adversários, 187, 195-196, 198

Ajuda externa, 128

Ameaça do *bug* do milênio, 49

American Marketing Association, 13-14, 95

Análise sobre custo/benefício, 37

Análises comparativas, 37, 211

Analogia do golfe, 241-244

Anúncios em *banners*, 96

"Apagar Incêndios", 75-77

Apresentações, *versus* conversas (diálogos), 2-3

Aprovadores financeiros, 186

Aptidões (Habilidades), vendas, 247-252

Arrogantes, 78

Atitude mental do *Field of Dreams* (Campo dos Sonhos), 34

Auditabilidade, 73, 239

Automação, 29

Avaliação:
de oportunidades, 149-150
de ofertas, 130-131

Avaliação de vendedores, 244-258
falhas na, 244-246
e alavancagem da experiência do gerente, 227-232
desempenho *versus* domínio de habilidades na, 246-247
em sessões de reclassificação, 257-258
e habilidades de vendas, 246-247
e treinamento 241-244

Avaliando *status*, 232

C

Campeões (Defensores Internos):
  definição de, 186
  avaliação de, 230
  e bloqueios de funis, 251, 252
  qualificando, 189-195
Canais, 259-269
  quebrados, 266-269
  controle de, 262-263
  cobertura com, 259-262
  princípios do CustomerCentric Selling aplicados a, 263-266
  suporte de, 264-265
Capacitação (Habilitação), comprador, 8-9
Características (do produto):
  apresentação de várias, 118-119
  como irritação, 101-104
  lidando com, 19-21
  na forma de palavras, 101-102
Cargos (Posições), 113-115
  funções/responsabilidades associadas com, 16-17
  de Pessoas-Chave, 193-198
  e prospecção (sondagem), 158-159
Cargos, trabalho, 113-115
  de Pessoas-Chave, 195-198
  e prospecção, 160
Carta ao Campeão, 193-195
Cartas:
  ao Campeão, 189-193
  demanda criada com, 149
  perspectiva gerencial de, 249
  de reavivamento, 255-256
Cartões de resposta, 148
Casos de Sucesso, 141-143
  e *commodities*, 181
  criando biblioteca de, 273
  e bloqueios de funis, 249
  em prospecção (sondagem), 163, 164
  e qualificação de Pessoas-Chave, 18
  para revendedores de valor agregado, 264

CDs, 96
Cenários de uso:
  desenvolvimento da visão do comprador com, 183, 184
  perguntas diagnósticas para, 172
  características convertidas em, 119-121
  número de, 126
  e prospecção, 160
  seqüência de, 121
  para revendedores de valor agregado, 266
Cenários, uso, 104-108
Chief content officer (diretor de conteúdo), 95-96
Ciclo de existência (de uma oferta), 32-33, 50
Ciclos de compra, 127, 169
  Pessoas-Chave em, 198
  "mindshare" necessário para iniciação de, 139
  e zona dos 72%, 49
  visibilidade/controle de, 19
Clientes:
  resultados de custo/beneficio obtidos pelos, 12
  e marketing, 95
  como recursos, 160
Coaches, 186
Colaboração, 142
Colegas (Pares), 252
"Coluna A":
  e análises comparativas, 211-212
  competindo contra a, 133-138
  competindo para ser, 178-180
  e descontos, 218
  e oportunidades, 131
  e vendas proativas, 149-150
  e seminários, 145, 149, 150
  e solicitações de proposta, 198-199
Competência, 57-58
Comportamento centrado no cliente:
  fazendo perguntas no, 3

conversas no, 2-3
habilitando compradores no, 8-9
e gerenciamento, 7-8
diálogos sobre uso de produtos no, 5-6
foco de solução no, 4
visando tomadores de decisão no, 5
princípios do, 2-9
Comportamento focado na solução,
  versus focado no relacionamento, 4
Compradores:
  capacitação, 8-9, 57-58
  objetivos dos, 131-132, 139, 145
  qualificando (veja *Qualificação
    de compradores*)
  quantidade *versus* qualidade dos, 22
  e soluções, 62-63
Compradores do mercado pioneiro,
  31-36
  e inteligência artificial, 39
  e vendas centradas no cliente, 40
  compradores do mercado
    convencional *versus*, 46-47
  e zona dos 72%, 47
  e feiras de negócios, 143
Compradores do mercado
  convencional, 36-38
  marketing para, 46-47, 51
  e Seqüência de Eventos, 211-212
  e zona dos 72%, 47-50
Comprometimento (compromisso), 146,
  203-204, 211, 222, 230
Computer Associates, 76
Concessões, 222
Concisão, 159
Condições de mercado, 31
Configuradores de produto, 147
Conhecimento do setor, 17
Consenso, 251-252
Consistência, 12, 192, 261
Consultoria, 116, 127
Contas ativas, 230
Contas inativas, 230

Contatos conjuntos, 251-252
Conteúdo central, 92, 95-96, 116-117
Contratação, 15-17
Conversas (Diálogos), 43
  condições para efetivas(os), 112
  apresentações *versus*, 2-3
  Sales-Ready Messaging para
    facilitar, 111
  dirigidas(os), 84-85
  dirigidas(os) à utilização/
    a resultados, 5-6
Conversas Orientadas, 84-85, 113-115
Convites, palestras, 145-146
Credibilidade, 126, 162, 180
Crossing the Chasm (Geoffrey Moore), 6
Curiosidade, 102, 156, 163
CustomerCentric Selling (Vendas
  centradas no cliente), 1-10, 53-68
  aplicando, 271-277
  fazer perguntas para assistir o(as),
    56-57
  e soluções declaradas pelo
    comprador, 63-64
  e soluções descobertas pelo
    comprador, 62-63
  e fechamento, 66-68
  conceitos essenciais do(as), 54
  para tomadores de decisão, 59-60
  e diferenciação, 64-65
  para compradores dos mercados
    pioneiro e convencional, 49
  e emoção, 65-66
  capacitando compradores para ajudar
    no(nas), 57-58
  e *expertise*, 62-63
  objetivo como foco no(as), 61
  negociação para ajudar no(nas),
    58-59
  e classificação de oportunidades,
    50-61
CustomerCentric Selling Field Guide, 249
Customer Message Management
  Forums, 13, 95

D

Declarações de benefícios, 103
Defensiva, 216
Defensores Internos (veja Campeões)
Delegação, 55
Descontos/dar descontos:
   e "concessão" condicional, 224
   desesperados, 27, 75-77
   monitoramento de, 253
   sob negociação, 215-219
   e fechamento prematuro, 202
Descontos desesperados, 27, 75-77
Desenvolvimento de negócios (veja *Prospecção*)
Desenvolvimento de produtos, 92
Devida atenção e cuidado, 135-136
Diferenciação:
   e visão do comprador, 179, 180
   no CustomerCentric Selling, 64
   em negociações, 225-226
   e o efeito Pinóquio, 100
   com Modelos de Desenvolvimento de Solução, 127-128
   nas feiras de negócios, 143-144
Disciplina, 83
Documentação
   de reuniões com Pessoas-chave, 198
   de etapas do processo de vendas, 80-83
   de Seqüência de Eventos, 202
Dramatização *(Role playing)*, 249

E

Efeito Pinóquio, 100
E-mail:
   aos Campeões, 189-193
   criada demanda com, 149
   perspectiva gerencial do, 252
   marketing com, 96
   prospecção com, 161, 164-165
Emoção, 65-66
Ensino (instrução), 15-16
EQPA (veja *Evento, questão,* player, *ação*)
EQPA (*Evento, questão,* player, *ação*), 124, 173, 180
Erros, comuns em vendas, 216-217
Especialistas *(experts)*, 11
Especificidade, grau de, 120
Estrutura, 83
Estruturas organizacionais, 11
Executivo (termo), 159
Executivos seniores/gerenciamento, 112-113, 230
   e bloqueios de funis, 252
   motivação de, 196
   posse do processo de vendas pelos, 81-83
   fechamento prematuro acelerado pelos, 77
   vendendo a, 55
Expertise, 62-63

F

Faxes, 148-149, 161, 164-166
Fechamento:
   e a "concessão" condicional, 224
   fim do trimestre, 26-27
   prevendo data de, 228-229
   prematuro, 66-68, 77, 201-202, 216
   e Seqüência de Eventos, 209-210
Fechamento prematuro, 66-68, 77, 201-202, 216
Feedback (Retorno), 96-97, 127
Feiras de negócios, 143-145
Feitura de perguntas, 43
   diagnosticando problemas pela, 56-57
   dar opiniões *versus*, 2
   e postura, 219-220
   em feiras de negócios, 143-144
Folhetos, 139, 142
Forma de "ferir e socorrer", 147

Formulário de avaliação do fornecedor, 137
Funcionários de suporte, treinamento de, 273-274
Funções, trabalho, 113-114
Funis:
   analisando bloqueios em, 248-251
   gerenciando, 227-237, 247-248

G
Gartner Group, 82, 144
Gerenciamento:
   e comportamento focado no cliente: 7-8
   e fechamento prematuro, 67
   (Veja ainda *gerentes de Vendas; Executivos seniores/gerenciamento*)
Gerenciamento de *pipelines*, 227-237
Gerenciando *pipelines* e funis, 227-237
Gerentes de canais, 263-266
Gerentes de usuários, 186
Gerentes de vendas:
   campeões qualificados por, 189, 190, 191, 192, 195
   e CustomerCentric Selling, 272
   e documentação de seqüência, 201-203
   previsões por, 25
   no jogo do "bom tira"/"tira ruim", 217
   alavancando experiência de, 252-257
   e gerenciamento de pipelines, 152, 228
   e fechamento prematuro, 67
   qualificando compradores e, 185
   função (papel) dos, 149-150
   e Seqüência de Eventos, 208
   workshops para, 273

H
"*Hot buttons*" (temas mais quentes), 17

I
IBM, 18, 212, 277
Implementadores, 187-188
Informações técnicas, 140
Inovadores, 6, 33
Input auditável, 73
Input consistente, 73
Inteligência, 170-171, 184
Interação, vendas e marketing, 92-93
Interesse, 157-150
Internet, clientes na, 96-97
"Introdução", 196
"Inveja de resultados", 147-148

J
Jogo do "bom tira"/"tira ruim", 217
Jordan, Michael, 45

L
Leads (Indicações, Oportunidades):
   e publicidade/propaganda, 147
   e folhetos/materiais promocionais, 139-143
   na Coluna A, 134-138
   componentes de, 149-150
   cartas/faxes/e-mails para gerar, 148-149
   e marketing, 139-140
   papel do marketing na criação de, 129-150
   e seminários, 145-146
   e feiras de negócios, 143-145
Lista de Conversas Dirigidas, 117, 139, 141, 145, 194
Literatura complementar, 140-143

M
Manipulação, 8-9
Milestones de funil de vendas, 71
Marketing
   conteúdo essencial como responsabilidade do, 95-96
   para compradores do mercado pioneiro, 37
   retorno para o, 96
   interação entre vendas e, 92-94

e *leads*, 139
para compradores do mercado convencional, 36-38
objetivo do, 95
e solicitações de informação, 140
responsabilidade do, 12-15
papel do, 150
e Sales-Ready Messaging, 149
SDPs como responsabilidade do, 127
e arquitetura de vendas, 97-98
missão compartilhada de vendas e, 109
Caso de Sucesso arquitetado pelo, 142
e clientes da Web, 96-97
Marketing de produto, 91-98
Marketing estratégico, 91
Marketing tático, 13, 14, 91
"Melhores práticas", 28-29
Mensagens coerentes, 17, 21-22
Menus de metas ou problemas de negócios, 142, 146
e bloqueios de funis, 251
para Pessoas-Chave, 195
para novas ofertas, 275
e prospecção, 158, 160, 164
para VARs, 264
Método "sente, sentiram, descobriram", 103-104
Microsoft, 78, 259
Milestones (pontos de controle), 73
Milestones de funil, 228
Milestones do *pipeline*, 72, 79-80, 228, 229-230
"*Mindshare*", 139, 156
Modelos de desenvolvimento, 116-119
Moore, Geoffrey, 6, 32
Mudança, 46-47
e orçamentos, 149
e sondagem, 158
e seminários, 145-146

N
Não-tomadores de decisão, 216

Negociação, 58-59, 213-226
comparações entre maçãs e laranjas em, 225-226
"concessão" condicional e fechamento em, 225
desconto em, 215-219
efetiva, 222-223
etapas na, 226
compradores/vendedores tradicionais na, 214-215
Novas tecnologias, aceitação de, 32-33
Novos contratados, 15-17, 22
Novos produtos, 127
Números de linha grátis, 147-148

O
Objeções (à venda), 20-21, 103
Objetivos (Metas):
do comprador, 111, 130-131, 139, 144
focos nos(nas), 61
cargos e objetivos associados, 113-114
da gerência sênior, 112-113
em Casos de Sucesso, 141, 142
Objetivos (metas) compartilhados(as), 230-232
Onyx Software, 98
Opiniões:
prevendo com, 24-28
perguntas *versus* opiniões, 3
de vendedores, 21-24, 28-29
valor desigual de, 11
Oracle, 78
Orçamentos (Verbas):
e mudança, 149-150
e *leads*, 131-133, 138
e prospecção (sondagem), 158
Orientação, não-solicitada, 57
Ouvir (Prestar atenção), 220-221

P
Paciência, 43-44, 170-171, 184, 222, 243
Pares (Colegas), 249
Participação (do comprador), 57

Perguntas (Questões) diagnósticas:
visão do comprador desenvolvida com, 172-173, 180, 183
no Sales-Ready Messaging, 121, 122, 126, 127

Permutas *(Quid pro quo)*, 59, 194, 222, 231

Persistência, 196

Pesquisa de prospects, 158

Pessoas-Chave, 141-142
acesso a, 195-198
e bloqueios de funis, 251
contatos conjuntos com, 251-252
e gerenciamento de *pipelines*, 230
qualificando, 185-189, 195-198
cargos de, 192-193

Planos de remuneração, 88, 89, 261, 262, 275-276

Posicionamento, 17-19, 111,117-119

Postura de "não decisão", 37, 211

Precificação (Preços):
compromisso, 27
como desculpa para a falta de vendas, 22-24
e características, 19-21
e negociação, 216

Pressão, 9, 201, 214

Pressão trimestral, 214

Previsibilidade, 40

Previsões, 24-28, 75, 158, 227-228, 235

Primeiros Adotantes, 6, 33

Problemas com informações, 73-75

Processo estruturado de vendas, 89-90

Processo (termo), 71

Processo(s) de vendas, 69-90
componentes de, 78-79
definição de, 71
documentação de, 81-83
exame informal de, 87-88
e percepção no mercado, 78
vários, 84

milestones do *pipeline* de, 79-81
pré-requisitos de bem-sucedidos, 71-72
segmentação em, 87-88
estruturado(s), 89-90
conversas dirigidas em, 84-85

Procrastinação, 227-229, 235

Produto:
posicionamento do, 17-19
confiança no, 5-6

Promoção (de melhores vendedores), 44-46

Propriedade de metas, problemas e necessidades, 58

Publicidade/Propaganda, 147

Q

Qualidade da atividade de venda, 228

Qualificando compradores, 185-200
e más notícias, 60-61
campeões (defensores internos), 189-196
e *milestones* de funil, 231
em níveis mais altos, 127-128
Pessoas-Chave, 195-198
e marketing, 149
RFPs, 198-200
e Conversas Dirigidas, 139

Questões de controle, 21, 29, 208, 262-263

Questões de enquadramento, 172

Questões de negócios:
e publicidade/propaganda, 147
e mudança, 149-150
e prospecção, 158, 164
verbalização de, 159

Questões abertas, 172

Questões fechadas, 172

R

Rackham, Neil, 63, 243

Relacionamentos recíprocos, 58-59

Referências, 159
RFPs (veja Solicitações de Proposta)
Repetibilidade, 72
Resultados do custo/beneficio obtidos por clientes, 141
Resumo das reuniões, 197
Retardatários, 38
Retirada de proposta, 207-208, 255-256
Revendedor de preferência, 218, 253
Revendedores de valor agregado (VARs), 87, 259
   controle de, 262-263
   princípios do CustomerCentric para, 263-266
   consertando quebras, 266-269
Revisão e edição, cliente, 160
Rotatividade, 236
Rotatividade involuntária, 236
Roteiros:
   para uso do Campeão, 192
   criando bibliotecas de, 273
   para ganhar *"mindshare"*
   internalizando os, 156

S

Sales-Ready Messaging (Mensagens Dirigidas para Vendas), 31, 50-51, 111-128
   desenvolvimento da visão do comprador com, 169-184
   criando biblioteca de, 273
   para tomadores de decisão, 55-56
   marketing como um mantenedor de, 149
   e gerenciamento de pipelines, 229
   de responsabilidade do marketing, 94-96
   e gerência sênior, 112-113
   Modelo de Desenvolvimento de Solução para, 116-123
   e diálogos orientados, 84-85
   Lista de Conversas Dirigidas para, 113-115
   cenários de uso para, 119-123
   para VARs, 267-269
SDPs (veja Solution Development Prompters)
Segmentação, 87-88
Segmentos setoriais, 17
"Semeando FUD", (medo, incerteza e dúvida), 37
Seminários, 145-146
Seqüência de Eventos, 201-212
   benefícios da, 208
   compromisso do comprador em, 203-2104
   fechamento em, 201-202
   documentação de, 202-203
   e bloqueio de funis, 251-252
   e gerenciamento de funis, 235
   e acompanhamento de Comitês de Compra, 205-208
   e compradores do mercado convencional, 210-212
   e gerenciamento de *pipelines*, 229, 230, 236
   e reestruturação do conceito de venda, 210
   modelo para, 206
   visibilidade/controle de ciclos de vendas com, 208
   e desistência, 208-210
Serviços, 127
Sessões de reclassificação, 257-258, 274
Setor da AI (inteligência artificial), 39
Siebel Systems, 78, 98
"Silos", 91
Sistemas de gerenciamento de relacionamento com clientes (CRM), 22, 29, 69-73, 97-98
Sistemas de automação de força de vendas (SFA), 29, 71-73, 98

Sistemas de CRM (veja *sistemas de Customer Relationship Management*)
Sistemas de SFA (veja *sistemas de Sales Force Automation*)
Sites na Web, 96, 147-148
  de *prospects*, 158
  e palestras (seminários), 146
Software de *e-commerce*, 38
Solicitações de Preço (RFQs), 198
Solicitações de Informação (RFIs), 198
Solicitações de Proposta (RFPs), 47, 86-87
  vendas centradas no cliente aplicadas a, 275-276
  qualificando, 198-200
Solicitações de proposta *"wired"*, 86-87, 199, 200
Solução, declaração do comprador de, 63-64
Solution Development Prompters (SDPs), 62, 116-119
  e *commodities*, 180-184
  e competição pela Coluna A, 179-180
  componentes dos, 117
  criando biblioteca de, 274
  paciência/inteligência em, 170-171 184
  diálogo-modelo para, 173-177
  modelos para, 121-126
  para VARs, 266-267
  e sites na Web, 147-148
Solution Selling, Creating Buyers in Difficult Selling Markets (M. T. Bosworth), 61
Sondagem (Prospecção), 151-168
  cenários comuns de, 160-163
  e geração de interesse, 157-160
  cartas/faxes/e-mails para, 164-166
  psicologia da, 152-153
  e referências, 163-164
  técnicas de, 157

com telemarketing, 154-156
adiamento (cancelamento), 194, 224
Stanford Business School, 105
Substantivos, *versus* verbos, 16, 48, 119-120, 146
Suporte de clientes, 53

T
Tecnologias:
  aceitação de novas, 32
  compradores do mercado pioneiro de novas, 33-34
  e erosão de preços, 50
  e feiras de negócios, 143-144
Telemarketing, 154, 160
  e geração de interesse, 157-160
  e estereótipos, 154-156
  técnicas para, 156
Temas mais quentes (veja *"hot buttons"*)
Tendências setoriais, 16
Termos chavões, 17, 180
Timing, final do trimestre, 253
Tomadores de decisão, 186
  e orçamentos (verbas), 186
  e indicações do *Sales-Ready Messaging*, 95-110
  vendendo a, 55-56, 59-60
  e cenários de uso, 128
  usuários *versus*, 5
Treinamento:
  CustomerCentric, 273-274
  analogia do golfe para, 241-244
  de novos vendedores, 15-17
  produto, 5-6
  produto *versus* vendas, 100
  focado no relacionamento, 4
  Caso de Sucesso utilizado no, 141
Treinamento de produto, 5-6, 15, 100
Treinamento de vendas, 15, 17, 100
Treinamento "não-orientado" a produtos, 5
Tuck, Larry, 71

U

Usuários:
  tomadores de decisão *versus*, 5-6, 55
  qualificação de, 186
Uso (Utilização) do produto, 5-6, 99-110
  conversações sobre, 5-6
  e compradores do mercado pioneiro, 33
  exemplo de, 108
  características *versus*, 20, 101-104
  e efeito Pinóquio, 100
  em Sales-Ready Messaging, 96
  cenários de, 104-109
  missão compartilhada entre vendas e marketing para, 108-110

V

Vantagem competitiva, 276-277
Vários contatos, 197-198
VARs (veja *Value-added resellers* [Revendedores de valor agregado])
Vendas:
  definindo tipos de, 273-274
  capacitação de compradores *versus*, 8-9
  qualidade *versus* qualidade de, 229-230
  reestruturando o conceito de, 53-54, 210
  técnicas de, 247-252
  falta de estrutura no processo de, 41-42
  retorno de, 96-97
  e marketing, 12-15
  e Sales-Ready Messaging, 148
  e SDPs, 127
  missão compartilhada de marketing e, 109
Vendas cruzadas, 106-107
Vendas de *commodity*, 99
Vendas diretas, 259-262
Vendas indiretas, 259-260

Vendedores:
  avaliando, 239-258
  categorias de, 245-246
  natos, 9-10
  opiniões de, 12, 15, 29
  em mercados pós-abismo, 40-41
  função (papel) de, 150
  Caso de Sucesso utilizado por, 142
  treinamento de, 15, 274
Vendedores natos, 9-10, 42-44
Verbos, *versus* substantivos, 15-16, 47, 119-120, 146, 147
Visão do comprador, 169-184
  fazendo perguntas para desenvolver, 172-173
  e *commodities*, 180-184
  e competição pela Coluna A, 178-180
  paciência/inteligência necessária para, 170-171
  conversação-modelo para desenvolvimento de, 173-178
  Modelos de Desenvolvimento de Solução para desenvolvimento de, 116-118
  verificação da, 184

X

Xerox, 34, 63, 103

W

Webinars, 96
Websites, 96-97, 147-148
  de *prospects*, 158
  e palestras (seminários), 145-146
Workshop de CustomerCentric Selling, 273
Workshop de Gestão de Customer-Centric Selling, 275

Z

Zar, Ira, 76
Zona dos 72%, 47-52

Sobre os Autores

Michael T. Bosworth e John R. Holland são os co-fundadores do CustomerCentric Systems, L. L. C. **Bosworth**, autor do influente livro *Solution Seller*, tem ajudado dezenas de milhares de profissionais e executivos de vendas a definirem, a automatizarem e a implementarem o processo organizacional de vendas. Ele tem atuado como palestrante na Stanford Graduate School of Business e no "Stanford Program on Market Strategy for Technology-based Companies". **Holland** tem atingido um êxito extraordinário como executivo de vendas na General Systems Division da IBM, gerente distrital da Storage Technology Corporation e como gerente da unidade de negócio regional da Sand Technology. Ele tem trabalhado com, e treinado, centenas de organizações de vendas nos Estados Unidos, na Europa, na Austrália e no Canadá. Os autores podem ser contatados no site www.customercentricsystems.com.

Entre em sintonia com o mundo

QualityPhone:

0800-0263311

Ligação gratuita

Qualitymark Editora
Rua Teixeira Júnior, 441 – São Cristóvão
20921-405– Rio de Janeiro – RJ
**Tels.: (0XX21) 3295-9800
ou 3094-8400
Fax: (0XX21) 3295-9824**

www.qualymark.com.br
e-mail: quality@qualitymark.com.br

Dados Técnicos:

• Formato:	16×23cm
• Mancha:	12×19cm
• Fontes Títulos:	Humanst521BT
• Fontes Texto:	Palatino BT
• Corpo:	10,5
• Entrelinha:	12,5
• Total de Páginas:	308
• 1ª Edição:	2009
• Gráfica:	Armazém das Letras